KB271578

고대의 인터넷으로 들어가는 키워드

# 神의 파피루스

C. P. 티데 · M. 던코너 지음 / 안병국 옮김



청림출판

**옮긴이 안병국**
부산대학교 영문학과 및 동 대학원 철학과 석사과정 수료.
도서출판 친구 편집위원을 지낸 바 있다.
YMCA에서 영어를 가르쳤고, 현재는 번역 프리랜서로 활동중이다.

### 神의 파피루스

지은이/C. P. 티데, M. 던코너
옮긴이/안 병 국
발행인/고 영 수
발행처/청림출판

〈135 - 010〉 서울 강남구 논현동 63번지
전화/546-4341~2, 팩스/546-8053
등록/제 9-83호(1973. 10. 8)

1판 1쇄 인쇄/1997년 6월 10일
1판 2쇄 발행/1997년 6월 25일

ISBN 89-352-0315-7      03230

♧ 이 책의 값은 뒤표지에 있습니다.

# 神의 파피루스

**EYEWITNESS TO JESUS**
**by Carsten Peter Thiede & Matthew d'Ancona**

# 神의 파피루스

11세기 마태 마가 복음 장식본의 마태. 문서 번호 Douce 292. 폴리오판(版).
(옥스퍼드 대학 보들리 도서관 소장)

찰스 부스필드 휼렛(1863~1908)
옥스퍼드 대학 모들린 칼리지 출신의 선교사이자 학자.
모들린 파피루스를 발견한 인물로 뒤늦게 유명해진
그는 한때 아내에게 이렇게 말했다.
"나는 뭐 하나 제대로 성공한 게 없어."
(대륙간 교회 협회 및 런던 재단 길드홀 도서관의 허락을 받아 전재한 것
임. 길드홀 도서관 소장. 문서 번호 15726/9)

1887년 위클리프 홀의 학장 · 동기생들과 함께
(가운데 줄 맨 오른쪽에 앉아 있는 인물이 찰스 부스필드 휼렛).
위클리프 홀의 캐넌 로버트 거들스턴 학장(뒷줄 오른쪽 두번째 턱수염을 기른 사람)은 휼렛에게 이렇게 말했다. "이 모
든 죄악을 고치는 치료제는 오직 하나밖에 없다는 사실을 확실히 알아야 합니다.
복음이 그것입니다."
(옥스퍼드 대학 위클리프 홀의 허락을 받아 전재한 것임)

룩소르 호텔.
여행가 토마스 쿡이 세운
미려한 역사적 건물.
흘렛이 고국을 떠나
이집트에서 10년의 세월을 난 보
금자리. 영국을 떠나 온
이들에게 '즐거움이 가득찬
곳' 이었다.
(사진/ 매튜 던코너)

이집트의 심장 나일 강.
이집트 관광 산업의 싹을 틔운
기반인 나일 강은 토마스 쿡의
'기업 왕국' 의 핵심이었다.
이집트학 학자 세이스의
커다란 거주용 배 '이스타' 호의
서재에서 차를 마시며
흘렛이 보았을 정경.
(사진/ 매튜 던코너)

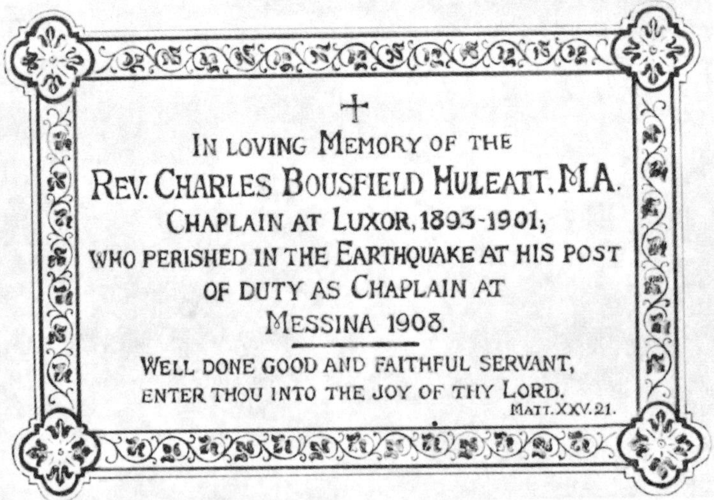


룩소르 호텔의 흘렛을 기리는 장식 액자.
지금까지 사람들의 눈길마저 제대로 끌지 못한 이 청동 액자는 저명한
이집트학 학자였던 그의 벗 세이스가 《더 타임즈》에 발문을 실어 세워졌다.
(사진/ 매튜 던코너)

룩소르 신전. 휼렛의 숙소였던 룩소르 호텔에서 엎어지면
코 닿을 거리에 있는 고대 유물.
예수와 마리아도 이 곳을 방문했다고 한다.
이와 같은 '이교도의 유물들'에 휼렛은 깊이 매료되었다.
(사진/ 매튜 던코너)

카르스텐 페터 티데와
옥스퍼드 대학 모들린 도서관의 특별 연구원 크리스틴 퍼디낸드.
고대 파피루스를 3차원적으로 심층 분석하기 위해
카르스텐 페터 티데와 게오르그 마주흐가 개발한
외형광 초점 레이저 스캐닝 현미경 앞에서.
(사진/ 카르스텐 페터 티데)

아름답고 황홀한 옥스퍼드 대학 모들린 칼리지의 캠퍼스.
"모들린 이라는 이름, 그 명예는 오직 우리 수중에 달려 있습니다."라는
모들린 칼리지의 최장수 학장 허버트 워렌의 말이
휼렛의 가슴 속에 아로새겨진 곳이다.
(사진/ 모들린 칼리지 학장 및 특별 연구원들의 허락으로 게재한 것임.)

모들린 칼리지의 고(古) 도서관.
모들린 파피루스는 이 곳 전시관에 둥지를 튼 지 약 100년 동안
사람들의 눈길을 끌지 못했다.
(사진/ 모들린 칼리지 학장 및 특별 연구원들의 허락으로 게재한 것임.)

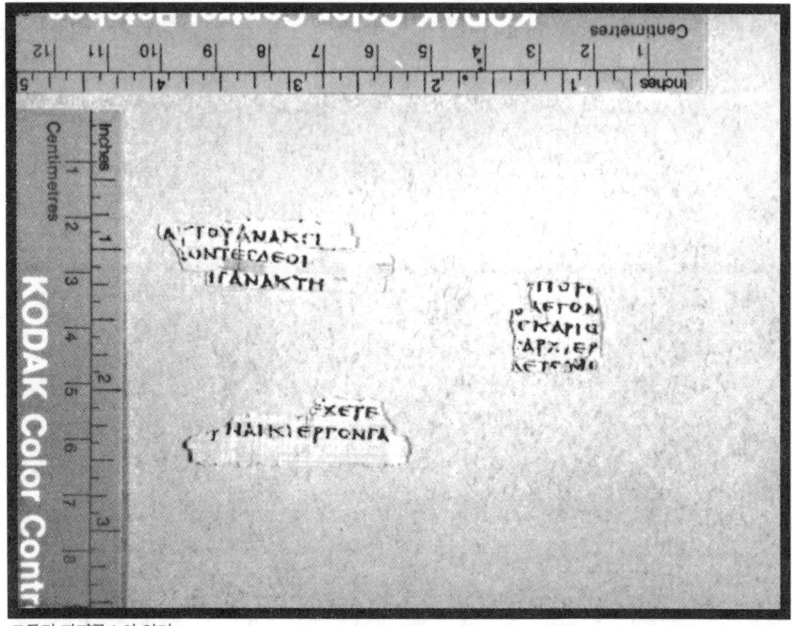

모들린 파피루스의 앞면.
(6408/1. 사진 판권: 옥스퍼드 모들린 칼리지)

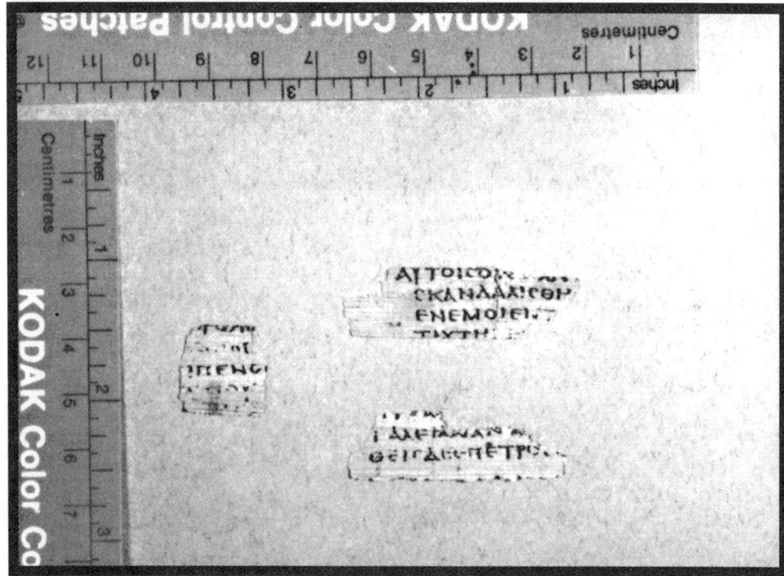

모들린 파피루스의 뒷면.
(6408/2. 사진 판권: 옥스퍼드 모들린 칼리지)

쿰란 동굴의 파피루스 두루마리 조각 7Q5.
마가 복음 6장 52~53절로 밝혀졌다.
(사진/ 이스라엘 고대 유물국 협조)

# 머리말

학자든 언론인이든 이 각별한 지층(地層)을 파헤치려면 수많은 친구들이 필요할 것이다. 1994년 말의 일련의 인터뷰와 그 뒤로 런던, 파더보른, 옥스퍼드 대학에서 가진 모임을 통해 만들어진 이 책은 우리 두 사람의 모험의 결과물이지만, 많은 분들의 도움 덕택에 한층 수월하고 흥미진진하게 되었다.

뉴욕에서는 우리의 편집자 마크 프레츠가 까다롭기 짝이 없었던 이 계획의 안내자 노릇을 톡톡히 해 주었고, 런던에서는 우리의 탁월한 대리인 길즈 고든이 발품을 아끼지 않고 뛰어 주었다. 《더 타임즈》 편집국의 피터 스토더드 기자의 아낌 없는 지원과 마틴 이번즈 편집국장의 격려도 잊을 수 없다.

빅토리아 시대의 안개를 헤치면서 찰스 휼렛을 추적하는 일은 그의 후손인 캡틴 줄리언 윌리엄즈, 토마스 휼렛 제임스, 베어 윌처의 도움과 더불어 위클리프 홀의 역사학자 J. S. 레이놀즈 신부, 토마스 쿡 문서보관소의 질 로머의 안내가 없었더라면 고역을 면하기 어려웠을 것이다. 모들린 파피루스의 출처를 찾아 떠난 이집트 탐사 여행에서는 마리 마수드 박사와 웨나 호텔의 나엘 엘 파라지의 도움을 크게 입었다.

옥스퍼드 대학 모들린 칼리지의 앤터니 스미스 학장과 모들린 도서관의 특별연구원 크리스틴 퍼디낸드 박사와 부사서 샐리 스페이어즈의 각별한 호의와 도움에 감사한다.

그리고 예루살렘의 존 록펠러 박물관의 큐레이터 조지프 지아스, 훔볼트 대학의 고전 문학 강사 울리히 픽터 박사, 상 퀴가델 발레 대학 파피루스학과의 호세 오칼라한 교수, 하이델베르크 대학 파피루스학 연구소의 디터 하게도른 교수, 파더보른 대학 독일교육지식연구소의 게오르그 마주흐 교수는 참으로 요긴한 비판과 도움, 충고를 주었다.

1995년 성 마태의 날,
파더보른에서.

# 일러두기

## 1. 파피루스에 기록된 문자의 표기

모들린 파피루스를 비롯해 이 책에 나오는 모든 파피루스는 희랍어(그리스어)로 기록되어 있다. 그 장에서 처음 나오는 문자에만 '델타(d/⊿),' 'd/⊿' 와 같이 라틴어·희랍어 문자를 나란히 표기하고, 그 뒤로는 '⊿' 만으로 표기했다.

저자는 희랍어 단어들을 '겐네사렛(gennesaret)' 과 같이 라틴어로 표기하고 있다.

## 2. 성서 우리말 표기

성서의 우리말 표기는 원칙적으로 〈공동 번역〉에 따르되, 저자의 의도를 고려해서 《한글판 개역 관주 성경 전서》를 따른 곳도 있다.

## 3. 인명·지명 표기 등

인명과 지명 역시 원칙적으로 〈공동번역〉의 표기에 따랐다. 그러나 마태, 마가, 누가, 요한, 바울, 빌라도, 헤롯, 유대, 갈릴리 등 일반 독자에게 낯익은 인명과 지명은 그대로 썼다. 그러므로 본문에서 '나자렛/나사렛' '바울로/바울' 따위와 같이 성서 인용문의 표기와 그 밖의 일반적인 표기가 다를 수 있다.

## 4. 역주

저자의 주는 원서대로 다른 표기 없이 괄호 속에 넣었다.

역주는 저자의 주와 구분하기 위해 글자의 크기를 작게 하여 (   :역주)로 표기하고, 1장부터 7장까지 일렬로 번호를 붙여 본문의 끝 부분에 모아 놓았다.

## 5. 용어 해설

용어 해설에 설명이 나와 있는 단어들에는 본문에서 그 단어가 나올 때마다 오른쪽 위에 * 표기를 해 놓았다. 다만 '두루마리' '뒷면' '앞면' '사본' '파피루스' 등의 단어는 너무 빈번히 나오기 때문에 * 표시를 생략했다.

# 희랍어(그리스어) 알파벳

| 대문자 | 소문자 | 이름 | 해당 라틴어 |
| --- | --- | --- | --- |
| $A$ | $\alpha$ | 알파 | a |
| $B$ | $\beta$ | 베타 | b |
| $\Gamma$ | $\gamma$ | 감마 | g, n |
| $\Delta$ | $\delta$ | 델타 | d |
| $E$ | $\varepsilon$ | 엡실론 | e |
| $Z$ | $\zeta$ | 제타 | zd, z |
| $H$ | $\eta$ | 에타 | ē |
| $\Theta$ | $\theta$ | 테타 | th |
| $I$ | $\iota$ | 아이오타 | i |
| $K$ | $\kappa$ | 카파 | k |
| $\Lambda$ | $\lambda$ | 람브다 | l |
| $M$ | $\mu$ | 무 | m |
| $N$ | $\nu$ | 누 | n |
| $\Xi$ | $\xi$ | 자이 | x |
| $O$ | $o$ | 오미크론 | o |
| $\Pi$ | $\pi$ | 파이 | p |
| $P$ | $\rho$ | 로우 | r, hr |
| $\Sigma$ | $\sigma$ | 시그마 | s |
| $T$ | $\tau$ | 타우 | t |
| $\Upsilon$ | $\upsilon$ | 업실론 | u(u,ü) |
| $\Phi$ | $\varphi$ | 파이 | ph(f) |
| $X$ | $\chi$ | 카이 | ch |
| $\Psi$ | $\psi$ | 사이 | ps |
| $\Omega$ | $\omega$ | 오메가 | ō |

# 차 례

## 제2장 연대논쟁

## 제3장  모들린 파피루스 뜯어보기

## 제3장  모들린 파피루스 뜯어보기

## 제4장  한 생애의 발견: 찰스 부스필드 휼렛

## 제4장 한 생애의 발견: 찰스 부스필드 휼렛

## 제5장  모들린 파피루스의 연대 감정법

## 제6장  필사자와 기독교

## 제7장 우리 시대의 모들린 파피루스: 진리의 조각인가?

# 제1장
# 모들린 파피루스 :
## 들어가는 말

---

"그 때 예수께서는 베다니에 있는 나병 환자 시몬의 집에 계셨는데 어떤 여자가 매우 값진 향유가 든 옥합을 가지고 와서 식탁에 앉으신 예수의 머리에 부었다."
—마태 복음 26장 6~7절

우리는 신약 성서 가운데 그 어느 기록도 연대를 확정할 만한 증거가 불충분하다는 사실에서 비로소 출발할 수 있을 것이다. 고백하건대, 나는 이 연구에 착수하기 전까지만 하더라도 이 사실을 확실히 알지 못했다.
—존 A. T. 로빈슨, 〈신약 성서의 연대 재확정〉

### • 세 조각의 파피루스와 크리스마스 이브의 충격

1994년 크리스마스 이브. 런던의 《더 타임즈》 1면에 독일의 파피루스 학자 카르스텐 페터 티데의 충격적인 주장이 실렸다.

"옥스퍼드 대학의 한 도서관에서 최고(最古)의 신약 성서 파피루스로 추정되는 파피루스 조각 세 개가 발견되었다."

이 신문은, 이 파피루스 조각이 "예수를 목격한 사람들이 마태 복음을 기록했음을 보여 주는 최초의 물증"이라고 보도했다.

이 기사에 오른 세 조각의 작은 파피루스는 바로 옥스퍼드 대학의 모들린 칼리지가 소장하고 있는 모들린 파피루스로, 가장 큰 조각이 가로 4.1cm, 세로 1.3cm에 불과했다. 세 조각의 작은 파피루스 안팎에는 베다니의 나병 환자 시몬의 집에서 한 여인이 예수의 머리에 향유를 부은 일, 대사제들에게 예수를 팔아먹는 가리옷 사람 유다의 배신 등의 마태 복음 26장의 구절들이 희랍어로 적혀 있었다. 예수의 생애에서 중요한 한 순간을 기록하고 있는데도 불구하고 막상 이 파피루스 자체는 대수롭지 않게 여겨져 왔었다. 그러나 독일 파더보른의 '기초 인식론 연구소' 소장 티데는 이 파피루스가 무려 1세기 중엽의 것이라는 놀라운 주장을 들고 나왔다. 그는 즉각 자신의 주장을 파피루스학*(學) 전문지《파피루스학보》에 발표했다.

그는 이 파피루스와 다른 신약 성서 파피루스의 문자체에 대한 비교 분석에 입각해 자신의 주장을 치밀하게 전개했다. 그의 주장은, 영국 맨체스터 대학의 존 라이랜즈 도서관에 소장되어 있는 2세기의 요한 복음 파피루스 조각이 현존하는 가장 오래된 복음서 텍스트라는 정통적인 견해와 대립했다. 당연히 학자들의 논쟁이 꼬리에 꼬리를 물고 이어졌다. 복음서와 그 기원에 관한 기존의 이해가 송두리째 뒤흔들릴 형국이었다. 중요한 것은, 그가 문학 이론이나 역사적 가정이 아닌 눈으로 확인할 수 있는 물증을 제시한 데 있다.

이 새로운 주장은 파피루스 학계를 넘어 많은 사람들의 관심을 끌기에 충분했다. 마태가 생전에 기록한 약 150쪽에 이르는 마태 복음 파피루스 가운데 그 26장이 기록된 파피루스 조각이 나타났다! 이것이 사실이라면 그 파장은 밑도 끝도 없을 것이다. 그 때 모들린 칼리지의 한 특별 연구원은 이렇게 말했다. "그것은, 마태 복음에 등장하는 인물들이 마태 복음이 기록될 당시의 실재 인물들이었음을 의미한다. 그들이 '그곳에' 있었다는 것이다."

《더 타임즈》는 사설에서 지금까지 많은 역사가, 신학자, 문헌학자들이 신약 성서가 예수의 동시대인들이나 그에 가까운 시기의 사람들에 의해 기록되었으리라고 추측해 왔음을 상기시키고 "티데와 예전의 연구자들의 차이는 작은 조각들일망정 자신의 관점을 뒷받침해 주는 고고학적 물증을 찾아냈다는 점이다.… 이 대담한 주장으로 신약 성서 연대 논쟁이 새로운 전기를 맞았다."고 전했다.

### • 수수께끼들

이 세 조각의 작은 파피루스는 영국인 아내를 둔 티데가 1994년 2월 결혼 기념일을 맞아 영국으로 건너와 옥스퍼드 대학을 방문하지 않았던들 빛을 보지 못했을 것이다. 그가 모들린 칼리지 도서관의 부사서에게 마태 복음 파피루스 조각을 보여달라고 부탁한 것은 타고난 학문적 호기심 때문이었다.

이 파피루스 조각들을 본 순간 그는 두 눈을 의심하지 않을 수 없었다. 이 놀라운 파피루스가 1950년대에 2세기의 것으로 감정된 뒤로 지금껏 마치 존재하지도 않은 양 푸대접을 받아 온 사실에 당혹감을 느끼지 않을 수 없었다. 그는 네 차례 더 옥스퍼드를 방문해 이 파피루스를 면밀히 관찰하면서 자신의 이론을 다듬었다.

티데의 생각을 알게 된 모들린 칼리지 학장 앤서니 스미스는 이 파피루스에 대해, 그리고 이 작은 파피루스 조각들이 모들린 칼리지까지 오게 된 내력을 밝혀내기로 결심했다. 그는 사명감을 느꼈다. 이 의문의 파피루스는 어떤 경로를 통해 20세기의 문턱에서 모들린 칼리지로 와 둥지를 틀게 되었을까? 그는 대학 기록을 뒤적였다. 기증자는 찰스 부스필드 휼렛(1863~1908년)이었다. 그는 이 대학의 학부 졸업생이었다. 그러나 그에 관해서는 알려진 사실이 거의 없었다. 그는 도대체 누구일까? 그리고 이 파피루스와 관련해서 그는 어떤 역할을 했는가?

1947년 사해 두루마리가 발견된 뒤로 일찍이 이만큼 엄청난 사건도 없었다. 복음서가 예수가 십자가에 못 박혀 죽은 지 불과 한 세대 뒤에, 아니 그보다 더 일찍 기록되었을 수 있음을 보여주는 확실한 물증이 나타난 것이다. 이 파피루스는 상부 이집트(카이로 부근부터 나일 강 상류지대:역주)에 묻혀 있다가 1901년 모들린 칼리지로 건너왔다. 그런데 이것이, 바울이 예수의 부활을 직접 본 사람이라고 말한 ‘오백 명의 형제 자매들’ 중의 누군가가 만지작거리며 읽은 바로 그 복음서라니! 신앙의 대상으로든 학문적 대상으로든 기독교에 관심을 가진 사람이라면 어느 누구도 무시할 수 없는 일이 아닐 수 없었다.

기사의 중요성을 간파한 《더 타임즈》는 이 특종이 간밤에 다른 언론사로 새어나갈 것을 우려해 인쇄기가 돌아가는 동안 이스트 런던에 위치한 그 넓은 신문 제작소를 철통같이 지켰다. 활자화될 기사 내용도 극소수의 신문사 간부들만 알고 있었다. 학계에 탐문해 본 결과 일반인의 대대적인 관심과 학계의 열띤 논쟁은 불을 보듯 뻔했다.

### • 예수께로 더 가까이?

예상 그대로였다. 《더 타임즈》의 기사는 불과 며칠 사이에 로

스앤젤레스에서 뉴델리까지 전세계의 신문에 실렸다. 특히 영국의 'ITN 뉴스'는 황금 시간대에 이 소식을 방송했다. 1995년 1월 23일《타임》의 종교 담당 편집자 리차드 오슬링은 '예수께로 더 가까이?'라는 궁금증을 한껏 부추기는 제목으로 이 소식을 전했다.

티데의 주장은 예상대로 큰 반향을 불러일으켰다. 일부 학자들은, 이 파피루스의 연대는 1953년에 이미 서기 2세기의 것으로 만족스럽게 확정되었으며 티데의 주장에는 이를 뒤집을 만한 논거가 전혀 없다고 폄하했다. 저명한 정치인이며 학자인 이녹 파월은《선데이 텔리그래프》지에서 이 파피루스 조각에 대한 티데의 문자체 분석을 무근거한 것으로 치부했다.

그러나 많은 사람들은 티데의 방법론에 찬사를 보냈다. 그들은 오히려 더 많은 정보를 원했다. 독일의 저명한 고전 문헌학자 울리히 픽토르는《타임》과의 인터뷰에서 "문제는 이것이 기존의 신학 체계를 송두리째 뒤집어버린다는 데 있다."고 말했다.《처치 타임즈》의 저명한 칼럼니스트 휴 몬트피올은 이를 잠재적인 '폭탄'이라고 불렀다.

티데가 불러일으킨 불꽃 튀는 논쟁은 비단 학계에 머물지 않았다. 티데와《더 타임즈》의 이 기사를 쓴 매튜 던코너에게 좀더 많은 정보를 얻고자 하는 이들의 전화와 편지 공세가 이어졌다. 티데는 세계 유적지를 답사하면서 역사와 신앙, 신앙과 경험 과학의 관계를 궁금히 여기는 평범한 사람들이 자신의 연구에 깊은 관심을 갖고 있음을 알게 되었다. 그들은 이 파피루스가, 예수와 함께 갈릴리 호숫가를 거닐고 그가 골고다 언덕에서 십자가에 못 박힐 때 눈물을 흘린 바로 그 사람들이 읽은 복음서라는 사실에 흠뻑 매료되어 있었다. 그와 동시에 그들은 티데가 어떤 방법으로 이 연대를 이끌어내었는지, 그리고 이 새로운 연대가 우리의 신앙에 어떤 의미를 던져 주는지에 대해 몹시 궁금해 했다.

참으로 모들린 파피루스에 대해, 광신적인 근본주의자들로부터 자유주의적 무신론자들에 이르기까지 모든 사람이 제 나름의 견해를 갖고 있는 듯했다. 일찍이 마태 복음이 그 속에 기록된 일련의 사건들 직후에 기록되었음을 입증해 주는 확실한 증거를 제시한 사람은 아무도 없었다. 그러므로 누구든 이 증거에 무관심할 수는 없었다.

모들린 칼리지의 경험도 마찬가지였다. 거의 1세기 동안 따뜻한 눈길 한번 받아보지 못한 세 조각의 작은 파피루스가 어느 날 갑자기 외부인들에 의해 성스러운 희귀 사료로 둔갑하고, 이 대학의 이름도 들어 본 적이 없는 전세계 사람들의 큰 관심사로 등장한 것이다.

오랫동안 오스카 와일드(영국의 소설가이자 극작가, 시인:역주)의 반지, 조지프 애디슨(영국의 시인, 수필가:역주)의 허리띠 죔쇠 등과 함께 이 대학 고(古) 도서관의 진열장에 전시된 이 파피루스는, 이제 각별히 대접하고 안전 조치를 강화하지 않으면 안 될 귀중품이 되었다. 모들린 칼리지에 소장된 많은 귀중한 문서들 가운데 어느 하나가 하룻밤 사이에 성물(聖物)이 되어 소더비(런던의 고미술품 경매장:역주)의 가격 감정까지 받았다. 교육 기관으로서, 하찮은 조각일망정 서구 문명의 금자탑을 세운 최초의 기독교 문서를 소장하고 있음을 알게 된 것은 소중한 경험이 아닐 수 없다. 그러나 이것은 수많은 도전, 때로는 힘에 벅찬 도전이 없었더라면 경험하지 못할 일이었다.

### · 파피루스학이 풀어내는 '인간 예수'

이 책은 모들린 파피루스로 향한 폭발적인 관심에 대한 우리의 응답이다. 종교적인 의도는 전혀 없다. 기독교 신앙의 훈련서가 아님은 물론이다. 단 일반 독자들로 하여금 파피루스학(學)*이 이룩한 한 가지 중요한 발견과 신약 성서의 연대 문제와 관련해 이 발견이 지니는 의미, 그리고 초기 기독교에 관한 지식을 접할 수 있게 하기 위한 것일 뿐이다. 생각하는 사람이라면 복음서와 복음서의 중요성에 대해 마땅히 의문을 가질 수 있다. 이 책은 이러한 의문과 과학적 연구 사이의 틈을 메우려는 시도로서, 이러한 의문에 대해 명확한 해답을 제시하는 것 못지 않게 이에 관한 논의를 촉진하는 데 그 목적이 있다.

그런데, 이와 같은 책은 모들린 파피루스의 연대가 재확정된 1994년보다 훨씬 전에 이미 예비된 바다. 위대한 철학자이며 역사가였던 알버트 슈바이처가 1906년 〈인간 예수를 찾아서〉로 초석을 놓은 이래 오늘에 이르기까지 많은 학자들은, 고트홀트 레싱(극작가, 비평가, 철학자. 독일의 새로운 민족주의 문학의 창시자: 역주)이 말한 역사와 신앙 사이의 '추한 도랑(ugly ditch)'을 넘기 위해 무던히 애를 써 왔다. 그 동안 논의의 중심 문제는 신약 성서 그 자체와 기원의 문제였다. 복음서는 언제 기록되었고 어떤 순서로 기록되었는가? 그리고 정확히 '복음'이란 무엇인가? 예수의 목표는 무엇이었는가? 그는 과연 초기 기독교의 존재를 알았는가? 그리고 이를 승인했는가?

슈바이처와 20세기의 가장 영향력 있는 성서 비평가 루돌프 불트만으로부터 최근의 E. P. 샌더즈, 존 도미니크 크로상, 존 마이어에 이르기까지 많은 학자들은 그리스도의 신성(神性)과 인성(人性)의 관계, 신앙의 기록으로서의 복음서와 비판의 도마 위에 오른 사료로서의 복음서의 관계를 해명하기 위해 다각도로 노력했다.

그 동안 이러한 질문에 답하는 데 파피루스학(學)*의 역할은 대단히 미미했다. 성서학자들은 예수의 생애와 초기 교회에 관한 자신의 이론을 뒷받침하기 위해 고고학, 화폐학, 조각, 문학 등 온갖 분야의 증거를 뒤적였다. 또 복음서의 본질과 초기 교회의 구조에 관한 주장을 펴기 위해 문학 비평, 사회학, 인류학의 해석 방법까지 동원했다.

예컨대 신약 성서 연구에서의 사회 과학 방법론의 이용에 관한 1988년도의 일람표를 보면 무려 250개 이상의 항목이 실려 있다. 이른바 '인간 예수에 관한 학문간(學問間) 연구'가 유행처럼 퍼져 나갔다. 그러나 그들은 파피루스학*이라는 풍부한 영역은 아직 창조적으로 캐내지 못하고 있다. 어떻든 파피루스학*이 빠진 것은 이와 같은 중요한 문제에 관심을 갖고 있는 모든 사람들의 지적 손실이 아닐 수 없다.


### • 파피루스, 그 정보 창고

지금부터 독자들은 파피루스라는 물증이 기독교의 기원에 대한 이해에 얼마나 극적인 영향을 줄 수 있는지 실감하게 될 것이다. 예컨대 모들린 파피루스는 2세기의 히에라폴리스 주교 파피아스의 시대 이래 유구한 세월 동안 진행되어 온 '신약 성서의 연대'에 관한 논쟁을 일단락짓는 중요 문서이다. 그러나 이

밖에도 초기 기독교의 수십 년 역사를 밝혀 주는 정보들이 수두룩하다. 이 파피루스가 기록되고 읽힌 다(多)문화적 희랍어 사회, 그리고 팔레스타인의 유태인 반란이 로마군에 의해 진압되고 예루살렘이 침탈된 서기 70년이 도래하기 전에 이미 꽃을 피운 교회에 관한 정보가 그것이다.

사도행전 2장 44~47절에 언급된, "모두 함께 지내며 그들의 모든 것을 공동 소유로 내 놓고 재산과 물건을 팔아서 모든 사람에게 필요한 만큼 나누어 주고" "한 마음이 되어 날마다 열심히 성전에 모였으며 집집마다 돌아가며 같이 빵을 나눈" 초기 기독교인들, 또는 수에토니우스(서기 69~140년. 로마의 전기작가, 역사가:역주)가 언급한 로마 제국의 '크레스투스'(그리스도를 가리키는 라틴어:역주)의 추종자들에 관한 정보도 있을까?

물론이다. 모들린 파피루스는, 예루살렘 성전이 로마군에 의해 파괴되기 '이전'에 이미 잘 짜여진 교회 조직이 존재했음을 알려 주고 그 열망을 보여 준다. 그리고 우리는 여기서 한 걸음 더 나아가 이 물증을 통해 교회의 치밀한 선교 전략이 이미 1세기 중엽에 실행에 옮겨졌음을 읽어낼 수 있다.

### • 베일 속의 찰스 훌렛

이 책은 옥스퍼드 대학 모들린 칼리지를 졸업한 학자요 경건한 선교사였으며, 이집트에서 모들린 파피루스를 찾아낸 찰스 부스필드 훌렛 신부의 궤적을 좇는다. 그는 1908년 시실리 섬의 지진 사태로 비참하게 생을 마감했다. 이와 함께 그의 삶과 활동의 흔적도 없어졌다. 그리하여 그가 발견해 자신의 모교에 전해 준 모들린 파피루스와 마찬가지로 그의 삶과 학문, '말씀 전파'

에의 소망도 거의 100년 동안 베일에 가려져 있었다.

역사에서 지워져 버린 올곧은 신앙과 좌절당한 지성에 관한, 이 기묘한 빅토리아 시대의 이야기의 한복판에 그는 수수께끼의 인물로 서 있다. 이 책은 또한 학문적 의문을 해결하기 위해 휼렛의 개인적 순례를 역추적하는 티데에 관한 이야기이기도 하다.

그리고 이 책은 1953년 이후 40년 만에 연대가 재확정된 모들린 파피루스를 뜯어본다. 《더 타임즈》에 기사화된 이래 티데의 연구에 관해 많은 말과 글이 오갔다. 이 책의 제7장은 그동안 제기된 비판에 대한 답변이다. 모들린 파피루스의 연대 재확정이라는 주제에 익숙하지 않은 사람들도 쉽게 이해할 수 있도록 이를 둘러싼 저간의 논쟁을 상세히 설명한다. 그리고 이 파피루스가 우리 시대에 어떤 의미를 갖는지를 살펴보는 것으로 끝을 맺는다.

모들린 파피루스는 언뜻 하찮은 것처럼 보일 수도 있다. 두 장의 유리 사이에 끼워져 있는, 라벨이 붙은 세 조각의 작은 파피루스에 지나지 않으니까. 그래서 신앙은 물론 역사도 거들떠보지 않았다. 그러나 이 세상에서 가장 소중한 문서의 하나가 바로 이 모들린 파피루스이다. 이 책을 통해 우리가 전하고자 하는 메시지가 이것이다.

# 제2장
# 연대 논쟁

"그런데 셜록 씨, 판단을 내려야 할 문제가 하나 있는데, 당신의 마음에 꼭 들 겁니다. 정말 이상한 문제거든요. 대충이라도 어떻게 판단을 내릴 수만 있다면 좋겠지만, 정말 나로선 감당하기가 쉽지 않았죠. 그래도 좋은 사색의 기회였답니다. 듣고 싶으시다면…."

"존경하는 마이크로프트 씨, 들려 주신다면 정말 기쁘겠군요!"

—아더 코난도일 경, 〈희랍어 통역사〉(1894년)

하나의 세계, 내가 지금 살아가고 있는 세계가 아닌 다른 세계가 있다. 모든 학자들이 지금 살아가고 있는 세계가 아니라, 그들 모두 때로는 발을 담그고, 어떤 이들은 아예 그곳에 눌러 붙어 사는 듯한 세계가…. 내가 살고 있는 세계에서는, 정부의 각 부처에서 펴내는 책들 중의 일부를 제외하고는 거의 모든 책이 한 사람의 저자에 의해 쓰여진다. 그러나 그 세계에서는 거의 모든 책이 하나의 위원회에 의해, 그리고 일부는 전체 위원회들에 의해 만들어진다.

나의 세계에서는, 유럽이 참혹한 전쟁으로 나아가고 있다고 처칠이 1935년에 말한 것을 읽으면 그의 선견지명에 갈채를 보낸다. 그러나 그 세계에서는, 사태가 일어난 뒤를 제외하고는 어렴풋한 예언조차 행해지지 않는다. 나의 세계에서는 이렇게 말한다. "1914년부터 1918년까지 제1차 세계대전이 일어났다"라고. 그러나 그 세계에서는 이렇게 말한다. "제1차 세계대전에 관한 이야기는 20세기의 30년대에 만들어졌다."고.

—A. H. N. 그린아미티지, 〈목격자 요한〉(1952년)

### • 경고 표지들

지적 권리를 침해하지 말라는 경고판이 우리의 주변 곳곳에 널려 있다. 17세기 저명한 정치철학자 토머스 홉스(영국의 사회 철학자. 〈리바이어던〉의 저자:역주)는 이미 1646년에 그것을 인식하고 있었다. 그는 기득권을 가진 학자들의 질투와 영역 다툼을 보고서 프랑스인 동료 사무엘 조르비에에게 보낸 편지에서 이렇게 썼다.

"그들이 대중적 명성을 유지하기 위해서는, 자신이 가르치는 주제에 관해 자신이 아직 발견하지 못한 것을 다른 사람이 발견하면 곤란하다."

몇몇 예외가 없는 것은 아니지만, 이런 우울한 관찰은 오늘날이라고 해서 예외는 아니다.

다만, 이 책의 주제에 관해서는 지난 수년 동안 학문간 연구와 토론의 흐름이 유지되어 왔다. 튀빙겐 대학 출신으로서 세계적으로 존경받는 신학차이며 신약학자 협회의 대표를 역임하기도 한 마르틴 헨겔은 그 방법을 제시한 최초의 인물이다. 그는 권위 있는 저서 〈마가 복음 연구〉[1]의 말미에, 손꼽히는 고전 문헌학자이자 호머(〈일리아드〉와 〈오딧세이〉의 저자:역주)의 전문가인 볼프강 샤데발트의 논문을 그대로 옮겨 실었다.

샤데발트는 〈공관 복음* 전승의 신빙성〉에서 사뭇 다른 접근 방식을 보여 주는 요한 복음은 접어놓고, 서로 밀접한 관련성을 보여 주는 마가·마태·누가 복음의 신빙성을 입증했다. 물론 신학자나 신약학자로서가 아니라 고전(그리스·로마의 문학 예술 작품을 말함:역주) 연구 방법과 고전 텍스트의 분석에 해박한 고전 문헌학자로서 쓴 글이다. 거룩한 기록으로 보든 문학 작품으

로 보든 신약 성서는 매우 중요한 고전이므로 당연히 고전 문헌
학자의 본래 영역에 속한다.

### • 매우 좋은 전승

그는 세 복음서를 상세히 비교 검토한 다음 이렇게 말한다.
"흔히 고전 문헌학*에서 그러하듯 좋은 전승(傳承), 나쁜 전승,
그리고 매우 좋은 전승이라는 세 기준에서 볼 때 공관 복음*의
서술과 예수의 말을 배치한 취지는 매우 좋은 전승에 속한다고
말할 수 있다." 그의 말이, 복음서의 일자 일획을 액면 그대로
받아들여야 한다는 의미는 아니다. 복음서는 말 그대로 예수 그
리스도에 관한 '좋은 소식(good news)'을 알리는 글이다. 이에
관한 역사적 사실들은 목적 의식 있게 제시되고 구성되고 배열
된다. 이 복음서에 나오는 예수의 설교가 저 복음서에서는 아예
빠져 버리거나 다른 데 배치되어 있는 까닭도 여기에 있다. 이
것은 요한 복음도 마찬가지이다. 요한은 마가, 마태, 누가와는
전혀 다른 말, 주요한 공적인 말보다는 친근하고 매우 사적인
말을 골라 쓴다.

그러므로 복음서 정전*을 최초로 편집한 사람들, 그리고 2세
기의 이단자 마르키온(서기 160년경 사망한 이단 종파의 창시자:역
주)의 제안과 달리 한 개의 복음서가 아닌 네 개의 복음서를 보
존하기로 결정한 사람들은, 부분적으로 또는 전체적으로 서로
다른 네 개의 증언이 역사를 회고하는 데 난점이 되기보다는 오
히려 도움이 될 것임을 올바로 판단했던 것이다.[2]

# 신약 비평 속의 은닉된 신화들

### • 배는 빨리 달렸다

그러나 대개 이와 같은 통찰력은 무시되어 왔다. 기본적인 사실로 돌아가야 한다고 환기시켜 준 대가로 마르틴 헹겔이 동료 학자들로부터 받은 것은 비단 감사의 말만이 아니었다. 복음서의 신빙성에 관해 많은 저서를 낸 존 앤더슨 경(卿)과 같은 율법학자의 율법 지식이나 볼프강 샤데발트와 같은 고전 문헌학자의 지식이 복음서를 '올바로' 보는 데 정말 꼭 필요한 것일까? 여기서 샤데발트의 방법론을 한 가지만 살펴보자.

복음서의 탄생 및 전파와 관련해 신약 비평이 매달려 온 가장 집요한 신화의 하나는, 최초의 복음서를 입수해 이를 이해하고 자료로서 이용하기까지 걸린 시간에 관한 신화이다. 최초의 복음서—마가 복음—를 입수한 사람들이 이를 소화해 그 속편을 만드는 데는 최소한 10년이 걸렸다는 내용의 이 신화는 지금까지 100년이 넘도록 신약학자들의 생각을 지배했다.

그들은 마태 복음이 당연히 서기 80년대에 기록되었다고 믿는다. 왜냐하면 그들의 판단으로는 최초의 복음서(마가 복음)가 기록된 때가 서기 약 70년이기 때문이다. 샤데발트는 고전 문헌학* 역시 이러한 '전통적인 오류'에서 자유롭지 못했으며, 우두머리 격의 인물들이 스스로 자신의 방법을 수정할 때까지(신약학자들과 달리!) 만연했다고 털어놓는다.

그는 호머학(學)에서도 이와 같은 오류가 있었다고 말한다.

사람들은 늘 이오니아의 서사시가 모국까지 전해지는 데 몇 년이나 걸린 듯이 생각했다. 호머의 서사시에서 아킬레스는 "모레, 그러니까 사흘 뒤에 나는 프티아의 고향으로 돌아간다."라고 말했다. 나는 이것을 확인하기 위해 고대 선박의 운항 시간을 재어 보았다. 그것은 사실이었다. 배는 실제로 그만큼 빨리 달렸다.

그러나 예전의 호머 비평에서는 이오니아의 서사시가 널리 전파되는 데 걸린 시간이 무려 수세기였다. 어느 분야를 막론하고 학문적 방법뿐만 아니라 상식에 기대는 것은 언제나 바람직한 일이다.[3]

### • 예수와 엉터리 예언?

복음서가 뒤늦게 기록되었다는 주장을 펴는 데 이용되어 온 두 번째 신화는, 초기 기독교인들이 '그리스도가 곧 재림하기를' 고대했다는 신화이다. 이 신화에 따르면 초기의 기독교인들은, 부활한 뒤 승천한 예수가 자신들이 죽기 전에 어서 빨리 재림해 '세상의 종말'을 고해 주기를 간절히 원했다. 그들은 종말이 임박하기만을 고대했으므로 예수의 생애와 활동에 관한 증거들을 수집하고 보존하고 펴낼 이유도 없었다. 그러나 눈으로 증거하는 첫세대가 세상을 떠나고, 재림의 부재(不在)를 신학적으로 새롭게 해석하면서 그 당혹감과 실망감이 해소된 뒤에 비로소 좀 긴 문서가 필요하다는 생각을 갖게 되었으리란 것이다.

이것은 복음서의 연대를 뒤로 끌어내리려는 교묘한 논리이지만, 사실 초기 기독교인들이 예수가 곧 재림하기를 고대했음을 뒷받침해 주는 결정적인 증거는 눈을 씻고 봐도 없다. 때로 다음과 같은 예수의 말씀이 이러한 주장을 옹호하기 위해 동원된다.

"나는 분명히 말한다. 여기 서 있는 사람들 중에는 죽기 전
에 하느님 나라가 권능을 떨치며 오는 것을 볼 사람들도 있다."
(마가 복음 9장 1절).[4]

이 구절을 복음서의 연대를 뒤로 늦추려는 이들의 주장대로
받아들인다면 어떻게 될까? 논리적으로 생각해 볼 때 이 구절이
예수 자신이 곧 재림하리라는 말이고, 그래서 예수 자신이 암암
리에 오류를 범하고 있음을 말하는 것이라면, 다른 것도 아닌
이와 같은 구절은 뒷날 복음서에서 '솎여 나오는' 운명을 면하
지 못했을 것이다.

그러므로, 이 구절은 결코 예수의 재림을 의미하지 않는다.
마가 복음의 구성을 보아 알 수 있듯이 이 말은 그 다음 구절의
'엿새 후'의 사건, 즉 예수가 영광스러운 모습으로 변모한 사
건—소위 예수의 현성용(顯聖容)—을 의미할 뿐이다. 이 사건은
베드로의 권위에 실려 나중에 한 번 더 언급된다.

우리가 여러분에게 알려 준 우리 주 예수 그리스도의 권능
과 강림의 이야기는 사람들이 꾸며낸 신화에서 나온 것이 아
닙니다. 우리는 그분이 얼마나 위대한 분인지를 우리 눈으로
보았습니다. 그분은 분명히 하느님 아버지로부터 영예와 영광
을 받으셨습니다. 이것은 최고의 영광을 지니신 하느님께서
그분을 가리켜 "이는 내 사랑하는 아들, 내 마음에 드는 아들
이다" 하고 말씀하시는 음성이 들려 왔을 때의 일입니다. 우리
는 그 거룩한 산에서 그분과 함께 있었으므로 하늘에서 들려
오는 그 음성을 직접 들었습니다.(베드로 후서 1장 16~18절)

또 어떤 이들은 마태 복음의 다음 구절에 주목했다.

이 동네에서 너희를 박해하거든 저 동네로 피하여라. 나는 분명히 말한다. 너희가 이스라엘의 동네들을 다 끝내기(teléo) 전에 사람의 아들이 올 것이다.(마태 복음 10장 23절)[5]

참일까 거짓일까? 미완의 예언일까 오해일까? 거듭 말하거니와 마태 복음이 기록될 당시에 이미 엉터리 예언으로 비쳤더라면 예수의 이 말은 '솎여 나오는' 운명을 면하지 못했을 것이다. 그러므로 이 말의 의미는 그렇게 간단하지가 않다. 위의 고딕체 단어의 희랍어 텔레오(teléo;끝내다, 완전하게 하다)를 대개 '한 바퀴 돌다', '다 돌다' 등으로 옮기지만, 의미가 같지 않다. 이 구절 자체가 모호하지만—그러므로 재림에 대한 '명백한' 암시는 더더욱 아니다!— 바울이 임박했다고도, 기약할 수 없는 먼 훗날의 일이라고도 잘라 말하지 않고 간구한, 온 이스라엘의 회개를 가리킬 가능성이 높다.[6] 초기 기독교인들은 이리 저리 도망다녔다. 그들은 이 동네 저 동네로 도망다니면서 현실이 예수의 예언대로임을 뼈저리게 느꼈을 것이다. 예수는 그들이 이 기회를 활용하기를 기대했다. 사도행전은 그들이 예수의 기대에 부응했음을 전하고 있다.[7]

사실 이 마태 복음 10장 23절은 마태 복음이 매우 일찍 기록되었음을 뒷받침해 주는 강력한 증거이다. 이스라엘의 동네들을 도피처로 묘사하고 있으므로 요르단의 비유대인 동네 펠라는 여기서 일단 제외된다. 왜냐하면 기독교인들이 이 곳으로 도피해 간 때는 서기 66년이기 때문이다.[8]

이 사실이 의미하는 것은 단 한 가지이다. 즉 에어랑겐, 괴팅겐, 라이프치히 대학의 신약학 교수요 고전 문헌학자였던 테오도르 찬이 〈마태 복음〉(1903년)에서 지적한 것처럼, "마태가 기독교인들이 (펠라로) 도망간 뒤에 복음서를 썼다면 그는 23절을 쓰지 않았을 것이다. 마태 복음은 서기 66년 이전에 기록되었다."[9]는 것이다.

오늘날의 기독교인들과 마찬가지로 초기 기독교인들이 예수의 재림을 고대한 것은 사실이다. 그러나 초기 교회의 영향력 있는 인물들은 이 사건을 '임박한' 것으로도, 더구나 그 기대 때문에 예수의 말을 기록해 복음서의 형태로 만들 필요가 없다고도 생각하지 않았다. 다수 학자들이 주장하기로 네 복음서에 앞서 초기 서신을 쓴 인물인 바울은 첫째, 초기 서신을 씀으로써 둘째, 가장 일찍 쓴 데살로니카 전서에서 억측은 금물이라고 경고함으로써 이 사실을 분명히 해 준다.

교우 여러분, 그 때와 시기에 대해서는 여러분에게 더 쓸 필요가 없습니다. 주님의 날이 마치 밤중의 도둑같이 온다는 것을 여러분이 잘 알고 있기 때문입니다.… 그리소도께서는 우리가 살아 있든지 죽어 있든지 당신과 함께 살 수 있게 하시려고 우리를 위해 죽으셨습니다.(데살로니카 후서 5장 1~10절)[10]

### • 뒤늦게 신격화된 예수

복음서의 연대와 관련해 널리 유포되어 있는 세 번째 신화는 예수에 대한 신격화(神格化)가 뒤늦게 이루어졌다는 신화이다.

예수의 신성에 대한 가장 강한 표현은 "아버지와 나는 하나"(요한 복음 10장 30절)라는 말이다. 유대인 청중들은 예수의 이 말을 신성에 대한 주장으로 받아들였다. 그들은 돌을 집어 예수에게 던질 준비를 했다. 그 때 그들이 내뱉은 말도, "당신이 좋은 일을 했는데 우리가 왜 돌을 들겠소? 당신이 하느님을 모독했으니까 그러는 것이오. 당신은 한갓 사람이면서 하느님 행세를 하고 있지 않소?"(요한 복음 10장 33절)였다.

요한 복음의 서문(1장 1~14절)은 예수의 신성을 한층 정교하게 부각시킨다. 예수는 세상이 창조되기 전에 이미 존재했고, 세상의 창조에 참여했고, 예나 지금이나 하느님 아버지와 하나가 되어 활동한다는 것이 그 요지이다. 베드로에게 하늘 나라의 열쇠를 주는 마태 복음 16장 19~20절의 기록도 예수의 신성을 주장한다. 사실 이런 예는 허다하다.

그런데, 이 허다한 말들이 과연 예루살렘이 로마군의 군화에 짓밟히고 기독교의 생명과 사명이 역사적으로 재정향(再定向)된 서기 70년을 한참 지나 뒤늦게 덧보태진 것일까?

한 마디로 그럴 가능성은 전혀 없다. 이처럼 예수의 '신격화'가 뒤늦게 진전되었다는 증거는 어디에도 없기 때문이다. 사실 예수의 신성에 대한 초기 기독교인들의 믿음은 즉각적이고 명확했다. 바울은 일찍이 서기 55년에 쓴 한 편지에서 그 자신이 받고 또 스스로 확신에 이른 가르침에 따라 다음과 같이 말한다.

우리에게는 아버지가 되시는 하느님 한 분이 계실 뿐입니다. 그분은 만물을 창조하신 분이며 우리는 그분을 위해서 있습니다. 또 주님은 예수 그리스도 한 분이 계실 뿐이고 그분을 통해서 만물이 존재하고 우리도 그분으로 말미암아 살아갑니다.

(고린토 전서 8장 6절)

실제로 한 희랍어 신약 성서 표준판은 이 구절을 바울 이전의, 상당히 오래된 것으로 보고 마치 인용문처럼 표시한다.[11]

### • 난무하는 억측들

신약 성서 비평에 끈질기게 영향을 미치는 신화들은 이 밖에도 많이 있다(이 책의 말미에서 그 일단을 논의하기로 하자). 예수는 정확하게 예언할 수 없었다느니, 따라서 예수가 서기 70년의 예루살렘과 성전의 파괴를 예언했노라고 전하는 복음서들은 분명 서기 70년 이후에 기록되었다는 주장도 그 중의 하나이다. 이 주장에 따르면 이와 같은 예언은 예수를 예언자인 양 보이게 하려고 마치 예수가 말한 것처럼 복음서 저자들에 의해 훗날 조작된 것이다.[12]

또 한 가지 억측은, 초기 공동체들의 조직과 구조 그리고 '교회'의 존재 자체에 관한 것이다. 예수가 이러한 조직을 지지하기는커녕 이러한 조직이 나타나리라고 예상이나 했겠는가 하는 것이다. 그러나 마태 복음 16장 18절은 분명 그렇다고 말하고 있다. "잘 들어라. 너는 베드로이다. 내가 이 반석 위에 내 에클레시아(ecclesia)를 세울 터인즉 죽음의 힘도 감히 그것을 누르지 못할 것이다."

여기서 '에클레시아' 란 단어를 보자. 전통적인 번역에서는 대개 '교회(church)'로, 전통에 얽매이지 않는 자유로운 번역에서는 '공동체(community)'로 옮긴다. 그렇다면 과연 예수가 무려 서기 28, 29년경에 이 말을 했고, 그래서 목격자들의 생전에 기록된 것일까? 대답은 물론 그렇다는 것이다.

기원전 3세기의 희랍어 구약 성서 《70인역》*에 빈번히 나타나는 '에클레시아'는 히브리어 카할(qahal)을 옮긴 말로, '하느님의 백성의 공동체'를 가리킨다. 히브리어로든 아람어*로든 희랍어로든 예수가 이 말을 쓴다는 것은 아주 자연스러울 뿐만 아니라 메시아로서의 자신의 역할을 드러내기 위해서라도 당연히 그러했을 것이다.[13]

이것은 예수가 자신의 이름으로 커 가는 조직—수세기 후의 교회들처럼—을 원했던가 원하지 않았던가 하는 물음과는 사뭇 다른 문제이다. 오늘날의 교회의 분열상에 대한 개탄과 혐오의 화살을, 멀리 예수가 말한 에클레시아로 날려 보내는 것은 전혀 별개의 문제이다. 이러한 혐오는 이해할 만한 것이기는 하지만 학문적 태도와는 무관하다고 할 수 있다.

복음서의 연대를 뒤로 끌어내리려는 기도(企圖)들을 다 언급하자면 사실 끝도 없다. 그러나 역사가들과 고전 문헌학자들, 그리고 점점 많은 신학자들은 이와 같은 주장들에 들어 있을 수밖에 없는 허점을 샅샅이 그리고 거듭 밝혀내었다.

오늘날 복음서의 연대를 뒤로 끌어내리는 신화를 유지하려는 시도가 횡행하고, 이러한 시도가 대학과 교재, 신약 성서 입문서들에서 여전히 그 위세를 떨치는 문화적 철학적 배경에 대해서는 7장에서 논의하기로 하자.

# 우리가 알고 있는 것들

### • 파피루스 두루마리의 꼬리표 '시티보스'에 담긴 정보

이 장에서는 파피루스학*의 보다 기술적인 측면, 그리고 뒤에서 본격적으로 논의할 복음서 파피루스들을 다룰 무대를 세운다. 복음서 파피루스들을 진지하게 살펴보면 무엇을 알게 될까? 모들린 파피루스를 새로이 뜯어봄으로써 우리는 마태와 마태 복음에 대해 무엇을 알게 될 것인가? 파피루스학*의 예를 한 가지 들어 보면 이를 알 수 있다. 그런데 파피루스학*이라는 전문 분야에서 얻을 수 있는 이 정보를 맨 먼저 활용한 사람이 있다.

튀빙겐 대학의 마르틴 헹겔은, 고대 문서 두루마리를 만들 때 다음과 같이 확실한 관례를 따름으로써 저자의 이름을 일찌감치 보존할 수 있었음을 알아냈다.[14] 즉 두루마리마다 꼬리표를 달았던 것이다. 파피루스나 양피지, 가죽 등으로 작고 가느다란 꼬리표를 만들어 손잡이나 두루마리 바깥쪽에 붙여 책장수나 독자들이 한눈에 알아볼 수 있게끔 되어 있었다.[15]

오늘날의 책등과 같은 구실이다. 우리가 책 등만 봐도 책 제목과 저자를 금방 알 수 있듯이, 두루마리의 독자들도 이러한 정보를 알기 위해 두루마리를 일일이 들춰 보는 수고를 할 필요가 없었다. 희랍어로 '시티보스' 또는 '실리보스'라고 부른 이 꼬리표만 보면 그만이었다. 헹겔은 이 꼬리표가 복음서 두루마리에도 달려 있었으리라고 지적한다. 이론적으로는, 최초의 복음서에 달려 있었던 시티보스에는 에우안겔리온(Euangelion; 'good spell' 즉 복음:역주)이라고만 적혀 있었을 것이다. 아직 두 번째 복음서가 나오지 않은 때인 만큼 이 말만으로도 최초의 복음서를 쉽게 찾아내고 식별할 수 있었을 것이기 때문이다. 헨겔의 말에 계속 귀를 기울여 보자.

초기 공동체들이 두 개의 복음서를 갖게 되었을 때에는, 혼란을 피하고 이 둘을 구별하기 위해 서로 다른 제목을 사용하지 않을 수 없었을 것이다. 어떤 공동체에 저자의 이름이 익히 알려져 있는 복음서가 하나밖에 없을 때에는 '복음'이라는 말 한 마디로 족했을 터이다.

그러나 일단 이를 필사해 다른 공동체로 보낸다고 하자. 이 복음서가 그곳의 문서 보관소에 들어가게 될 때에는 기존의 다른 복음서와 구별하기 위해 다른 제목이 필요할 수밖에 없다. 공동체 사이의 교류가 활발했던 점으로 미루어 작은 공동체보다는 큰 공동체들이 새로 나온 복음서를 먼저 입수했을 것으로 짐작할 수 있다.… 흔히 초기 복음서들은 익명이거나 제목이 따로 달려 있지 않았다고 주장하지만, 공동체가 소장하고 있는 문서들을 구별하기 위해서라도 이런저런 제목은 불가피했을 것이다. 그런데, 복음서 정전*의 경우 많은 외경*(外經)과 달리 이러한 제목은 전혀 찾을 수가 없다.[16]

논의의 진행을 위해 복음서의 연대에 관한 정통 견해를 수긍할 만한 것으로 인정한다고 하자. 그렇다면 마가 복음의 연대는 서기 70년, 마태 복음과 누가 복음은 서기 80년대, 그리고 요한 복음은 서기 100년경이 될 것이다. 서기 80년대라도, 사도들과 다른 제 1세대 기독교인들의 실제 기억과 다른 사람을 천연덕스럽게 복음서 저자라고 우길 수는 없었을 것이다. 그리고 두 번째 복음서에 '시티보스'를 달아야 했을 땐 최초의 복음서(마가 복음)의 시티보스도 손보지 않을 수 없었을 것이다. 두 복음서에 저자의 이름을 붙여 혼란을 피한 것은 바로 이 단계, 비로소 이 때의 일이다.

마가와 마태가 실제 저자가 아니거나 적어도 직접적인 관련이 없었다면 그들과 같은 무명 인사들—이 경우 누가도 마찬가지이다—을 감히 복음서의 저자로 둘러대진 못했을 것이다. 마가·마태 복음이 서기 80년대에 기록되었더라도 저자가 확실할진대 하물며 그 때가 60년대라면 더욱 말할 나위도 없을 것이다. 앞에서도 살펴보았고 앞으로도 두루 살펴보겠지만, 그 사이 10년은 이 최초의 두 복음서가 두루마리의 형태로 존재했을 뿐만 아니라 오늘날의 책 같은 사본의 형태로 내달은 시기였다.

### • 마태에 관한 모자이크

이처럼 마태 복음의 연대가 생각보다 매우 이르다는 입장은 정통적 견해보다 설득력이 훨씬 높다.

그런데 마태는 어떤 인물이었을까? 우리가 접할 수 있는 가장 오래된 전승에 따르면 그는 가버나움 근처의 세관에 앉아 있다가 예수의 부름을 받은 레위 마태이다(마태 복음 9장 9절, 마가 복음 2장 14절, 누가 복음 5장 27~28절). 그러나, 그는 단순한 '세리' 이상의 인물이었다. 그의 직책은 텔로네스(telones)였다. 희랍어로 세관의 책임자급 관리를 일컫는 말이다. 그의 경우 주요 교차 지점을 책임지고 있었다.

당시 가버나움에서는 두 가지 세금이 부과되었다. 그 하나는 로마 시대에 어부들에게 부과한 해양세였다.[17] 다른 하나는 지중해와 다마스커스(지중해로부터 내륙 90km에 위치한 오늘날의 시리아의 수도:역주)를 잇는 중요 무역로였던 비아 마리아를 통과하는 물품에 부과한 국경세였다. 이 무역로는 영주 필립비의 영토를 거쳐 가버나움에 인접한 헤롯 안티파스의 갈릴리령(領)까지 뻗어 있었다. 또 이곳에는 티레와 코라진으로 이어지는 교차로도 있었다. 최근의 연구에 따르면 레위 마태는 힘깨나 쓰는 세관 관리, 나아가 당시의 관료주의의 관례상 세관의 토지 임대인 또는 토지 보유자였다.[18]

레위 마태의 인물 됨됨이를 묘사하는 데 그 자신보다 당연히 덜 인색할 수 있었던 누가는, 예수의 부름을 받은 뒤의 장면 묘사에서 그의 지위와 부(富)를 강조한다.

> 레위는 자기 집에서 큰 잔치를 베풀고 예수를 모셨는데 그 자리에는 많은 세리들과 그 밖에 여러 사람이 함께 있었다.
>
> (누가 복음 5장 29절)

이만한 인물이라면 마땅히 상당한 직업과 수입원을 갖고 있어야 한다.

### • 레위 마태와 속기술

그가 아람어*와 희랍어에 능통했다는 사실은 의심의 여지가 없다. 일부 학자들에 따르면 그는 또한 속기술에 능했는데, 이 부분에 관해서는 6장에서 더 살펴보기로 한다. 여기서는, 학계의 흐름과 주류(主流) 신학에 연연하지 않고 참신한 연구로 탄성을 자아내었던 케임브리지 대학의 신약학자 고(故) 모울 교수의 말을 인용하는 것으로 충분할 것이다.

"그러므로 하늘 나라의 교육을 받은 율법 학자는 마치 자기 곳간에서 새 것도 꺼내고 낡은 것도 꺼내는 집주인과 같다."라는 예수의 특정한 말씀을 인용하고 있는 마태 복음 13장 51~52절은 마태 자신이 그려낸 일종의 자화상이라는 것이다. 그에 따르면, 이 율법학자는 흔히 번역하는 것처럼 '율법 교사' 즉 랍비 율법학자를 가리키는 말이 아니다. 희랍어 그라마테우스(grammateús)는 '학식 있는 선비'를 의미한다.

마태 복음의 저자는 이와 같은 의미에서 '학식 있는 선비'였으니, 예수의 부름을 받고 제자가 된 그 세리가 바로 그런 사람이었다. 레위 마태를 일컬어 "너는 선비이다"라고 예수가 직접 말했을 수도 있다.

가축, 논밭, 발굴된 보화들, 어로 수입 등 이 비유들에 내포된 상업적 주제들과 관련해 우리가 풀어내야 할, 그러나 달리 풀어내지 않으면 안 될 문제가 수두룩하다.[19]

### • 뼈대 있는 가문

다른 텔로네스들처럼 마태 역시 자신의 지위 때문에 유대인 주류 사회로부터 경멸과 냉대를 받았다. 예수도 그런 사람들과 어울린다는 이유로 비난을 받았다. "이것을 본 바리사이파 사람들은 예수의 제자들에게 '어찌하여 당신네 선생은 세리와 죄인들과 어울려 음식을 나누는 것이오?' 하고 물었다."(마태 복음 9장 11절) 그래도 레위 마태는 유대인의 핏줄을 가진 사람이었다. 예컨대 예수의 제자 안드레(베드로의 동생)와 필립비는 유대인이면서도 완전히 희랍식 이름이다.

그러나 레위 마태라는 이름은 그가 뼈대 있는 유대인 집안 출신임을 말해 준다. 레위라는 이름에서 알 수 있듯 그는 예루살렘 성전의 운영을 장악한 레위족*에 속했다. 텔로네스라는, 한편으로는 쏠쏠하지만 다른 한편으로는 명예롭지 못한 직업을 가졌을지언정 그는 예수의 부름을 받았을 때 레위라는 이름을 그대로 갖고 있을 만큼 핏줄에 대한 자부심을 갖고 있었다.

마태 복음도 다른 복음서들처럼 점점 레위라는 첫 번째 이름보다 마태라는 두 번째 이름을 많이 쓴다. 그러나 마태라는 이름 역시 레위와 마찬가지로 그다지 소박한 이름이 아니다. 그 히브리어 마티야(Mattya)는 '신의 은총'을 의미하기 때문이다.

### • 말씀의 종

이 밖에 모들린 파피루스의 배후 인물인 레위 마태에 대해 알 수 있는 것은 없을까? 우리는 그의 아버지의 이름을 알고 있다. 마가 복음 2장 14절의 알패오이다. 일부에서는 이 알패오를 '알패오의 아들 야고보'(마가 복음 3장 18절)의 알패오와 동일 인물로 보기도 한다. 사실 마태는 베드로, 안드레, 요한, 야고보 형제들처럼 제자들의 '핵심 그룹'도 아니었다. 예수가 부활한 사건 이후의 그의 행적도 신약 성서에 나오지 않는다. 신약 성서에서 그의 이름이 마지막으로 등장하는 곳은 사도행전 1장 13절이다. 유다가 자살함으로써 한 사람 줄어든 제자들이 예루살렘의 한 다락방에서 만날 때의 일이다.

사도행전이 기록된 지 약 40년 만에 처음으로 마태의 이름을 언급한 사람은 2세기의 신학자이자 역사가였던 파피아스이다.

그는 최초로 마태 복음의 저자로 마태를 거명한다.[20] 이를 보더라도 마태가 마태 복음의 저자임은 초기 교회에서도 의심의 여지가 없었음을 알 수 있다. 그러나 누가 복음 서두(누가 복음 1장 2절)에서 누가가 선배, 동료 복음서 저자들을 두루 협조자, 즉 '말씀의 종'이라고 적절히 일컬은 바와 같이 그는 복음서 저자일지언정 주인 아닌 종이었다.

그의 복음서는 로마 제국에 산재한 공동체들로 퍼져나가 앞서 나온 마가 복음을 압도하며 큰 인기를 누렸다. 그러나 그는 '영웅적 찬미'도 공식적인 갈채도 받지 못했다. 그에 관한 전기도 없다. 그러므로 그가 뒷날 어떻게 되었는지도 알 수 없다. 다만 2세기의 저술가 헤라클리온이 그가 순교하지 않고 자연사했다고 주장할 따름이다.[21]

대충 이 정도이다. 사실 이만큼의 개략적인 정보도 다른 많은 고전 작가들에 비하면 많은 편에 속한다. 그나마 고전 문헌학자들이 한줌밖에 안 되는 고고학적 근거와 부차적인 사료 조각들을 모자이크처럼 짜 맞춘 것이다. 이것은 고전 문헌학자들이 늘 하는 일이다. 아무튼 이 모자이크 조각들은 마태 복음과 그 역사적 배경에 관한 기존 정보와 일치한다. 그러나 이 책은 마태와 그의 복음서에 관한 연구서가 아니다.[22]

이 책의 관심사는 모들린 파피루스라는 특정의 파피루스와 그 연대 및 의미에 있다. 자신 있게 말할 수 있는 것은, 문헌학적으로나 고고학적으로나 역사학적으로나 모들린 파피루스의 연대가 서기 70년 이전임을 뒤집을 수 있는 신빙성 있는 근거는 전혀 없다는 사실이다. 재론의 여지가 없다는 말이다.

### • 두 진영

모들린 파피루스의 연대 논쟁에 그나마 두 진영이 있다는 것은 다행스러운 일이다. 그 한편에, 연대를 끌어내림으로써 학문적 위안을 찾는 종래의 자유주의적 진영이 있다. 그들은 복음서의 진위 자체를 문제 삼는다. 크로상, 뤼데만을 위시한 일부 학자들은 서기 2~4세기의 그노시스파의 문서가 복음서 정전*보다 신빙성이 더 높다고 주장하기도 한다. 그러나 이에 맞서 상식과 과학적 방법론에 입각한 연구 성과들이 있다.

1976년 존 로빈슨은 〈신약 성서의 새로운 연대〉로 많은 사람들을 흥분의 도가니로 몰아넣었다. 이것은 고루한 학계에 날벼락과도 같은 충격을 안겨 주었다. 〈하느님께 참되게〉의 저자이자 자유주의의 태두(泰斗)인 그가 신약 성서의 연대를 서기 70년 이전으로 재확정하리라고 누가 상상할 수 있었을까? 이 책은 많은 영어권 학자들에게 큰 자극을 주었다. 그러나 대세를 바꾸기에는 역부족이었다.

독일 신약학자들은 이 책을 거들떠보지도 않았다. 이 책이 독일에서 출판된 것도 그로부터 10년이 흐른 1986년의 일이다. 가톨릭과 복음주의 계열의 두 출판사가 함께 소매를 걷어붙인 것이다. 그러나 아무 결실이 없었다. 오히려 독일 신약학자들의 태도만 더 도도하게 만들었다. 옥스퍼드 대학 밴턴 강좌의 강의를 엮은 그의 유고작이자 그 속편인 〈요한 복음의 연대〉(1985년)는 10년이 지난 오늘까지도 독일에서 출판되지 못하고 있을 뿐만 아니라 어느 나라에서도 큰 반향을 불러일으키지 못했다.

그 이유가 무엇일까? 과연 학문직 수준 때문일까? 아니다. 응용 방법론을 다룬 이 책의 서론의 화려한 두 장(章)은 타의 추종을 불허한다. 개별적인 견해에 대해서는 이의를 제기할 수 있을 지언정 그의 추상 같은 통찰력에는 압도되지 않을 수 없다.[23]

### • 과학을 배척하는 성서학 · 신학자들

과연 신약학이 이처럼 고대 텍스트를 다루는 고전 문헌학* · 역사학 · 파피루스학*으로부터 고립을 자초하는 위험을 감내할 수 있을까? 볼프강 슈데발트가 압축적으로 보여 준 저 호머학 (學)의 교훈에 과연 등을 돌릴 수 있을까? 이처럼 자의적(恣意 的)이고 불필요한 고립은 신약학의 미래에 관심을 갖는 이들, 성서를 보다 잘 이해할 수 있게끔 신약학이 기여해 주기를 소망 하는 이들에게 실망스런 일이 아닐 수 없다.

그러나 낙관의 근거도 있다. 학문간 연구의 성과와 독창적인 분석 방법을 접맥하고자 애쓰는 유능한 젊은 학자들의 노력이 그것이다. 젊은 세대를 대표하는 세 전사(戰士)는 성 앤드류스 대학의 리차드 보컴, 튀빙겐 대학의 라이너 리즈너, 그리고 덴 버 대학의 크라익 블롬버그이다.

한편 튀빙겐 대학의 마르틴 헹겔, 애버딘 대학의 하워드 마 샬, 댈러스 대학의 어얼 엘리스, 업살라 대학의 해럴드 리젠펠 트, 부퍼탈 대학의 클라우스 하아커, 하이델베르그 대학의 클라 우스 베르거와 같은 노전사들이 있다. 약 2년 전 신약 성서의 연 대 문제와 관련해 베르거가 내놓은 주요 논문은 아직도 그의 많 은 동료들이 소화하기에 벅차다.

그는 여기서 로빈슨의 이론을 한층 정교하게 다듬어 요한 복 음과 요한 계시록의 연대를 각각 서기 66년, 서기 68~69년으로 제시했다. 평론이나 개론서의 곁두리가 아니라 초기 기독교 신

학사 및 그 분석 방법론에 관한 한 편의 논문으로.[24]

 문학 비평

### • 악명 높은 논쟁

이 서문을 보다 경쾌하게, 그리고 요점에 걸맞게 마무리하기 위해 잠시 문학 비평에 눈길을 돌려 보자. 저명한 탐정 소설가 가운데 도로시 세이어즈(1893~1957년)가 있다. 우리 시대의 고전인 피터 휩지 경(卿)에 관한 연작 소설의 저자이다. 그녀의 예수에 관한 라디오 방송 시리즈물 '왕이 되신 주님'(1943년)은 오늘날까지 수차 재방송되었고 책도 30판에 육박한다. 그러나 옥스퍼드 대학에서 학위를 받은 최초의 여성의 한 사람인 그녀는 또한 문학사가(文學史家)이기도 했다. 그녀는 아리스토텔레스, 언어의 사용 그리고 성서에 관한 많은 논문에서 자신의 학문적 역량을 발휘했다.

그녀의 작품집 〈하찮은 생각들〉(1946년) 중의 '사이러스 대왕에게 보내는 감사의 글'(사이러스 대왕은 페르시아 제국 건설자. 기원전 597년 바빌론 왕 네브카드네잘에 의해 예루살렘이 함락된 이래 바빌론에 끌려와 유폐되었던 유대인들이 기원전 538년 그에 의해 예루살렘으로 돌아갈 수 있었다:역주)과 마찬가지로 〈왕이 되신 주님〉의 서문은 지금도 읽어 볼 만한 글이다. 그녀는 요한 복음에 초점을 맞추어 이를 둘러싼 '악명 높은 논쟁'에 대해 이렇게 이야기한다.

이 논쟁의 수렁에 빠져들고 싶지는 않다. 다만, 비평가들이 오늘날 어느 인물이 쓴 다른 인물의 전기에는 도저히 들이대지 못할 잣대들을 요한 복음에 버젓이 들이대고 있음을 지적하지 않을 수 없다. 존즈 씨의 미덕이 요한에게는 결함이 되고, 요한의 진실성을 깎아내리는 데 사용된 논거가 존즈 씨에게는 문학적 성과와 진실성을 입증하는 수단으로 이용된다.

예컨대 지금 버나드 쇼(영국의 극작가:역주)가 윌리엄 아처에 대한 회상록을 펴낸다고 하자. 그런데 아처의 동시대인들이 대부분 세상을 떠나고 없고, 버나드 쇼의 문체가 《더 타임즈》의 사망 기사와 문체가 몹시 다르고, 예전의 회고록에 없는 친밀한 대화가 대거 실린 반면, 인물 사전만 뒤적거려도 쉽게 확인할 수 있는 많은 사실이 빠져 있다는 등의 이유로 이 책의 진실성에 대해 이의를 제기할 수 있을까?

또는, 버나드 쇼가(기력이 예전만 못한 80대 나이여서) 어느 존경스런 신부에게 아처에 관한 이야기를 일부 구술해 주었고, 이 신부가 "실제 저자는 버나드 쇼이며, 버나드 쇼는 아처의 가까운 친구이므로 독자들은 회고록의 정확성을 의심하지 않아도 될 것이다"라고 한 마디 주석을 달았다고 해서 이 두 사람이 뻔뻔스럽게 거짓말을 늘어놓고 있다고, 그들의 공동 작품은 날조라고 몰아칠 수 있을까?

그럴 수는 없을 것이다. 버나드 쇼는 실제 인물이었다. 다만 성서가 아닌 웨스트민스터 사원에 묻혀 있을 따름이다. 그를 의심해도 좋을 때는 오지 않았다. 그는 전설적인 인물이지만, 아직 신화적인 인물은 아니다. 지금으로부터 2000년 후라면 몰라도.[25]

### • 파피루스학이 선도하는 교향곡

그녀는 루돌프 불트만과 그가 기치를 내건 신약 성서의 '탈신화'를 위한 거대한 돌풍을 잘 알고 있었다. 그러니까 이 글은 그러한 흐름에 대한 발빠른 대응이었던 셈이다. 이 운동은 제2차 세계대전 이후 영국에도 널리 확산되었다. 이 글도 그 때 쓴 것이다. 그러나 이 글의 메시지는 오늘날에도 여전히 유효하다. 이 글에 유머러스하게 묘사되어 있는 오류를 많은 학자들은 깨달아야 하고 또 깨닫게 될 것이다.

그녀가 말하는 비평가들의 오류는 손도 못 댈 정도로 난감한 것이 아니다. 앞에서 살펴보았듯이 여러 학문이 어울려 진보의 화음을 이룰 수 있는 도구들이 있기 때문이다. 이 책은 이러한 도구들을 조율해 완전한 화음을 만들어내고자 한다. 모들린 파피루스, 그리고 파피루스학*으로부터 새로운 교향곡의 첫 드럼 소리가 울려 퍼질 것이다. 우리의 기치는 이것이다.

"모든 것을 시험해 보고 좋은 것을 꼭 붙드십시오."(데살로니카 전서 5장 21절)

# 제3장
# 모들린 파피루스 뜯어보기

헌트: 이건 대부금 변제에 관한 청원이로군. 음, 그렇지. 대부금… 미상환에 대
　　　한 원고의 청원.
그렌펠: '타라케우타이'…? 흠, '미라 만드는 사람들'? 그럼, '미라 만드는 사
　　　람들에게 보내는 맥주세에 관한 편지'인가?
헌트: 타라케우타이는 '소금 친 물고기 장수'란 말도 되지.
그렌펠: 아, 그래! 옳지! 맞아! 맞아! 그렇게 볼 수도 있지. 오호라! 언제쯤 고
　　　전에 해박해지려나!
—토니 해리슨, 〈옥시링커스의 추적자들〉(1990년)

　문서 보관소 직원들이 문헌 연구에 마이크로필름이나 팩시밀리를 이용하라고 닥
달해도 호라티오는 늘 원본을 꼭 봐야겠다고 우겼다.
　그는 문서 보관소 직원들에게 이렇게 대꾸하곤 했다. "원본 아닌 다른 걸 보라는
건, 마치 사진으로 연애 편지를 대신하라는 말과 같죠."라고.
—앤드류 로버츠, 〈아헨 비망록〉(1995년)

 파피루스학

**• 파피루스를 태워 향기를 맡은 이집트 농부들**

　파피루스학*은 오랜 훈련이 필요한, 매우 까다로운 전문 분야
이다. 모들린 파피루스가 주먹만한 활자로 기사화되면서 일반
대중에게 가까이 다가가기 전에도 파피루스학*은 숱한 일화와

모험, 흥미로 가득찬 역사를 지니고 있었다.

파피루스에 관해 분명한 한 가지 사실은, 불에 탈 때 향기가 좋다는 것이다. 1778년 어느 골동품 상인이 이집트 농부들에게서 서기 191~192년의 파피루스 두루마리를 하나 샀다. 그런데 농부들이 나머지 두루마리 50개에 불을 지피고는 그 연기에 코를 들이대고 향기를 즐기는 것이 아닌가? 그는 멍하니 바라 보고 있을 수밖에 없었다.[26]

파피루스에 비해 양피지나 송아지 피지의 부수 효과에 대해서는 이에 필적할 만한 것은 없다. 그런데 콘스탄틴 폰 티셴도르프가 1844년 시나이 반도의 성 캐서린 수도원에서 '사해 사본'과 더불어 가장 소중한 희랍어 성서 사본인 '시나이 사본(Codex Sinaiticus)'[27]을 발견했을 때의 일이다. 양피지 사본 129개가 불쏘시개 더미를 잔뜩 쌓아 둔 방에 틀어박혀 있었다.

파피루스 보관 방법에 관한 한 아쉬움이 많기는 20세기도 마찬가지였다. 베들레헴의 유명한 신발 상인 칸도는 천금같이 귀중한 일부 사해 두루마리들을 자신의 신발 가게 마루 밑에 처박아 놓고 임자를 기다렸다. 그 중 일부는, 요르단이 차지하고 있던 이곳이 1967년 중동 전쟁으로 이스라엘에 점령된 뒤 이스라엘 사람들이 나타나 사갈 때까지 마루 밑에 처박혀 있었다.

파피루스를 발견해 보존 처리를 채 하기도 전에 파피루스가 위험에 놓일 때도 있다. 어떤 쿰란* 학자의 불행한 경험이다. 파피루스—창세기 파피루스일 수도 있다!—를 발견해 햇볕에 비춰 본 순간 그만 순식간에 잿더미로 변해 버린 것이다.

**·파피루스학이란**

파피루스 학자의 임무는 고대 문서를 발견하고, 보존 처리를 하고, 감정하고, 편집해 간행하는 일이다. 다른 분야의 학자들에게 신세를 질 때도 있다. 고대 문서를 찾아내는 고고학자나 고대 문서 편집 전문가인 고전 문헌학자가 그들이다. 그러나 외부인들이 오히려 폐를 끼치기도 한다. 학문적 자만심이 지나쳐 신약 성서 파피루스에 관한 한 파피루스 학자들보다 자신이 더 잘 안다고 우기는 신약학자들이 그들이다. 모들린 파피루스에 관한 논쟁은 이와 같은 학문적 오만을 여실히 보여 주었다.

일반인들은 파피루스학*이라고 하면 막연히 일종의 '종이학(學)'이려니 하고 생각한다. 그러나 파피루스학*은 중세기에 중국에서 발명된 종이에 관한 학문도, 상부 이집트에서 경작된 수생(水生) 식물의 줄기로 만든 파피루스를 가공하는 기술을 다루는 학문도 아니다.[28]

파피루스학*이라는 명칭은, 파피루스는 물론 양피지, 송아지 피지, 가죽, 리넨, 긴 나무 조각, 서자판(書字板. 나무, 상아, 금속 등의 얇은 판에 납 따위를 먹여 날카로운 펜으로 긁어 그 위에 문자를 쓴 것:역주), 도편(陶片. 도자기 조각.:역주) 등의 갖가지 재료에 기록된 모든 고대 텍스트를 연구하는 학문을 편의상 일컫는 말이다. 이 중에서 비석과 대리석 등에 새겨진 명각(銘刻)은 금석학(金石學)이라는 독특한 학문을 낳았다. 고대의 신약 성서 문서들은 모두 파피루스이다. 그러므로 신약 성서의 연대에 관한 연구는 파피루스학*에 의존하지 않을 수 없다.

### • 무릇 인간 문명의 생사가 파피루스에 달려 있다

파피루스라는 용어를 고대 문서에서 더듬어 보자. 성서에도
이 용어가 나온다. 기원전 3세기의 소위 《70인역》*에 파피루스라
는 말이 세 번 나온다. 욥기 8장 11절과 40장 16절 그리고 이사
야 19장 6절이다.

파피루스가 물 없는 곳에서 자라나느냐? (욥기 8장 11절)

이 반어법은 우리에게 도움을 준다. 파피루스 경작에 필요한
조건을 명시해 주기 때문이다. 이로부터 수세기가 흐른 뒤에 로
마의 학자 플리니(고대 과학의 방대한 개설서인 〈자연의 역사〉를 남
긴 로마의 박물학자, 저술가:역주)는 파피루스 제작에 관해 서술하
면서 다음과 같은 '파피루스 예찬'으로 서두를 장식한다.

무릇 인간 문명의 생사와 보존은 파피루스로 두루마리를 만
들어 쓰는 데 달려 있도다.[29]

과연 파피루스 두루마리는 인간의 지식의 전달과 보존에 독
보적인 수단이었다. 현존하는 가장 오래된 이집트 파피루스(P.
Berlin 11301. 기원전 2700년경)로부터 사해 인근의 무라바앗 계
곡 동굴에서 발견된 현존하는 가장 오래된 히브리어 파피루스
(P. Murabbaᶜat 17. 기원전 750년경)에 이르기까지, 그리고 플리
니가 이 글을 쓴 신약 시대는 물론 그 이후까지 이 연약한 갈대
는 온갖 문서의 재료가 되었다.

### • 파피루스학과 이집트학

파피루스 종이와 두루마리 제작은 이집트에서 독점했는데, 대부분 나일 강의 삼각주 습지 근처에서 만들어졌다. 완성품은 지중해 유역과 그 동쪽, 남쪽, 북쪽 너머까지 수출되었다. 파피루스의 생산을 이집트가 독점하고 있었던 데다 파피루스가 이집트의 파이온, 옥시링커스* 등지에서 다수 발견된 까닭에, 때로 파피루스학*의 지역적 대상을 오해하는 경우가 있다. 최근 파피루스학*을 소개한 어느 글도 파피루스학*을 이집트에서 나온 고대 텍스트를 연구하는 학문 정도로 뭉뚱그려 자라목처럼 왜소하게 만들고 있다. 그리고 독일의 트리어 대학 등의 일부 대학에서는 파피루스학*을 이집트학과에서 가르치고 있다.

그러나 5장에서 다시 지적할 것이지만, 로마 제국 당시에도 파피루스는 이집트에서 곳곳으로 수출되었다. 그래서 시, 서사시, 희곡, 복음서, 편지 등의 텍스트를 기록한 두루마리나 사본은 사실 로마 제국 어디에서나 나올 수 있었다. 이 까닭에 어느 텍스트가 이집트에서 발견되었다고 해서 곧 이집트에서 기록된 것이 틀림없으며 다른 데서는 발견할 수 없다고 우길 수는 없다.

파피루스나 가죽, 나무, 도편(오스트라콘)* 등에 기록된 히브리어, 희랍어, 라틴어 텍스트들이 발견된 지역은 이집트 이외에도 많다. 무라바앗 계곡, 나할 헤버 계곡, 마사다 그리고 사해의 쿰란*으로부터 요르단의 페트라, 시리아의 두라 에우로포스, 쿠르디스탄의 아브로만 산(山), 이탈리아의 폼페이와 헤르쿨라네움에 이르기까지, 그리고 저 북쪽으로 빈돌란다의 로만 브리튼에 이르기까지.

파피루스학*이 다루는 텍스트가 이집트어나 이집트 방언으로

만 기록되어 있다면 모르지만 그렇지 않다면 파피루스학*이 이집트학의 한 분과가 될 수는 없다. 파피루스학*은 지역에 얽매이지 않는다. 어느 지역에서 발견되었는가를 불문하고 모든 고대 텍스트를 연구 대상으로 삼는다.

### • 파피루스학이 펼치는 한 편의 탐정 소설

모들린 파피루스는 파피루스학*의 일련의 연구 방법과 기술에 대한 이상적인 길라잡이이다. 이 관점에서, 그리고 역사적 맥락을 염두에 두고 모들린 파피루스를 살펴보자. 찰스 휼렛 신부가 이집트의 룩소르(고대 도시 테베의 유적이 있는 나일 강 상류의 도시:역주)에서 모들린 파피루스를 입수한 이야기, 그리고 이 파피루스가 옥스퍼드 대학 모들린 칼리지로 오기까지의 이야기는 4장에서 살펴보기로 한다.

이 장에서는 모들린 파피루스 조각에 기록된 텍스트를 분석하고, 다른 파피루스들 가운데 이 세 조각의 모들린 파피루스와 끼워 맞출 수 있는 것들이 있는지 찾아나서는 '탐정 소설'을 펼쳐나가기로 하자. 먼저 파피루스학*의 도구와 여러 가지 파피루스학*의 발견을 간단히 소개하는 것으로 대장정을 떠나자.

생각보다 첫걸음부터 수월하지는 않다. 이 세 조각의 파피루스가 '두루마리'에서 떨어져 나온 것이 아님을 한눈에 알아 볼 수 있기 때문이다. 먼저, 텍스트가 앞뒤 양면에 적혀 있다. 이것은 두루마리의 특징이 아니라 오늘날의 책의 앞 단계에 속하는 '사본'의 특징이다. 그러나 속단해서는 안 된다. 성서를 주의 깊게 읽어 보면 이 규칙을 벗어나는 예외도 없지 않기 때문이다. 구약 성서에 다음과 같이 '양면에 텍스트가 기록된 두루마리'

이야기가 나온다.

내가 바라보니, 한 손이 나에게 뻗쳐 있는데 그 손에는 두루마리 책이 들려 있었다. 그분이 그 두루마리를 펴 보이시는데 앞뒤에 글이 적혀 있었다. 거기에는 구슬프게 울부짖으며 엮어대는 상여소리가 기록되어 있었다.(에스겔 2장 9~10절)

신약 성서에 나오는 다음의 한 예는 더욱 모호하다.

나는 또 옥좌에 앉으신 그분이 오른손에 두루마리 하나를 들고 계신 것을 보았습니다. 안팎에 글이 기록되어 있는 그 비블리온(biblíon)은 일곱 인을 찍어 봉하여 놓은 것이었습니다."(요한 계시록 5장 1절)

요한 계시록이 기록될 당시엔 이미 초기 기독교의 필사자들이 사본으로 전환했다. 그러므로 이 구절은 매우 모호할 수밖에 없다. 그렇다면 이 구절의 비블리온(biblíon)이 전통적으로 사용되었던 두루마리에 이어 새로이 도입된 사본을 최초로 언급하는 말일까?

책을 읽고 팩시밀리를 이용해 본 사람이라면 기술적 측면에서 이와 같은 '전통과의 단절'의 의미를 이해할 수 있을 것이다. 팩시밀리의 둥근 종이 뭉치는 고대의 두루마리와 흡사하다. 만약 팩시밀리 종이를 자르지 않고 그대로 두면 종이다발이 원통형으로 둘둘 말려 두루마리처럼 되고, 통신문은 두루마리의 안쪽이 아니라 바깥쪽에 나타난다. 사본은 이와 다르다. 오늘날의 딱딱한 표지의 책과 흡사하다. 그 제작 원리도 구텐베르크의 이동 활자식 인쇄술이 발명된 15세기 이래 필체 대신 인쇄체가 자리잡은 것과 유사하다.

### • 기독교 텍스트 전파의 두 단계

두루마리에서 사본으로의 전환은 한낱 가설이 아니다. 5장에서 살펴보겠지만, 이 전환은 모들린 파피루스(마태 복음 텍스트)뿐만 아니라 전체 신약 성서의 연대를 확정하는 문제와 맞물려 있다. 또한 이 전환은 신약 성서 정전*의 발전사와 관련해 중요한 의미를 지닌다. 초기 기독교 공동체와 교회가 두루마리를 버리고 사본을 채택하기로 결정했을 때, 기존의 텍스트들을 취사선택하는 기회가 되었을 테니까. 불가피한 일이지만 두루마리에 기록된 모든 텍스트를 사본에 옮겨 적을 수는 없었을 것이다.

오늘날 어떤 출판업자가 딱딱한 표지를 폐기하고 종이 표지로 전환하기로 결정한다고 했을 때, 기존의 딱딱한 표지의 책을 모두 종이 표지의 새 책으로 다시 찍어내지는 않을 것이다. 오히려 기존의 책 가운데 버릴 것은 버리고 챙길 것은 챙기는 취사선택의 기회로 삼을 것이다. 오늘날과 같은 대형 도서 시장에서도 종이 표지의 새 책으로 다시 찍혀 나오는 기존의 책을 구경하기가 쉽지 않다. 두루마리 역시 일단 사본으로 베껴지지 않으면 닳고 해어진 다음에는 폐기되었을 것이다.

신약 성서를 기록하는 데 초기 기독교인들이 두루마리를 먼저 쓰고 그에 이어 사본을 썼다는 사실은 텍스트 자체의 기원을 이해하는 데 중요하다. 일부 영향력 있는 학자들은 아직도, 초기 기독교인들은 두루마리는 애당초 사용하지도 않았으며 곧바로 사본을 사용했다고 주장한다. 그러나 최초의 두루마리가 남아 있든 없든 기독교 사본이 일찍이 서기 70년 이전에 도입되었다는 파피루스 학자들의 견해가 틀리지 않다면[30] 요한 계시록 5장 1절의 비블리온은 사본을 일컬을 수 있다. 이렇게 본다면 이 구절은 기독교 문서 전파의 1, 2단계 중 어느 단계를 가리키는 것일까?

어떻든 요한 계시록은 종래의 두루마리가 아직 일정하게 사용되고 있었거나 적어도 기억 속에 살아 있을 때 기록되었다. 요한 계시록의 다음과 같은 생생한 묘사는 이를 확실히 보여 준다.

하늘의 두루마리가 말리듯이 사라져 버렸고 제 자리에 남아 있는 산이나 섬은 하나도 없었습니다.(요한 계시록 6장 14절)

요한 계시록을 접한 공동체들이 두루마리를 본 적도 사용해 본 적도 없었다면 그들은 이 구절을 도저히 이해할 수 없었을 것이다. 그리고 두루마리는 초기 기독교에서 대단히 중요한 존재였다. 무엇보다도 예수 자신이 나사렛의 회당에서 이사야 예언서 두루마리를 읽었다.

예수께서는 자기가 자라난 나사렛에 가셔서 안식일이 되자 늘 하던 대로 회당에 들어가셨다. 그리고 성서를 읽으시려고 일어서서 이사야 예언서의 두루마리를 받아들고 이러한 말씀이 적혀 있는 대목을 펴서 읽으셨다.(누가 복음 4장 17절)

### • 로마 도미틸라 카타콤의 벽화

이로부터 한참 뒤인 2세기 말~3세기 초의 로마 도미틸라 카타콤의 프레스코화(벽에 회반죽을 발라 채 마르기 전에 그 위에 수채화 물감으로 그린 그림:역주)는 두루마리의 중요성에 대한 저간의 인식이 옳음을 입증해 준다. 이 벽화에서 바울은 각각 다섯 개의 두루마리가 들어 있는 두 개의 캅사*(두루마리 통:역주)를 들고 있다. 이 벽화는 구약 성서의 토라경*과 기독교의 다섯 권의 역사서(네 복음서와 사도행전)의 가치를 동일선상에 두고 있음을 묘사한다.[31]

그런데 바로 이 카타콤에 페트로닐라의 모습을 그린 벽화가 있다. 두루마리 통 하나가 발치에 있고 한 권의 책이 왼쪽 어깨 위에 펼쳐져 있다. 이 두 프레스코화 사이에 어떤 관계가 있을까? 그것은 아주 간단하다.

두루마리에서 사본으로 전환한 지 오랜 훗날까지 화가들—그리고 그들의 후원자들—은 기독교 문서 전파의 두 단계를 정확히 알고 있었다. 서기 64년(또는 다른 전승에 따르면 67년)에 순교한 바울에게는 두루마리만 있다. 그러나, 전승에 따르면 서기 98년에 순교한 페트로닐라는 두루마리와 사본의 두 형태를 다 갖고 있다. 이것은 사본이 등장한 한편으로 종래의 두루마리가 여기저기서 나란히 사용된 한 때를 여실히 보여 준다.


### • 멤브라나

요한 계시록 5장 1절에 대한 분분한 해석은 접어두고라도, 신약 성서에서 이 전환점이 언제인가는 이미 분명하다. 이른바 목회 서신(신약 성서의 디모데 전후서와 디도서를 한데 묶어서 일컫는

말:역주)의 하나인 디모데 후서는 다음과 같은 이야기를 들려 준다.

> 그대가 이리로 올 때에 내가 드로아스에 있는 가르포의 집에 두고 온 내 외투와 책들(biblia)을 가지고 오시오. 특히 양피지로 만든 책들(membranas)을 꼭 가지고 오시오.
>
> (디모데 후서 4장 13절)

오늘날의 대부분의 번역에는 용어의 엄밀성이 결여되어 있지만 본래의 희랍어 텍스트는 명쾌하다. 여기서 결정적인 두 말은 '비블리아' 와 '멤브라나스*' 이다. 문자 그대로 '책들'을 의미하는 비블리아는 두루마리를 가리키는 것으로 이해해야 할 말이다. 사본이 도입되기 전에 두루 쓰인 말이기 때문이다.[32] 이 두루마리는 당연히 희랍어 구약 성서나 디모데 후서 이전에 기록된 그 어떤 기독교 두루마리들을 일컬을 터이지만 딱히 뭐라 꼬집어 말할 순 없다.

'멤브라나스' *는 눈을 번쩍 뜨게 한다. 무엇보다도 먼저 이 말은 라틴어에서 차용해 온 단어이다. 디모데 후서의 저자가 양피지로 만든 책을 언급하고 있다는 데 전문가들 사이에 의견이 일치한다. 그렇다면 이 구절은 멤브라나스*라는 라틴어 단어를 희랍어로 차용한 최초의 기록이다. 영국의 파피루스 학자 콜린 로버츠는 이 구절을 들어 "바울은 희랍어로 글을 쓴 인물들 가운데 양피지로 만든 책에 관해 언급한 서기 1세기의 유일한 인물이다."라고 말했다.[33] 양피지로 만든 책에서 사본으로의 이행은 작은 진전이지만 그 사회학적, 신학적 의미는 크다.

### • 초기 기독교의 파피루스 두루마리에 얽힌 의미

초기 기독교인들이 두루마리를 먼저 사용한 까닭이 비단 편리함 때문일까? 도미틸라 카타콤의 바울의 벽화는 편리함 이상의 이유를 말해 준다. 그것은 동일성(identity)이다. 초기 기독교인들은 결국 유대인이었다. 복음서 저자들 가운데서 유일한 예외로 누가를 꼽을 수 있을는지 모르지만 이것도 확실하지는 않다.

그러므로 비유대인 대상의 선교가 예외적 활동이 아닌 정상적인 활동으로 자리잡기까지는, 복음의 전파란 어디까지나 유대인 사회 내부에 한정되어 있었다. 신약 성서 정전* 가운데 히브리서, 야고보서, 마태 복음 등의 많은 문서가 비유대인들로서는 설명 없이 읽을 수 없으리만치 유대적 사고와 전통에 집착한 것도 이 때문이다.

이런 맥락에서 볼 때 두루마리는 자연스런 표현 수단이었다. '새로운' 형태는 뜻하지 않게 일반적인 전통과의 단절을 초래할 수 있기 때문이다.

기독교라면 입에 올릴 때마다 저주를 퍼부은 바빌로니아 탈무드*조차 이러한 상황을 인정한다. 일부 유대인이 기독교 두루마리를 갖고 있다고 지적하면서 "그 두루마리들이 아무리 하느님의 이름을 들먹거려도 결국 불에 타 한줌의 재가 되고 말리라."라고 언명하고 있는 것이다.[34]

신약 시대 이전의 텍스트를 모은 바빌로니아 탈무드*는 기록된 시기가 이보다 약간 늦은 데다 전반적으로 반(反)기독교적이기 때문에 나무랄 데 없는 좋은 정보이다. 그 시기가 한 발짝만 늦었더라도 초기 기독교에 두루마리가 존재했음을 일러 주는 이 정보가 만들어지지 못했을 것이기 때문이다. 이 까닭에 이 정보는 신빙성을 갖고 있다.

##  두루마리와 사본: 쿰란 제7동굴과 사해 두루마리

### • 기독교 파피루스 두루마리 보관소였던 쿰란 제7동굴

그러므로 모들린 파피루스가 두루마리가 아닌 '사본' 조각이며 '현존하는 가장 오래된 신약 성서 파피루스'일지라도, 마태 복음의 원본일 가능성은 전무하다. 왜냐하면 마태 복음의 원본은 두루마리였기 때문이다. 이 사실로부터 다음과 같은 두 가지 복잡한 의문이 제기된다. 첫째, 그렇다면 그 때의 기독교 두루마리들은 모두 어떻게 되었으며, 흔적조차 찾을 수 없는가? 둘째, 기독교 필사자들이 두루마리에서 사본으로 전환한 이유는 무엇인가?

첫번째 의문에 대한 해답의 실마리는 금방 나온다. 주지하다시피 초기 기독교의 두루마리들은 새로운 형태인 사본에 옮겨 적어졌기 때문에 보존되어 남을 수 없었다. 닳고 해어져 판독하기 어렵게 될 때마다 두루마리는 다른 두루마리가 아닌 사본에 옮겨 적어졌다. 마지막 마태 복음 두루마리도 이렇게 해서 푸석푸석 부서져 사라졌을 것이다. 물론 사본으로 전환하기 전에 기독교 텍스트들을 보관한 장소가 없었다면 말이다. 그런데, 놀랍게도 그와 같은 문서 보관소가 있었다. 쿰란*의 한 동굴이 그곳이다. 이곳에서 나온 문서들은 모들린 파피루스의 역사적 배경을 추적하는 데 더 없이 소중하다.

참으로 기묘한 쿰란*의 제7동굴은, 팔로-리베 파피루스를 편집한 저명한 파피루스 학자 호세 오칼라한이 1972년 이 동굴의 일부 파피루스 조각이 신약 성서 텍스트라고 주장하고 나서면서 학자들의 비상한 관심과 논쟁을 촉발시켰다.[35] 쿰란*의 많은 동굴들 중에서도 이 제7동굴은 특이하다. 여기서 나온 18개의 파피루스 조각들—여기에 딱딱한 진흙에 거꾸로 눌려 찍힌, 사라지고 없는 파피루스의 문자 자국을 더하면 모두 19개가 된다—은 모두 '두루마리' 조각이라는 점에서 쿰란*의 다른 발견물들과 다를 바 없다.

그러나 쿰란*의 다른 모든 발견물들과 다른 점이 있다. 모두 '파피루스'에, 그리고 오직 '희랍어'로 기록되어 있다는 사실이다. 다른 동굴에서 나온 수백 개의 두루마리들을 살펴보면 대부분은 히브리어·아람어* 텍스트이고, 희랍어 텍스트라고는 제 4동굴에서 나온 6개가 전부이다. 그나마 이 가운데 파피루스는 2개뿐이고 나머지 4개는 가죽 조각이다.

### • 파피루스 두루마리 7Q5의 최종 연대

제7동굴은 두루마리가 이곳 쿰란* 동굴에 들어올 수 있었던 고고학적 최종 연대 때문에 그 중요성이 한층 높아진다. 즉 서기 68년,[36] 로마 제10군단에 의해 쿰란* 마을과 동굴 인근 지역이 유린당한 바로 그 해이다. 만약 제7동굴의 파피루스 두루마리 조각들(7Q5) 가운데 기독교 텍스트가 단 하나라도 포함되어 있다면 이것은 사본이 도입되기 전에 기독교 두루마리가 존재했음을 보여 주는 물증이 된다.

그러나 이 고고학적 최종 연대가 확실하더라도, 대립적인 두 이론의 검증을 받지 않으면 안 된다. 첫번째 이론은, 서기 68년 이후 어느 시점에 쿰란* 주민들 또는 7Q5가 기독교 텍스트라면 이에 관심을 가진 사람들이 이곳으로 돌아왔으리란 것이다. 두 번째 이론은, 그보다 60여 년 후인 바르 코크바의 반란(서기 132~135년) 때 이들이 이곳에 처음으로 와서 7Q5를 보관했으리라는 것이다.

그래서 7Q5가 마가 복음 텍스트임이 틀림없다고 확신한 오스트리아 학자 쿠르트 슈베르트는 이 '2단계설'을 주장했다.[37]

그러나 모든 고고학적 사료를 신중히 검토해 볼 때 무라바앗, 나할 헤버와 같은 다른 사해 계곡의 동굴들과 달리[38] 사람들이 서기 68년 이후 쿰란* 동굴에 다시 둥지를 틀고 살거나 동굴을 다시 이용했을 가능성은 없다.

더욱 중요한 것은 슈베르트도 수긍하듯이 7Q5가 다름 아닌 '두루마리'라는 사실 때문에, 서기 68년 이후에 동굴이 다시 열리거나 서기 132~135년의 바르 코크바의 반란 때 뒤늦게 이곳에 보관되었을 가능성도 없다는 사실이다. 바르 코크바의 반란 당시 제7동굴에 기독교 텍스트가 있었다면 그것은 분명 두루마리가 아닌 사본이었을 것이기 때문이다.

또한 서기 68년 이후에 동굴이 다시 열렸으리라는 주장은, 고고학적 증거는 접어놓고라도 다음과 같은 이유로 설득력이 없다. 즉, 그 당시라면 두루마리가 다시 사용되었을 테지만 이것이 어느 정도 닳고 헤어진 뒤에는 사본으로 대체되었을 것이다. 그러나 7Q5는 사본이 아니라 두루마리이다. 따라서 7Q5가 서기

68년 이후에 보관되었을 가능성은 없다. 이 밖에 7Q5의 문자체에 따른 고문서학적 연대도 제7동굴이 다시 열렸을 가능성을 전적으로 배제한다.

오칼라한이 7Q5를 신약 성서 텍스트로 감정하기 훨씬 전의 일이지만, 쿰란* 두루마리의 편집진을 대표한 콜린 로버츠는 7Q5의 문자체를 1세기 전환기에 유행한 소위 장식체*로 평가했었다. 만약 7Q5의 문자체를 그보다 뒤늦은 시기의 장식체*로 판정하는 것이 가능하다면, 거꾸로 7Q5의 문자체를 일찌기 서기 50년의 것이라고 말할 수도 있지 않을까? 장식체*의 수명이 실제로 더 길었다 해도 여기에 몇 년을 보태면 그만이 아닐까? 5장에서 살펴볼 테지만 날짜가 찍힌 것도 아닌 문자체의 연대를 확정하기란 그리 간단한 일이 아니다. 그러나 이론적으로 허용될 수 있는 시간대는 서기 68년이라는 고고학적 최종 연대에 의해 엄격히 규정되는 것이다.

## 파피루스 학자의 기능: 파피루스 감정법

**• 쿰란의 에세네파의 수중에 들어간 마가 복음 두루마리**

여기까지 그럭저럭 어렵지 않게 도달했다. 그런데 쿠르트 슈베르트, 호세 오칼라한을 비롯한 많은 사람들의 주장대로 제7동굴의 발견물들 가운데 정말 기독교 두루마리 조각이 있을까? 이 논쟁은 1972년 이래 지금까지 이어지고 있다. 표면상으로는 7Q5가 기독교 두루마리가 아니라는 데 의견이 모아졌다. 그러나 70

년대 말, 80년대 초의 소강 상태가 지난 뒤 1984년 카르스텐 티데가 학술지 《비블리카》에 한 논문을 발표하면서 다시 논쟁이 불붙기 시작했다.[39] 영어, 독일어, 프랑스어, 네덜란드어, 이탈리아어, 스페인어 출판물들이 이 닳고 닳은 논쟁에 속속 뛰어들었다. 찬반의 견해가 팽팽하게 맞섰다.[40]

마가 복음이 쿰란*의 에세네파*에게 그토록 일찍 갔을 리가 없다고 장담하는 많은 신약학자들, 그리고 그것이 가능할 뿐더러 실제로 그러했다고 확신하는 다른 분야의 학자들이 두 진영을 구축했다. 내로라하는 파피루스 학자들은 7Q5가 마가 복음 텍스트라는 입장을 지지했다. 유대인으로서 쿰란* 두루마리 편집진에 참여한 예루살렘 대학의 세마르야후 탈몬도 7Q5가 기독교 텍스트라는 입장을 공식적으로 지지했다.[41]

이 감정과 관련해 1994년에 마지막으로 언급한 사람은 우리 시대의 위대한 파피루스 학자이며 '세계 파피루스 학자협의회'의 명예 회장인 오르솔리나 몽트베치였다. 그녀는 자신의 분석 결과를 다음과 같이 한 마디로 명쾌하게 표현했다. "이 감정은 의심의 여지가 터럭만큼도 없다."[42]

그러나 일부 학자들은 아직도 7Q5를 마가 복음 텍스트로 인정하지 않는다. 7Q5가 서기 68년 직전 또는 그 얼마 전에 기록된, 현존하는 유일한 마가 복음 파피루스 두루마리 조각이라는 사실을 생떼를 쓰듯 부정하는 사람들은 대체로 파피루스 학자들이 아니라 신약학자들이다. 런던 대학 킹즈 칼리지의 그래엄 스탠튼은 최근에 펴낸 한 저서에서 복음서 연구에서 초기 기독교 파피루스의 존재 가능성 자체를 배제하려는 의도로 쿰란*의 파피루스 두루마리 7Q5와 모들린 파피루스에 관해 한 장(章)씩을 할애했다.[43] 왜일까?

### • 고대 파피루스 텍스트의 재구성

이제 쿰란* 파피루스 두루마리 조각 7Q5와 모들린 파피루스를 위시한 모든 파피루스에 적용되는 파피루스 학자의 중요 작업 한 가지를 살펴보기로 하자. 텍스트를 바로잡는 작업이다. 미세한 파편들을 의미가 통하도록 잘 짜맞추어 하나의 전체로서 재구성해내는 작업이다. 호세 오칼라한이 문제의 7Q5 조각, 즉 작은 조각〈5〉의 5행(行) 20자(字)—이 가운데 10개의 문자가 깨져 있다—를 마가 복음 6장 52~53절로 감정한 것은 참으로 우연이었다.

그는 희랍어 구약 성서 주해본을 연구하던 중 우연히 〈사해 사본 공식 편집본〉[44] 제3집을 접하게 되었다. 7Q5가 여기에 실려 있었다. 이 공식 편집본의 편집자들은 7Q1(제1동굴 발견물)은 출애굽기 28장 4~6절, 7Q2(제2동굴 발견물)는 예레미야 6장 43~44절로 감정했다. 그는 제7동굴 발견물 7Q5의 감정에 관심이 갔다. 그러나 이 편집자들은 7Q5의 파피루스 조각 18개 중 16개와 딱딱한 진흙에 거꾸로 눌려 찍힌 사라져 버린 파피루스의 문자 자국은 손도 대지 못하고 있었다.

그런데 조각〈5〉 4행의 희귀한 문자 배열이 그의 눈길을 끌었다. ʻnnēsʼ 였다. 편집자들은 이것을 ʻ낳다ʼ 라는 의미의 희랍어 단어 에겐에센(egennēsen)의 일부로 판단해 조심스럽게 족보 텍스트로 감정했다. 이러한 발상은 문제가 있었다. 7Q5의 다른 문자들을 고려하지 않았기 때문이다. 성서 문학, 비성서 문학을 막론하고 현존하는 희랍 문학에서 그와 같은 텍스트는 찾아볼 수가 없다. 오칼라한은 여기서 자신의 추론 능력을 유감 없이 발휘했다.

그는 'nnēs'와 같은 배열을 갖는 희랍어 단어들을 하나씩 떠올렸다. 그리고 문맥에 맞지 않는 단어들을 하나씩 소거해 나갔다. 이 과정에서 그는 본능적으로 갈릴리의 저 유명한 겐네사렛 호수의 희랍명(名)을 찾아봐야겠다는 생각에 이르렀다. 이것은 학문적 의미의 탐정 작업을 잘 보여 준다. 일단 가능성이 없는 것을 버리고 나면 가능한 것이 떠오른다.

### • 겐네사렛, 그리고 마가 복음 6장 52, 53절

그러나 이것은 시작에 불과했다. 왜냐하면 《70인역》*을 다 뒤적여도 놀랍게도 겐네사렛 호수의 이름이 nnēs와 같은 배열로 기록된 곳은 단 한 군데밖에 없었기 때문이다. 바로 마카베오 상권(시리아에 대적해 독립 전쟁을 치른 뒤 기원전 1~2세기에 하스모니안 왕조를 구축한 유태 마카비족에 관한 기록으로 상·하 두 권이 구약 성서 외경*에 포함되어 있다:역주) 11장 67절이었다. 여기서만 이 호수를 겐네사(gennesar)로 표기하고, 다른 곳에서는 모두 케네렛(chenereth) 또는 케나라(chenara)로 기록하고 있었다.

게다가 7Q5의 조각〈5〉는 마카베오 상 11장 67절이 아니었다. 조각〈5〉에서 식별 가능한 모든 문자를 살펴보아도 마케베오 상 11장 67절과 일치하지 않았다. 그러나 오칼라한은 모름지기 파피루스 학자였다. 그는 신약학자들의 전제에 어긋난다고 해서 이것이 희랍어 신약 성서 텍스트일 가능성을 배제하지 않았다. 스스로의 재능에 값하는 파피루스 학자라면, 신약 성서 텍스트는 뒤늦게 기록되었으므로 서기 68년 이전에 쿰란*에 들어갔을

리가 없고, 그러므로 쿰란*의 에세네파*의 수중에 들어갔을 리도 없다는 등의 가정에 얽매이지 않을 것이다.

그는 희랍어 신약 성서를 조사했다. 이것은 꼭 필요한 절차였다. 신약 성서는 현존하는 희랍 문학의 '몸체'에 속하기 때문이다. 그런데 놀랍게도 이것이 나타났다. 겐네사렛(gennesaret)이었다. 게다가 그 구절이 조각〈5〉의 모든 문자와 완전히 일치했다. 바로 마가 복음 6장 52~53절이었다(누가는 '갈릴리 바다'를 겐네사렛 호수라고 일컫는다. 누가 복음 5장 1절 참조:역주).

그들은 마음이 무디어서 군중에게 빵을 먹이신 기적도 아직 깨닫지 못하였던 것이다. 그들은 바다를 건너 겐네사렛 땅에 배를 댔다.

오스트리아의 저명한 파피루스 학자 헤르베르트 홍거는 이 구절에 빗대어 오칼라한의 이 경이로운 발견에 대한 20세기의 반응을 예언했다. "그들의 마음이 무디다."[45]라고.

### •고대 파피루스의 단락 배열 방식

흔히 오늘날 영역본 성서의 편집자들은 52절에서 한 이야기가 끝나고 53절부터 새로운 이야기가 시작되기 때문에 두 구절을 띄운 다음 '겐네사렛에서 병 고치심'이라는 연결 제목을 단다. 물론 이것은 옛 필사자들의 배열 방식이 아니다. 그들의 배열 방식은 왼쪽 여백에 한 자(모들린 파피루스) 또는 두 자(파리 사본, P⁴)를 돌출시키거나, 두 구절 사이에 '간격(spatium)'을 두는 것이었다.

또 새로운 단락이 시작되는 행의 앞머리 밑에 수평선을 긋는 소위 '단락 표시(paragraphus)' 방식도 썼다. 이 단락 표시는 물론 단락이 시작되는 행의 앞머리가 파피루스 조각에 온전히 남아 있을 때 확인할 수 있다. 쿰란* 두루마리 7Q5 조각에는 이 앞머리가 사라지고 없지만, 단락 표시가 남아 있든 없든 7Q5의 '간격'은 새로운 이야기, 즉 새로운 단락이 시작됨을 말해 준다. 영역본 성서의 편집자들처럼 행을 바꾸고 연결 제목을 달지 않더라도 그 목적을 충분히 달성하고 있는 것이다.

'겐네사렛(gennesaret)'과 더불어 이 간격도 마가 복음 6장 52~53절과 일치한다. 게다가 이 간격 뒤의 첫단어 '카이(kai, 그리고)' 역시 마가 복음 6장 53절의 첫단어와 일치한다. 여기서 마가 복음의 전형적인 서술 구조가 소위 병렬의 카이(kai)로 문장이 시작된다는 것을 살펴보면 큰 도움이 된다.

마지막으로, 이 간격의 앞 행의 마지막 문자는 엡실론(e/$E$)이다. 파피루스가 찢어져 있어 문자가 반쯤 망가져 있지만 식별하지 못할 정도는 아니다. 이 문자가 $E$이라는 사실은 오칼라한을 비난하는 사람들도 반박하지 못한다. 마가 복음 6장 52절 역시 $E$으로 끝난다. 즉 수동태 페포로메네(peporomene; 〔그들의 마음이〕 무디었다)의 끝자이다.

## 관찰과 추론: 파피루스와 그 문맥

이제 한숨을 돌려도 될까? 아니다. 파피루스 조각을 하나의 전체로서 공정하게 다루지 않으면 안 된다. 〈셜록 홈즈〉의 '제4표지'에서 아더 코난도일 경이 말한 것처럼, "관찰은 그 정도로. 남은 것은 추론이다." 세 가지 중요한 문제가 남아 있다.

### • 고대 파피루스의 문자 비율

첫째 문제는 텍스트의 재구성과 관련된 문제이다. 각 행을 완벽히 재구성한다는 것은 '문자 비율(stichometry)' 즉 한 행의 평균 문자수를 계산하는 문제이다. 문자 비율은 모든 기록자, 그리고 정확히 말하자면 모든 문서의 특징이기 때문이다.

또한 문자의 이형(異形)은 일정한 문자에 한해 허용된다. 예를 들어 보자. 세 조각의 작은 모들린 파피루스에는 안팎에 모두 24행이 있다. 다음은 아름답게 배열된 각 행의 문자수이다(조각의 순서는 텍스트의 순서임:역주).

조각〈1〉, 뒷면: 16/16/16/15
조각〈2〉, 뒷면: 16/16/15
조각〈3〉, 뒷면: 16/17/17/18/17
조각〈3〉, 앞면: 15/15/17/15/16
조각〈1〉, 앞면: 15/17/15/17
조각〈2〉, 앞면: 16/16/15

각 행의 평균 문자수는 정확히 16자이며 최대 문자수는 18개, 최소 문자수는 15개이다. 뒤에서 살펴보겠지만, 우리는 이 평균 문자수에 근거해 기존의 콜린 로버츠의 모들린 파피루스 1차 편집본을 다시 손볼 수 있다. 조각〈1〉의 앞면(마태 복음 26장 31

절)을 예로 들어 보자. 어느 희랍어 텍스트에나 있게 마련인 문법적으로 불필요한 말을 제거하면 최선의 행 길이, 즉 문자수를 끌어낼 수 있다. 만약 이것을 제거하지 않으면 조각〈1〉 앞면의 첫째 행의 문자수는 20자에 달하지만 이것을 제거하고 나면 15자가 되는 것이다.

이와 같은 문자 비율은 텍스트의 재구성에 결정적인 수단이다. 한 행의 끝과 그 다음 행의 앞머리가 '어울리고', 이 두 행의 '중간에' 식별 가능한 텍스트가 있어 비교 텍스트와 일치하면 만족스런 결과를 얻을 수 있다(문제의 7Q5의 조각〈5〉의 경우 양쪽 끝이 모두 없다). 비교 텍스트는 여러 가지 문자 이형이 나오기는 하지만 희랍어 신약 성서 표준판들이다.

행이 완전히 재구성되었거나 재구성된 듯하다고 하자. 그런데 이것이 이미 확정되어 있는 '문자 비율'과 일치하지 않거나 우리가 알고 있는 다른 신약 성서 텍스트와 일치하지 않으면 어떻게 될까?

### • 파피루스 두루마리 7Q5와 '에피 텐 겐' 실종 사건

모들린 파피루스의 경우 문법적으로 불필요한 말들까지 어렵 잖게 수용될 수 있어 마태 복음 26장이라는 감정은 논란의 여지가 없다. 그러나 7Q5와 같은 작은 파피루스 두루마리 조각의 경우 감정을 내린다는 것 자체가 위험하기 때문에 '표준 텍스트'와 어긋나는지 여부를 면밀하게 관찰하지 않을 수 없다. 모들린 파피루스와 마찬가지로 7Q5의 조각〈5〉의 문자 비율도 다음과 같이 규칙적이다.

20/23/22(두 자 폭의 간격 포함)/21/21

각 행의 평균 문자수는 21자를 넘고 최대 23자, 최소 20자에 이른다. 그런데 이와 같은 문자 비율을 7Q5의 식별 가능한 문자에 적용해 보면, 마가 복음 6장 53절의 '땅에' 또는 '땅으로'를 의미하는 세 개의 희랍어 단어 '에피 텐 겐(epi ten gen)'이 비집고 들어갈 여유가 없다. 이 세 단어가 들어 있었다면 3행 또는 4행일 것이다. 이를 3행과 4행에 집어넣게 되면 문자수가 각각 무려 31자, 30자가 되어 말이 안 된다. 그렇다면 이 세 단어가 없는 마가 복음 6장 53절이 있었단 말인가?

여기서 쿰란*의 제7동굴에서 나온 파피루스 두루마리 조각 7Q5의 최종 연대가 서기 68년임을 상기해 보자. 그러면 역사적인 문제인 만큼 해답의 실마리도 간단히 나온다. 그 해답은 그렇다(!)는 것이다. '에피 텐 겐'이 없는 마가 복음 6장 53절은 분명 있었다. 뒷날의 마가 복음의 표준판들—결국 제2, 3, 4세기의 텍스트에 기초한 것들이다—에 '에피 텐 겐'이 들어간 유일한 이유는, 로마군에 의해 쿰란*(서기 68년)과 예루살렘 성전(서기 70년), 그리고 마사다를 비롯한 수많은 지역이 유린됨으로써(서기 73~74년) 일단락된 유대인의 대(對)로마 항전이라는 변혁 때문이다.

최근 마가 복음에 묘사된 지형 묘사를 추적해 고고학자들이 발굴한 겐네사렛 역시 서기 70년에 로마인들의 군홧발에 짓밟혔다. 희랍어 마가 복음 표준판들에 나오는 '에피 텐 겐… 에이스 겐네사렛(epi ten gen… eis Gennesaret, 겐네사렛… 땅에)'란 문구는 이 동네가 로마인에 의해 파괴되어 사라진 뒤에 동명(同名)

의 겐네사렛 호수와 혼동하지 않게끔 특별히 언급한 것이었다.

이 동네가 파괴된 때가 서기 70년이므로 그 이전이라면 이 말은 불필요한 중복어였다. 더구나 이곳은 예수와 제자들이 한동안 살고 활동했던 가버나움의 주민들에게는 일일생활권이었다. 따라서 에피 텐 겐은 나중에 덧붙여진 말이다. 주객이 전도된 것이다. 이 말이 서기 70년 이전의 파피루스에 나오지 않는 것은 너무도 당연하다. 마가 복음 6장 53절의 지형 묘사도 이를 뒷받침해 준다. 만약 7Q5의 이 텍스트에 '에피 텐 겐'이 들어 있었다면 오히려 자초지종을 설명하지 않을 수 없었을 것이다.

이에 대해서는 고고학적, 역사학적 근거 이외에도 텍스트상의 문헌학적 근거도 물론 있다. 어느 주석가는 이처럼 '에피 텐 겐'을 나중에 덧붙인 것으로 보게 되면 그야말로 텍스트를 '고문하는' 것과 다를 바 없다고 힐난한다. 그러나 이러한 비판은 문제를 올바로 설정하는 것이 아니라 오히려 왜곡한다. '마태 복음'에 나오는 이 대목도 이를 뒷받침해 준다(마태 복음 14장 34절 참조. "그들이 바다를 건너 겐네사렛 땅에 이르렀을 때에….": 역주).

그리고 서기 2~3세기의 고대 역본인 《보하이릭》과 5세기의 라틴어역 성서 《불가타》*도 마찬가지이다. 간단히 말하자면 고전 문헌학자들은 '에피 텐 겐'이 없는 텍스트가 한층 간결할 뿐더러 한층 낫다는 입장을 한결같이 지지한다. 이제 우리는 '에피 텐 겐' 실종 사건을 해결함으로써 건설적인 결과에 도달했다. 즉 '에피 텐 겐'이 없는 7Q5의 '문자 비율'이, 7Q5가 마가 복음 6장 53절임을 오히려 강력히 뒷받침해 준다는 사실이다.[46]

### • 고대 파피루스 속의 이형(異形) 문자

둘째 문제는, 문자 비율과 전혀 별개의 문제이지만 문자 비율과 마찬가지로 흥미진진한 '추론'의 문제이다. 7Q5의 조각⟨5⟩ 3행의 첫단어가 '그리고'라는 의미의 '카이(kai)'인 것은 이미 말한 바와 같다. 그런데 문제는 그 다음 문자이다. 희랍어 신약 성서의 마가 복음 6장 53절에서 이 단어는 '[그들이] 건너가'라는 의미의 '디아페라산테스(diaperasantes)'이다. 이 단어는 분명 희랍어 문자 델타(d/Δ)로 시작한다. 그런데 7Q5의 문제의 두루마리 조각에서 '카이' 뒤의 첫단어는 분명 Δ가 아니라 타우(t/T)로 시작한다.

온갖 증거에도 불구하고 7Q5가 마가 복음 텍스트가 아니라고 주장하는 사람들이 물고 늘어지는 문제가 바로 이것이다. 그러나 이것이 과연 풀리지 않는 수수께끼일까? 아니다. 이 현상을 치밀하게 분석하면 7Q5가 마가 복음임이 더욱 확실해진다.

먼저, 이 파피루스 두루마리 조각이 서기 68년 이전에 기록되었음을 잊어서는 안 된다. 이에 맞서는 어떤 증거가 있다면 이 사실을 해명할 수 있어야 한다. 둘째, 이 파피루스가 마가 복음 6장 52~53절이라는 사실이다. Δ/T 문제가 갖는 의미는, 이 현상이 우리의 감정을 더 공고히 해주는가 아니면 그 반대로 이를 약화시키는가에 있을 따름이다.

7Q5의 조각⟨5⟩는 고작 가로 3.3cm 세로 2.3cm의 크기로, 우표보다 조금 크다. 이렇게 작은 파피루스 조각의 경우 판독할 수 있는 모든 문자가 중요하다. 이러한 이형 문자를 마냥 철자상의 오류로 치부할 수는 없지만, 모들린 파피루스(마태 복음 26장 32~33절)의 경우 실제로 철자상의 오류가 발견된다.

모들린 파피루스의 조각⟨2⟩ 뒷면에 '갈릴리'를 의미하는 갈릴라이안(galilaian)이 갈레글라이안(galeglaian)으로 잘못 적혀 있는 것이다. 필사자는 이 단어를 기록하면서 서로 다른 문자나 결합 문자를 똑같이 발음한 관례대로 이형 문자를 쓸 생각을 한 듯하다. 즉 i와 ei는 발음이 같았으므로 i를 ei로 적을 수 있었다. 그런데 이 때 그는 실수를 범한다. ei가 아닌 eg로 잘못 적은 것이다. 그래서 갈릴라이안이 갈레글라이안으로 둔갑해 버렸다.

고대의 필사자들 역시 한갓 인간이었다. 이 실수는 문맥에 하등 영향을 주지 않으므로 악의 없는 실수로 봐야겠지만, 쿰란*의 파피루스 두루마리 7Q5의 조각⟨5⟩에 나타난 $\Delta/T$ 문제는 간단한 문제가 아니다. $\Delta$가 $T$로 바뀐 이유는 도대체 무엇일까?

### • 이방인의 출입을 금한 예루살렘 성전의 경계석

이 문제에 대한 첫 실마리는 초기 기독교 공동체의 보금자리였던 예루살렘에서 바로 나온다. 예루살렘 성전을 재건한 헤롯 대왕(기원전 40년 로마 황제 아우구스투스에 의해 유대 왕으로 임명된 로마인. 기원전 37년 예루살렘을 함락해 유대 왕으로 군림했다. 예루살렘 성전을 위시해 많은 공공 건축물을 세워 건축왕으로 불린다.:역주)은 예루살렘 성전의 제2성벽에 이방인 즉 비유대인의 출입을 금하는 경계석을 세웠다.

사도행전 21장 27~36절에 기록되어 있는, 바울이 비유대인인 드로피모와 함께 성전에 들어가려다 사람들의 눈에 띄어 돌에 맞아 죽을 뻔한 사건의 배경이 바로 이 경계석이다. 이 경계석의 내용이 플라비우스 요세푸스(유대인 역사학자:역주)의 ⟨유대의 유물들 15.417⟩에 언급되어 있다.

이방인은 성전 난간과 둑 안으로 들어오지 말라. 누구든 체
포되면 죽음을 면하지 못하리라.


이 경계석의 탁본 두 장이 고고학자들에 의해 발견되었는데
하나는 완전하고, 하나는 조각이다. 완전한 탁본은 터키 이스탄
불에 있고, 조각은 예루살렘 록펠러 박물관에 소장되어 있다. 그
런데 그 철자가 눈길을 끈다.

첫째 행에서 '어느 누구라도'를 의미하는 희랍어 단어 메데나
(medena)가 메테나(methena)로, 셋째 행에서 '경계석'을 의미
하는 드리팍톤(dryphakton)은 트리팍톤(tryphakton)으로 적혀
있기 때문이다.

그 필사자들에게는 분명 유성음 $\Delta$와 관련된 문제가 있었다.
그들은 두 번씩이나 $\Delta$를 $T$나 $\theta$로 바꿔 적었다. 여기서 눈길을
더 끄는 것은 트리팍톤이다. 디아페라산테스(diaperasantes)를
티아페라산테스(tiaperasantes)로 바꿔 쓴 것처럼 $\Delta$가 $T$로 바
뀌어 있기 때문이다. 이것이 철자상의 오류일 리는 없다. 고대
희랍어의 $\Delta/T$나 $\Delta/\theta$는 영어의 d/t만큼이나 형태가 크게 다르
기 때문이다.

이 경계석의 완전한 탁본을 최초로 편집한 크리스티앙 클레
몽 가노가 일찍이 1872년에 지적한 대로, 이와 같은 이형은 희랍
어를 사용한 재건된 예루살렘 성전에서 이 시기에 $\Delta$를 독특하
게 발음했음을 시사해 준다. 많은 이들은 마가 복음의 저자가 예
루살렘 사람 요한 마가(사도행전 13장 5절, 13절에 언급되고 있는 인
물로, 유세비우스의 〈교회사〉 iii.39는 마가 복음의 저자를 최초로 밝힌
사람은 소아시아 지방의 하에라폴리스의 주교였던 파피아스라고 전한

다:역주)이며, 그가 베드로의 명을 받들어 베드로의 구술을 받아 적은 것으로 본다.

그러나 마가 복음의 저자가 누구든 '예루살렘의 경험'과 예루살렘의 자료가 마가 복음의 이면에 있었음은 부인할 수 없다. 그러므로 서기 68년 이전—즉 예루살렘 성전의 파괴와 더불어 이 경계석이 사라진 서기 70년 이전—의 마가 복음 파피루스 두루마리 7Q5에 나타난 $\Delta/T$ 변화는, 이 경계석이 존재할 당시에 예루살렘에 드나든 사람들의 발음과 철자상의 특징을 강력히 시사해 준다.

### · $\Delta/T$ 논쟁의 결말

이 난해한 비문이 발견되자마자 논쟁의 불꽃이 인 것은 이해할 만한 일이다. 1905년 독일의 금석학자 빌헬름 디텐베르거는, 2세기 말경 희랍 출신의 문법학자 헤로디아누스 테크니쿠스가 $\Delta/T$ 변화를 음성학이 아닌 어원학적 측면에서 해명하려고 애썼음을 지적했다. 그런데 이 사실만으로는 헤로디아누스보다 100여 년 전인 서기 70년 이전에 이 경계석이 존재했노라고 둘러대기가 수월찮았다.

그래서 그는 요세푸스가 남긴 명백한 기록에도 불구하고 유대인이 아닌 로마인이 이 경계석을 세웠다고 우겼다. 터무니없는 추론의 고전이라고나 할까. 설사 이것을 비유대인이 세웠다고 한들 경고문을 새긴 석공(石工)들까지 비유대인이었다고 말할 수 있을까?

이 경계석의 $\Delta/T$ 변화의 문제는 1989년 이스라엘 학자 페레스 세갈이 그 지역적 기원을 입증함으로써 비로소 최종적으로 해결되었다.[47] 디텐베르거는 언어학적 추론을 달가워하지 않았지만, 그의 글은 오칼라한이 7Q5를 감정한 때보다 약 70년 전의 것이므로 오늘날의 일부 학자들처럼 어떤 신학적 속내를 가진 것은 아니었다.

오늘날의 일부 학자들은 마가 복음 파피루스 7Q5와 관련해 이 경계석의 의미를 악착같이 부인하려 든다. 그 한 예로, 독일의 한 교부 철학자는 이미 폐기 처분된 디텐베르거의 주장을 다시 들고 나온다. 그리고 이 경계석의 발견을 단순히 '우연'으로 치부한다.[48]

반갑잖은 고고학적, 파피루스학*적 발견물을 배척하는 방법치고 이보다 능란한 방법도 없을 것이다. 구태여 말하자면, 발견이란 것 자체가 애당초 우연적이게 마련이다. 그는 이 불쾌한 물증이 마치 존재하지도 않은 것처럼 만들고 싶겠지만 진지한 학문 세계는 그러한 조야한 주장에 경의를 표하지 않는다.

다시 말해 이와 같은 $\Delta/T$ 변화는 '에피 텐 겐'의 경우와 마찬가지로, 고고학·역사학적 근거뿐만 아니라 파피루스학*적 근거로도 충분히 설명할 수 있다. $\Delta/T$ 변화를 보여 주는 신약 성서 파피루스만 꼽아도 무려 스무 개에 이른다. 그 가운데 하나가 파리 국립도서관에 소장되어 있는 누가 복음 파피루스 P[4](파리 사본)인데, 이에 대해서는 뒤에서 다시 살펴보기로 한다. 또한 7Q5와 엇비슷한 연대의 것으로, 디케스(dikes)를 티케스(tikes)로 표기하고 있는 서기 42년의 텍스트도 있다. 여기서도 7Q5처럼 모음 i 앞에서 $\Delta$가 $T$로 변한다.[49]

지금까지의 $\Delta/T$ 변화에 관한 논의를 요약해 보자. 우연이든 예루살렘이라는 특정 지역의 발음 습관 때문이든, 서기 70년 이

전의 *Δ/T* 변화는 전적으로 가능한 것이었다. 예루살렘 성전의 경계석 문구는 7Q5에 나타난 *Δ/T* 변화가 전혀 놀라운 것이 아님을 이해하는 데 보탬이 된다. 그러므로 새로이 발견되는 서기 70년 이전의 파피루스에서도 이 변화를 얼마든지 찾아볼 수 있으리란 것도 예상할 수 있다. 이로써 쿰란* 파피루스 두루마리 7Q5의 조각⟨5⟩ 3행이 마가 복음 26장 53절이며, 서기 68년 이전의 것임이 거듭 확인되었다.

### • 고난도의 방법— 문맥상의 추론

연구하는 과학자로서 파피루스 학자가 해결해야 할 문제가 한 가지 더 있다. 이 문제는 우리를 파피루스학*의 또 하나의 방법으로 인도한다. 이것은 고난도의 방법으로서, 고대 유물의 텍스트 전통과 파피루스에 관해 정평 있는 저서를 두루 낸 바 있는 오스트리아의 파피루스 학자이자 비잔틴 문명* 사가(史家)인 헤르베르트 홍거가 ⟨7Q5: 마가 복음 6장 52~53절인가 아닌가?—한 파피루스 학자의 견해⟩에서 그 첫단추를 푸는 데 무려 23쪽의 설명, 그리고 22개의 삽화를 동원했을 정도이다.[50] 그가 재구성한 7Q5의 조각⟨5⟩ 2행의 텍스트(마가 복음 6장 52절)는 다음과 같다.

all' en autōn he kardia pepero 〔mene〕
그들의 마음이 굳어 있었다.

'그들의' 라는 의미를 갖는 희랍어 아우톤(autōn)의 마지막 문자는 분명 누(n/*N*)이다. 그러나 비판자들은 이를 달리 해독해야 한다고 주장했다. 그 앞의 문자가 틀림없이 오메가(ŏ/Ω)임에도 불구하고 이를 *N*가 아닌 아이오타(i/*I*)로 읽어야 한다고 우긴 것이다. 이렇게 되면 이 단어는 '아우톤'이 될 수 없고, 따라서 이 텍스트도 마가 복음 5장 62절이 될 수 없게 된다.

우연의 일치일까? 모들린 파피루스에서도 거의 똑같은 문제가 생겼다. 1953년, 모들린 파피루스 1차 편집본을 낸 콜린 로버츠도 조각⟨3⟩ 앞면 1행에서 이 단어를 '아우토(autō)'로 해독했었다. 뒤에서 다시 살펴볼 터이지만, 그로부터 40여 년 뒤인 1995년 초 카르스텐 티데는 전체적인 추론을 통해 이 텍스트를 재구성해 모들린 파피루스 2차 편집본에서 이를 '아우톤'으로 정정했던 것이다.

7Q5의 조각⟨5⟩ 2행의 *N*가 너무 심하게 손상되어 있는 것은 사실이다. *I*또는 *N*의 왼쪽 획으로 볼 수 있는 획이 수직으로 나 있다. 이 획의 오른쪽 몇 밀리미터 지점까지 아무 흔적도 없다가 굴곡선이 하나 나타난다. 이 굴곡선은 깨어진 다른 수직획 쪽을 향해 위로 뻗는다. 그리고 이 수직획은 오른쪽 아래로 뻗은 다른 굴곡선을 향한다.

도대체 이것은 무슨 문자일까? 일부 학자들이 주장한 것처럼 알파(a/*A*)의 흔적일까? 그러기엔 조각⟨5⟩ 3행의 *A*와 닮은 구석이 전혀 없다. 혹 양쪽에 흩어져 있는 이 흔적들이 원래 하나의 문자였을까? 과연 *N*의 흔적들일까? 비판자들은 이 흔적들이 너무 멀리 떨어져 있다는 이유를 들면서 결코 *N*가 아니라고 주장했다.

홍거는 앞의 논문에서 7Q5 당시와 그 전후 시기의 파피루스들에 나타난 많은 예를 근거로, 7Q5의 조각⟨5⟩ 2행의 흔적만으로 *N*와 굴곡선을 완전히 모두 재구성할 수 있음을 결정적으로 보여 주었다. 그는 티데와 함께 7Q5 파피루스 조각에서 비교 가능한 모든 문자의 '폭'을 측정해 보았다. 놀라운 결과가 나왔다. 7Q5의 이 조각의 4, 5행에 완전한 에타(ē/*H*)가 두 개 있다. 그 폭은 각각 3㎜, 3.5㎜였다. 분명히 서로 차이가 있었다. 파피루스를 뜯어보는 데 이와 같은 차이는 매우 중요하다. 4행의 *N*의 폭도 3.0㎜였다.

그렇다면 2행의 문제의 문자를 *N*로 재구성한다면 그 폭이 얼마가 될까? 예상대로 3.5㎜였다. 즉 *N*로 보기엔 왼쪽의 수직획과 오른쪽의 묘한 흔적들이 너무 떨어져 있다는 많은 사람들의 생각과 달리 실제 폭은 4행의 *N*와 크게 다르지 않았던 것이다. 이 차이는 *H*에 나타난 융통성에 전적으로 부합한다. 이 융통성의 여지가 0.5㎜에 불과하다는 것이 중요하다.

### • 첨단 기술과 파피루스 학자의 '추론'

마침내 두 파피루스 학자는 이 문제를 해결했다. 그럼에도 불구하고 일부 비판자들은, 필사자들이 보여 준 이 융통성을 수용하는 융통성을 보여 주지 않았다. 그들은 아무리 면밀한 비교분석자료를 내놓아도 고개를 절레절레 내젓는다. 그럴 만도 하다. 소수의 견해를 누가 쉬이 받아들이려 할까? 그러나 고성능 현미경 기술로 이 문제가 완전히 해결된다면 사정이 달라질 것이다. 아닌게 아니라 티데는 1992년 4월, 이 7Q5 파피루스 조각을 전자입체현미경으로 분석하기 위해 예루살렘의 이스라엘 국립경찰 감식국(局) 조사부로 보냈다. 여기서 처음으로 대각선의 흔적이 나타났다!

대각선은 일부 학자들이 *I*라고 생각한 왼쪽 수직획의 위쪽 끝에서 오른쪽 아래로 뻗어 있었다. 몇 밀리미터 뒤에서 끊겨 있어 완전하지는 않았지만 결정적으로 곧고 길게 뻗어 있었다. *N*의 대각선의 중간 부분이었다. 예나 지금이나 이 문자는 *N*였음이 밝혀졌다. 오칼라한, 홍거 등의 판단이 옳았다. 결국 문제의 단어는 마가 복음 6장 52절과 일치하는 '아우톤'이었다.[51]

그러나 놀랍게도 불을 보듯 뻔한 이 증거를 정면으로 반박하기 위해, 그래엄 스탠튼은 최근 〈복음서의 진실?〉(1995년)에서 이 7Q5 두루마리 조각〈5〉의 4행에 나오는 또렷한 *N* 위에 2행의 손상된 *N*를 겹쳐 놓은 제프리 젠킨즈의 그림을 내걸었다. 그리고 홍거와 티데에 의해 입증되고 7Q5의 조각〈5〉에서 필사자가 보여 준 융통성까지 무시해 가며, 그림과 같은 차이 때문에 "이 문자는 결코 *N*가 아니며, 7Q5도 마가 복음 텍스트가 결코 아니다."라고 주장했다.

스탠튼 교수처럼 저명한 학자가 이미 오래 전에 폐기처분된 케케묵은 주장을 다시 끄집어내기 위해 이처럼 명백한 증거를 무시하는 데는 아연할 따름이다. 그는 적어도 다음의 세 가지 측면에서 문제를 왜곡하고 있다.

첫째, 7Q5의 조각〈5〉 2행의 손상된 *N*의 선이 불확실하다고 주장하는 점이다. 둘째, 예루살렘의 이스라엘 국립경찰 감식국에서의 분석으로 입증된 *N*의 대각선에 대해 의도적으로 언급을 회피한다는 점이다.

마지막으로 셋째, 그 자신의 책에 실린 그림에 적나라하게 드러나는 사실, 즉 홍거가 증명한 바처럼 이 손상된 문자가 *N*로 재구성될 수 있음을 부정한다는 점이다. 그가 홍거의 논문을 인

용도 언급도 하지 않았음은 물론이다.[52]


## 오류와 검색

### · 컴퓨터를 조작한 거장

응용 파피루스학*이 성취해낼 수 있는 모든 것을 보여 준 '7Q5 사건'은 한편으로 자신의 이론틀을 벗어나는 다른 견해를 공격하려는 일부 학자들의 곡예가 참으로 밑도 끝도 없음을 실감하게 해주었다. 고인이 된 신약 성서 비평의 거장 쿠르트 알란트는 7Q5가 마가 복음 텍스트가 아님을 '입증'하기 위해 뮌스터 대학의 자신의 연구소에 있는 컴퓨터를 활용했다.

그는 많은 학자들의 존경을 받은 학계의 권위자였다. 그러나 이 연로한 거물이 몇몇 방법론적 오류를 범했으며, 7Q5가 마가 복음 6장 52~53절이 아니라는 결론이 나올 수밖에 없게끔 컴퓨터를 조작한 사실이 신약사 및 인식론 학자 페르디난트 로리슈에 의해 폭로되면서 그의 권위도 추풍낙엽처럼 땅바닥에 떨어지지 않을 수 없었다.[53] 그리고 어떤 이들은 7Q5를 달리 감정하는 데 탐닉하고[54] 어떤 이들은 7Q5 두루마리처럼 작은 파피루스 조각의 감정은 무리라고 강변하면서 그 크기를 물고 늘어졌다.

7Q5의 조각〈5〉는 이미 살펴본 대로 5행 20자, 그리고 이 중 10자가 손상된 '작은' 파피루스 두루마리 조각임은 사실이다. 그러나 이 때문에 감정할 수 없는 것은 아니다. 더 작은 파피루스 조각에 대한 감정들도 이처럼 심한 반론을 겪지 않았다. 똑같이

쿰란* 동굴에서 나온 7Q2의 경우 고작 한 자가 많은 5행 21자에 불과하지만 구약 성서의 예레미야 6장 43~44절이라는 감정에 대해 이의를 제기한 사람은 아무도 없다. 7Q5의 조각〈5〉를 희랍어 신약 성서 표준판과 비교할 때보다, 7Q2를 희랍어 구약 성서 표준판과 비교할 때 텍스트상의 이형과 일탈이 훨씬 심한데도 불구하고 말이다.[55]

### • 메난더의 희극 〈사미아〉가 기록된 파피루스

또 한 예로, 옥시링커스* 파피루스 XXXⅧ 2831을 들 수 있다. 희랍의 희곡 작가 메난더('신희극'을 이끈 작가로, 우아한 문체와 정교한 인물 묘사로 유명하다. 텍스트가 완전하게 남은 것으로 유일하게 〈투덜대는 사람〉이 있다:역주)의 작품이 기록된 파피루스 조각이다. 이 파피루스 조각의 크기는 고작 가로 2.4㎝, 세로 3.3㎝이고 텍스트도 5행 19자에 불과하다. 게다가 공인 텍스트와 전혀 다르다. 그러나 이 파피루스는 메난더의 희곡 〈사미아〉 385~390행으로 무난히 감정되었다. '몇몇 새로운 이형'을 보여준다는 평가까지 받아가면서.[56] 이 감정을 반박한 사람은 아무도 없다. 누구도 이 파피루스를 파피루스 공식 목록에 올릴 수 없다는 말을 하지 않았다. 고전 문헌학자들은 이 파피루스의 텍스트를 〈사미아〉의 공식 표준판에 통합시키고 기꺼이 고유 발견번호 0. 16을 부여했다.[57]

### • 버질의 〈아에네이드〉가 기록된 파피루스

메난더의 희극 〈사미아〉보다 쿰란*에 더 가까운, 마사다에서 발견된 마사다 파피루스 721a는 어떨까? 버질(로마의 시인:역주)

의 작품을 기록한 가장 오래된 이 파피루스는 서기 73~74년의 것으로, 1989년 사해를 굽어보는 요새 마사다에서 발견되어 편집되었다.[58] 그런데 이 파피루스에서 그나마 눈에 띄는 문자라곤 1행 15자에 불과하고, 이 가운데 2자는 심하게 손상되어 판독할 수가 없다. 정보 자체가 매우 불충분한 것이다. 게다가 놀랍게도 발견된 곳도 마사다였다.

그러나 이 파피루스는 버질의 〈아에네이드〉(트로이의 용사 아에네아스가 트로이 함락 후 여러 나라를 떠돌다 마침내 로마를 세우게 되었음을 노래한 버질의 서사시:역주) 4.9로 무난히 감정되었다. 이 감정에 의문을 제기한 사람은 지금껏 아무도 없다. 파피루스 학자는 자신의 방법을 펴되 편견 없이 적용함으로써 '이중의 잣대'라는 덫을 피할 수 있다. 옥시링커스* 파피루스 ⅩⅩⅩⅧ 2831이 메난더의 〈사미아〉이고, 마사다 721a가 버질의 〈아에네이드〉인 것처럼, 쿰란* 제7동굴에서 나온 파피루스 두루마리 7Q5가 마가 복음 6장 52~53절임은 구태여 더 말할 나위가 없다.

### • 이중의 잣대

여기서 짚고 넘어가야 할 사실이 있다. 작은 두루마리 파피루스 조각을 감정하기란 무리라고 철석같이 믿는 사람들이 즐겨 이용하는 주무기가, 버질의 〈아에네이드〉 파피루스 앞에서는 한갓 무용지물이 되고 만다는 점이다. 쿠르트 알란트와 그의 추종자들은 뒷면의 텍스트가 파피루스 감정에 도움이 되고, 작은 파피루스 조각의 경우 이것이 필수적이라고 주장했다. 그들은 이를 7Q5의 감정을 시비하는 수단으로 동원한다. 7Q5의 뒷면에는 텍스트가 없기 때문이다. 그런데 그들은 이것으로 메난더의 〈사

미아〉나 버질의 〈아에네이드〉와 같은 파피루스 조각에 대한 감정을 반박하지는 않는다.[59]

버질의 〈아에네이드〉 파피루스는 그들의 명제에 숨어 있는 오류를 보여 준다. 이 파피루스는 7Q5와 달리 텍스트가 뒷면에 있다. 한번 더 말하자면 1행 15자이다. 여기에 '티투반티아(titubantia; 흔들거리다, 더듬다)'라는 완전한 그러나 희귀한 단어가 나온다. 문제는, 우리가 알고 있는 버질의 작품은 물론 현존하는 라틴 문학에서 이 행을 찾아볼 수 없다는 데 있다. 그런데도 이 뒷면의 텍스트가 거꾸로, 이 파피루스의 앞면이 〈아에네이드〉 4.9라는 근거로 작용할 수 있을까? 아무도 그렇게 장담하지 못할 것이다. 작은 두루마리 파피루스 조각을 감정할 때에는 그 자체의 텍스트에 근거해야 한다. 앞서 살펴본 것처럼 이것이 전혀 불가능한 것은 아니다.

### • 사활의 문제

마지막으로, 우리의 관찰은 명쾌해야 한다. 조그마한 파피루스 조각에 매달린다고 파피루스학*을 비판해 마지않은 많은 학자들이 정작 이것은 놓쳐 버린 듯하다. 파피루스 조각은 어차피 조각일 뿐이다. 단어나 문자의 네 귀의 전부 또는 일부가 손상되어 있다.

그러나 심하게 훼손되어 전혀 판독할 수 없는 문자는 어쩔 수 없다 하더라도, 7Q5의 조각〈5〉 2행의 *N*처럼 문자의 중간이 떨어져 나가 부분적으로 판독할 수 없다고 해서 완벽히 재구성할 수 없는 것은 아니다. 남은 흔적만으로도 무리 없이 감정할 수 있는 경우는 많다. 7Q5의 조각〈5〉 3행이 그 경우이다. '간격' 앞의 절반밖에 보이지 않는 문자는 틀림없이 *H*이다. 이 흔적만으로도, 다른 그 어떤 희랍어 문자로 판독될 수 있는 여지가 없어지기 때문이다.

. 모들린 파피루스의 경우, 조각⟨1⟩ 앞면에서 절반이 깨져 없어진 4행의 앞머리 다섯 문자도 마지막 문자를 *E*으로 보고 '타우테(taute)'로 읽어야 한다. 이것을 *E*이 아닌 다른 문자로 보게 되면 나머지 식별 가능한 문자들과 어울려 의미를 구성하지 못하기 때문이다. 이렇듯 부분적으로 손상된 문자를 재구성할 때는 항상 의미가 통하지 않으면 안 된다. 이것은 사활이 걸린 문제이다.

또 이 조각 4행의 맨 앞머리 다섯 문자의 경우, 맨 앞의 *T* 다음에 있는 문자를 *A*가 아닌 *Δ*나 *Λ*로, 그리고 그 뒤의 문자를 Y이 아닌 X라고 생각할 수는 있다. 문자의 윗부분이 똑같아 보이기 때문이다. 그러나, '타우테(taute)'가 아닌 tdchte나 tlchte를 어디에 쓸 것인가? 물론 아무데도 쓸 데가 없다. 그런 단어는 존재하지도 않았을 뿐만 아니라, 설령 존재했다 한들 이 파피루스 조각의 다른 문자들과 어울려 문맥상의 의미를 전혀 구성할 수 없기 때문이다.

### • 적합성

파피루스학*의 이 기본 규칙은 7Q5 조각⟨5⟩의 경우에도 여전히 유효하다. 1행을 보자. 보이는 흔적이라곤 *E*, *O*, *Ω*, *θ*, *Σ* 등으로 볼 수 있는 하단 곡선뿐이다. 그러나 마가 복음 6장 52~53절의 문맥을 고려하면, 이 문자는 틀림없는 *E*이다. 그래서 파피루스 학자는 이를 *E*으로 보고 그 밑에 방점을 찍어 불완전한 흔적에서 재구성했음을 표시한다. 이것은 아주 타당하다.

　지금까지 살펴본 기본 규칙은, 문자의 재구성은 문맥상의 의미라는 테두리 안에서 가능하다는 것이다. 7Q5의 조각〈5〉는 물론 어떤 파피루스도 이 규칙을 벗어날 수 없다. 7Q5의 조각〈5〉의 경우 얼핏 보기에는 선택 가능한 문자가 많을 듯하지만 마가 복음 6장 52~53절의 문맥과 완벽하게 일치하는 문자는 오직 하나뿐이다. 그래서 이 감정은 혀를 내두를 정도로 높은 적합성을 보여 준다. 기존의 7Q5 감정이 감히 엄두도 내지 못한 결과인 것이다.

　어떻게 이와 같은 높은 적합성에 도달할 수 있었을까? 그것은 지금까지 살펴본 대로 출발점에서부터 파피루스학*의 기본 규칙을 엄밀히 따랐기 때문이다.

　그러나 우리가 지금까지 탐색해 오면서 한 단계 한 단계 이처럼 공을 들인 까닭은, 새삼 이와 같은 적합성을 보여 주기 위함이 아니라 이 감정을 기정사실화함으로써 비판자들의 예봉을 봉쇄하기 위함이었다.[60]

**• 결론**

　한 바퀴 빙 돌아온 꼴이 되었다. 이로써 다음과 같은 사실이 입증되었다. 한 파피루스 두루마리 조각이 있다. 여기에 복음서 텍스트가 기록되어 있다. 쿰란*의 제7동굴에서 나온 7Q5라는 파피루스 두루마리 조각으로, 마가 복음 6장 52~53절이 기록되어 있다. 이 파피루스의 최종 연대는 서기 68년이며, 그 기록 연대는 서기 50년까지 거슬러 올라갈 수 있다.[61]

　그러나 7Q5가 복음서 이전에 존재했으리라고 추정되는 〈예수의 말씀집〉이나 〈그리스도의 수난기〉인 것은 아니다. 많은 학자들은 네 복음서가 완성되기 전에 〈예수의 말씀집〉이 있었으리라고 추정해 왔지만, 모들린 파피루스에 네 구절이나 들어 있는 '예수의 말씀'이 7Q5에는 단 한 마디도 나오지 않는다. 그리고 첫 복음서—마가 복음—가 완성되기 전에 곳곳에 흩어져 있었으리라고 많은 학자들은 추정하고 있는 〈그리스도의 수난기〉의 구절이 7Q5에는 전혀 나오지 않는다.

7Q5는 〈예수의 말씀집〉이나 〈그리스도의 수난기〉가 아니라 갈릴리에서의 예수의 활동상을 보여 주는 두 개의 연결된 이야기를 기록한 파피루스 두루마리로서, 마가 복음의 최종판이다. 그 최종판이 아닌 초판본이라 하더라도 그 최종 연대는 로마군에 의해 쿰란*이 유린된 서기 68년이다.

서기 68년 이전에 쿰란*의 동굴 속에 보관된, 한 편의 완전한 복음서를 기록한 두루마리 조각인 7Q5는 모들린 파피루스와 파피루스학* 탐색에 나선 우리를 어디로 인도할 것인가? 모들린 파피루스는 왜 '두루마리'가 아닌 '사본'인가? 무슨 일이 있었음에 틀림없다. 이 의문이 우리를 곧장 모들린 파피루스로 인도해 줄는지도 모른다.

 ## 사본이 꽃을 피우다

### • 전환과 분열의 시기

초기 기독교인들이 사본이 아닌 두루마리를 먼저 사용한 전략적 이유는 이미 살펴본 바와 같다. 두루마리는 유대인들 사이에서 문학적 수단으로, 그리고 일상적인 의사전달 수단으로 널리 사용되었다. 그러므로 나사렛 출신의 예수라는 유대인에게서 메시아 출현의 예언이 실현되었노라고 설파한 유대인 기독교인들이 이와 같은 기존의 관행을 무시한다면, 다른 유대인들의 신경을 자극해 득보다 실이 많을 것임은 명약관화한 사실이었다.

그러나 이미 서기 62년, 이들 사이에는 더 이상 메울 수 없는 틈이 벌어져 있었다. 대사제 아나누스를 따르는 일단의 유대인들이 예루살렘 공동체의 지도자를 돌로 쳐죽인 사건이 이 해에 발생한 것이다. 그 지도자란, 바울이 갈라디아서 1장 19절에서 '주님의 동생'이라고 언급하고 있는 야고보이다.

그는 성전에 올라가 무릎을 꿇고 매일 어찌나 열심히 기도를 했던지 '낙타 무릎'이라는 별명을 얻은 열성적인 유대인으로서 명성이 자자했고 사람들의 존경을 받았다.[62] 그의 처형은 불법적이었다. 이 사건은 신약 성서의 역사적 시야에서 벗어난 서기 62년의 일이기 때문에 신약 성서에 언급되어 있지는 않다. 그러나 우리는 유대인 사학자 요세푸스의 〈유대 유물 20〉 197~203쪽에서 신빙성 있는 기록을 접할 수 있다.

이미 말한 대로 대사제직에 임명된 젊은 아나누스는 성마른 성격에다 유별나게 오만했다. 그는 사두가이파(派) 인물이었다. 앞에서 설명한 것처럼, 사두가이파는 재판에 임할 때 다른 어떤 유대인들보다 무자비했다. 성격이 그러했던 그는 페스투스(로마 총독:역주)가 죽고 그의 후임자 알비누스가 채 도착하지 않은 이 때를 절호의 기회로 생각했다.

그는 산헤드린*을 소집하고 그리스도라 불리는 예수의 동생 야고보와 다른 몇몇 사람을 대령시켰다. 그는 이들이 율법을 어겼노라고 비난하고 이들에게 돌을 던짐이 마땅하다고 명했다. 공정한 사람들은 물론 율법을 엄격히 따르던 예루살렘 주민들조차 이에 분개했다. 아나누스가 불공정한 행위를 저지른 것은 이것이 처음이 아니었으므로, 그들은 은밀하게 아그리파 왕에게 사람을 보내 아나누스가 더이상 이런 행위를 저지르지 못하게 명령을 내려 달라고 촉구했다.

그들 중 일부는 알렉산드리아에서 예루살렘을 향해 오고 있던 신임 총독 알비누스를 만나러 가기까지 했다. 그들은 알비누스에게 총독의 동의 없이 아나누스가 산헤드린*을 소집할 권한이 없음을 고했다. 사태를 안 알비누스는 펄쩍 뛰면서 이를 용납하지 않겠노라는 전갈을 아나누스에게 보냈다. 아그리파 왕은 아나누스의 행위를 책하여 그를 세 달 만에 대사제직에서 해임하고 담나에우스의 아들 예수를 대사제로 임명했다.

이것은 기독교인은 물론 예루살렘을 비롯한 유대인 공동체로 하여금 손에 땀을 쥐게 한 한 편의 극적인 사건이었다. 기독교인들로서는 자신들의 지도자와 '다른 몇몇 사람들'이 유대인의 법정인 산헤드린*에 의해 돌에 맞아 죽는 사태를 겪음으로써 유대인 사회와 대화하려 했던 그 동안의 노력이 한갓 물거품이 되었음을 통감하지 않을 수 없었다. 적지 않은 유대인들이 아나누스와 산헤드린*의 처사에 반발한 것도 사실이지만, 이 사건의 메시지는 명백했다. 즉 '우리가 너희의 우두머리를 죽였으니, 포교 활동을 중지하라' 는 것이었다.

　때는 일찍이 로마의 백인대장(고대 로마의 100인 부대의 장:역주) 고르넬리오와 그의 가족에게 세례를 준 베드로(사도행전 10장 1~43절 참조:역주)에 의해 시작된 이방인 선교가, 바울의 정력적인 활약에 힘입어 물꼬가 활짝 트인 시기였다. 따라서 서기 62년의 사건은 유대인 너머의 세계를 내다보고 있었던 이들의 입장을 강화시키는 계기가 되었을 법하다.

### • 로마 대화재와 박해

　그런데 불과 2년 후, 또 하나의 재앙이 덮쳤다. 이번에는 로마가 그 무대였다. 서기 64년 7월 18~19일 밤, 로마가 온통 불난리에 휩싸였다. 열네 개의 성읍 중에서 열 개가 파괴되었다. 네로 황제 자신이 불을 질렀다는 소문이 자자하게 퍼져나갔다. 황제의 신속 대담한 로마 재건 계획에도 불구하고 소문은 끊이질 않았다. 네로로서는 누가 보기에도 납득할 만한 범인들을 찾아내지 않을 수 없었다. 그는 로마의 기독교 공동체에서 그 희생양을 찾았다.[63]

　로마의 일부 기독교인들이 당국의 눈길을 끌어들인 탓도 있었을 것이다. 초기 기독교의 묵시록적 요소가 당시 로마에 번창했던 사실로 미루어 볼 때, 묵시록을 추종한 일부 기독교인들의 경우 이 재앙에 박수를 쳤을 것이다. 그들은 로마 제국의 타락한 도시 로마, 이 '바벨론의 음녀'의 대화재를 종말의 서곡이라고 쉽게 생각했을 것이다. 실제로 당시 로마의 기독교인들 사이에 이 사태에 대한 입장과 해석 차이로 의견이 대립했던 듯하다.

　그러나 이듬해인 서기 65년 봄 무렵 그들에 대한 박해가 시작되었을 때 그들이 맞이해야 했던 것은, 타키투스(로마의 역사학

자. 게르만족에 대한 가장 오래된 연구서인 〈게르마니아〉를 남겼다:역주)와 다른 역사학자들이 적나라하게 묘사한 '저녁 거리의 잔인한 풍경' 바로 그것이었다.

타키투스에 따르면 기독교인들은 서로 비난하고 심지어 밀고했다. 로마의 기독교 저술가 클레멘트는 이 박해 기간에 베드로와 바울이 체포되어 처형당한 것도 이와 같은 분열상과 질시 때문이라고 기록하고 있다(클레멘트 1, 5장 1~5절). 그의 말은 타키투스의 기록이 사실임을 뒷받침한다. 네로의 박해는 그가 죽은 서기 68년까지 계속된 것으로 보인다.

어떤 일이 있어났든 모든 사료를 살펴볼 때 유대인과 유대인 기독교인들이 차별 대우를 받았음은 분명하다. 초기만 하더라도 외부인들은 유대인과 유대인 기독교인들을 한 묶음으로 보았다. 이것은 유대인 기독교인들에게 득이 되었다. 클라우디우스 황제에 의한 유대인과 기독교 지도자들에 대한 추방령(서기 49~54년)이 그가 세상을 떠나면서 종식되고 약 5,000 명에 이르는 로마내 유대인이 특권적 지위를 회복했을 때 그들 역시 이를 덩달아 누렸을 것이기 때문이다.[64]

그러나 네로의 박해가 시작되면서 이러한 혜택도 종말을 고했다. 네로는 유대인들은 내버려두고 기독교인들만 처벌했다. 이 전환기적 사태로 인해 로마의 두 공동체 사이에 두터운 장벽이 세워졌다. 그리고 둘 사이의 대화는 다시는 복원되지 않았다.


### • 시온 산의 최초의 기독교 예배당

이 때로부터 불과 6년이 지난 서기 70년. 약 5년에 걸친 군사적 저항에도 불구하고 예루살렘은 로마인의 수중에 떨어졌다.

성전은 불에 타 파괴되고, 유대인들은 예루살렘 밖으로 추방되었다. 성전이 파괴됨과 동시에 유대인 기독교인들이 유대인들과 자연스럽게 접촉한 무대도 사라졌다. 여기서 중요한 사실은 대(對)로마 항전에 참여하지 않았던 유대인 기독교인들이, 다른 유대인들이 예루살렘 외곽으로 쫓겨나 있는 사이에 예루살렘 복귀를 허락받아 예루살렘의 남서쪽 언덕, 오늘날의 시온 산에 다시 정착한 일이다.

그들은 이곳에 최초의 예배당을 세웠다. 오늘날 '다윗의 무덤'으로 잘못 알려져 있는 곳(다윗의 무덤은 실제로는 동쪽의 오펠 산에 있었다)에 그 흔적이 있다. 그런데 지금 이 곳에는 유태교 건물이었음을 가리키는 표지들이 있다. 토라경*을 모시는 자리가 그 중 하나이다('다윗의 무덤'을 모시는 유대인들이 지금은 이 용도로 다시 쓰고 있다).

그러나 이 건물은 본래 유대교 회당이 아니었다. 전통적인 건축 양식이 부분적으로 남아 있는 것은 사실이지만, 작지만 지나칠 수 없는 중요한 변화가 엿보인다. 즉 마땅히 예루살렘 성전을 향하고 있어야 할 토라경*을 모시는 자리가 골고다 언덕과 예수의 텅 빈 무덤을 향하고 있는 것이다. 이것은 누구라도 컴퍼스를 써서 확인할 수 있다.[65]

그리고 토라경*을 모시는 자리가 토라경* 두루마리 이외의 것을 함께 놓을 만큼 넓지 않다. 그러므로 토라경*과 더불어 기독교 두루마리들을 함께 보존했을 가능성은 생각하기가 어렵다. 유대교와 마찬가지로 유대인 기독교인들도 토라경*을 성서의 근간으로 받아들였다. 앞에서 살펴본 것처럼 로마 도미틸라 카타콤의 벽화에 나타난 전환, 즉 다섯 권의 기독교 역사서(마태 ·

마가 · 누가 · 요한 복음과 사도행전:역주)가 토라경*과 동등한 권위를 갖기 전까지는 말이다.

따라서 현존하는 기독교 두루마리들은 처음엔 다른 어딘가에 보관되어 있다가 나중에 이 토라경* 자리를 '사본'용 책장으로 이용하면서 신 · 구약 성서 문서들을 한 데 모아 보관했으리라고 짐작할 수 있다.

### • 얌니아의 저주

시온 산에서 무슨 일이 일어났든, 때는 전환과 분열의 시기였다. 일반 유대인들은 예루살렘에 들어오지 못했다. 그들은 한 곳에서 자신의 처지에 맞게 살아가기 시작했다. 지중해에서 6㎞ 떨어진 예루살렘 서쪽의 얌니아가 그곳이다. 야브네 또는 얍느엘이라고도 불린 이 곳은 아직 발굴되지 않았다.

탈무드에 전해 내려오는 이야기에 따르면, 로마 황제 베스파시안이 요하난 벤 자카이에게 얌니아에 '예시바'라는 학당을 세울 수 있도록 허락해 주었다. 서기 70년 티투스(서기 39~81년. 로마 황제 베스파시안의 아들. 예루살렘을 점령함으로써 유대인 봉기를 종식시킨 인물로, 서기 79년 황제에 즉위했다:역주)에 의해 예루살렘이 파괴된 후 예루살렘에서 추방당한 산헤드린*은 다른 유대인들을 거느리고 곧바로 얌니아 학당으로 옮겨갔다. 이로써 얌니아 학당은 곧 종교 활동과 개혁의 중심지가 되었다. 그들은 기독교 문제도 다루었다.

새로운 참된 성약(聖約)의 실현을 주장하면서 서기 62년, 64~65년, 70년 후 점차 세력을 넓혀간 기독교에 대해 '성전 이후'의 유대교는 공식적으로 어떤 입장을 취했을까? 얌니아 학당은 늦어도 서기 80년,[66] 기독교에 대한 저주인 소위 '비르갓 하 미님'을 '18 강복(降福)'에 공식적으로 채택했다. 랍비 가말리엘 과 얌니아 학당의 권위를 받들어 이 '18 강복'이 만들어졌다는 기록이 탈무드의 〈베라곳〉 28b/28a에 있는 것을 보면 '18 강복' 의 연대를 짐작할 수 있다. '18 강복'의 텍스트는 19세기 말 카 이로의 유대교 회당에서 발견되었다.

배교자(背敎者)들에게는 희망이 없으며 그 무례한 왕국은 때가 되면 뿌리째 뽑힐지어다. 노스림과 미님(즉 기독교인들) 은 눈 깜짝할 사이에 사라지리라. 산 자들의 책에서 지워질 것 이며 공의로운 자들의 이름에 들지 못하리라. 오만한 자들을 내치시는 하느님께 영광.

그리고 바빌로니아 탈무드*의 〈베라곳〉 28b/28a 속편은 이렇 게 말한다.

18강복은 사실 열아홉 개이다. 랍비 레위는 이렇게 말한다. 미님을 배척하는 강복은 얌니아에서 만들어졌다고…. 랍비들 은 이렇게 가르쳤다. '삼(杉)빗으로 아마포를 빗는 이' 시몬 이, 랍비 가말리엘이 지켜보는 자리에서 전통적인 순서에 따 라 얌니아 18강복의 틀을 세웠다. 랍비 가말라엘이 현자(賢者) 들에게 물었다. "미님을 저주하는 강복을 만들 수 있는 자 누 구인가?" 그 때 '조용하고 작은 목소리' 사무엘이 자리에서 일어나 이 강복을 만들었다.
이듬해 그는 이 강복을 그만 까먹었다. 그래서 두어 시간 동안 명상에 잠겨야 했다. 이 기도장(長)이 엎드려 기도하는 동안 누구도 일어나라고 하지 않았다. 어째서 모두들 그를 일어나 앉게 하지 않았겠느냐? 랍비 아바 아레카의 이름으로 라우 유다 벤 에제키엘이 말하지 않았더냐? 다른 강복을 암송하지 못하면 일어나 앉으라고 하지 않지만, 미님을 저주하는 강복을 암송하지 못할 때는 일어나 앉으라고 한다. 왜냐하면 그가 미님이어서 일부러 그렇게 했을지 모르기 때문이다.

그러나 사무엘의 경우는 달랐으니, 하느님의 뜻을 받들어 그 강복을 정한 사람이 바로 자신이었기 때문이다. 그러니 그가 자기가 뱉은 말을 다시 거둬들인 것으로 염려할 수도 있지 않았겠느냐?


당시의 혹독한 상황 속에서 '비르갓 하미님'은 공공 예배 장소인 유대교 회당에 들락거리던 유대인 기독교인들을 회당에서 몰아내는 데 그치지 않고 일상 생활에까지 큰 영향을 미쳤다. 성전이 파괴된 뒤로 그나마 마지막 접촉 장소인 회당마저 드나들 수 없게 되면서 자연스런 대화 장소, 포교 활동의 장(場)도 영영 사라졌다.

'비르갓 하미님'은 뒤집어놓고 보면 서기 62년의 야고보의 죽음으로부터 시작해 일련의 사건들을 통해 나타난 기독교의 발전을 공인한 것이기도 했다. 유대인 기독교인들에 대한 그 동안의 적대감은 완전한 단절로 표출되었다. 기독교인들이 교정되려고도 교정되지도 않았기 때문이다.

### • 이제 사본으로

기독교인들은 이미 서기 62년, 그리고 늦어도 68년, 70년까지는 두루마리를 훌훌 벗어던지고 '사본'으로 전환할 수 있었다. 그들은 바울의 교우들 사이에 이미 사용되고 있었던 멤브라나* 즉 '양피지로 만든 책'에서 사본으로 나아가기 위해 애쓰고 있었다. 물론 이 변화가 하룻밤 사이에 이루어진 것은 아니다. 이미 살펴본 바와 같이 어느 시기까지는 두루마리가 사본과 함께 두루 쓰였을 것이기 때문이다.

로마인이 신약 시대 이전부터 일찌감치 사용한 멤브라나*에 관해 알게 되면서 '두루마리 청산 작업'을 가속화한 것이다.[67] 로마인들 사이에는 이미 사본이 나돌았다. 이 흐름을 잘 묘사하고 있는 마르티알의 풍자시는 그래서 우리의 눈길을 끈다.

멍석은 이미 깔렸다. 실용적인 멤브라나*에서 책 형태의 사본으로 나아갔다. 여기서 우리는 사본의 미덕을 침이 마르도록 떠벌렸을 책장수를 상상할 수 있다. 안팎에 기록할 수 있어 파피루스를 아껴서 좋고, 크기가 주머니만해서 들고 다니기에도 좋고, 찾아볼 게 있으면 금방 찾아볼 수 있어 좋고…. 그리고, 박해 시기에는 몰래 숨겨 두기에도 좋았다.

또한 사본은 문서를 전파하기에 편리했다. 예전에는 복음서와 사도행전을 로마 제국 곳곳에 배포하는 데 다섯 개의 두루마리를 써야 했지만 이제는 한 개의 사본이면 충분했다. 그 편리함은 쉽게 짐작할 수 있다.[68]

이와 같은 배경을 고려해 볼 때 모들린 파피루스가 서기 62년 또는 그 직후에 존재했을 가능성이 있다. 모들린 파피루스의 고문서학적 최종 연대는 약 66년이다. 이 연대는 일찍이 서기 70년 이전에 사본이 통용되었다는 이탈리오 갈로와 콜린 로버츠의 주장과 일맥상통하며(이에 대해서는 5장에서 자세히 논의하기로 한다), 초기 기독교인들이 두루마리에서 사본으로 전환한 당시에 관한 정보들과도 일치한다.

### · 파피루스 두루마리 7Q5와 모들린 파피루스

파피루스 '두루마리' 7Q5(마가 복음 6장 52~53절)를 모들린 파피루스 '사본'(P[64]: 마태 복음 26장) 및 그 자매편인 바르셀로나 사본(P[67])과 비교해 보면, 시기적으로 밀접한 관계가 있음을 알 수 있다. 최초의 복음서인 마가 복음이 널찍한 문자체의 마태 복음보다 수년 앞선 것임은 이미 살펴본 바와 같다. 마가 복음 두루마리가 가장 먼저 보급되는 행운을 누린 것은 비단 베드로의 권위 때문만은 아니었을 것이다.[69]

그러나 그보다 뒤에 나온 마태 복음은 마가 복음의 인기를 금방 앞질렀다. 보다 많은 사건, 보다 길고 많은 예수의 말씀(예컨대 산상 설교가 모두 실려 있다)이 실려 있을 뿐만 아니라 부활한 예수의 모습, 그리고 그가 열한 제자에게 이 세상 끝까지 말씀을 전파하라고 명하는 장면에 이르기까지 독자에게 주는 흥미와 절박성, 자극이 마가 복음을 능가했기 때문이다. 고대 파피루스들 가운데 마가 복음 파피루스보다 마태 복음 파피루스가 더 많이 남아 있다는 것은 놀라운 일이 아니다.

마태 복음에 밀려 쿰란*까지 간 마가 복음 '두루마리'가 이처럼 빛을 본 곳이 더이상 없다는 사실은 신기하기만 하다. 서기 79년 베수비우스 산이 폭발하기 전 헤르쿨라네움에 기독교 공동체가 있었다. 혹 여기서 두루마리들이 발굴되는 날 그 가운데 섞여 나올까? 그러나 여기에 미련을 둘 필요는 없다. 중요한 것은 지금 우리 수중에 들어 있는 것이기 때문이다.

마가 복음 두루마리 7Q5와 모들린 파피루스 가운데, 초기 기독교를 이해하는 데 보다 중요한 것은 모들린 파피루스이다.

7Q5는 예수의 제자들과 증인들이 살아 있을 당시에 이미 예수의 삶이 두루마리에 기록되기 시작했음을 보여 준다. 한편 모들린 파피루스는 초기 공동체의 성장과 초기 교회, 그리고 초기 교회의 신중하고도 균형 잡힌 의사결정과 진취적인 정신을 있는 그대로 담아내고, 예수와 더불어 동고동락했던 이들의 경험과 지식을 그려나간다.

현존하는 가장 오래된 기독교 사본인 모들린 파피루스는 마태 복음을 기록하고 보존하고 전파하는 데 결정적이었던 한 시기를 보여 준다. 독특한 문장 구조, 예수의 말, 그리고 '노미나 사크라*(nomina sacra)'(거룩한 이름) 등의 특징으로 인해 모들린 파피루스는 보배로운 가치를 지닌다. 이제 이 보물을 자세히 뜯어보면서 우리의 탐색을 계속하자.

 ## 모들린 파피루스 뜯어보기

### • 콜린 로버츠의 1차 편집본

모들린 파피루스에 관한 모든 진지한 연구의 토대는 콜린 로버츠의 1차 편집본(1953년)이다.[70] 파피루스학*의 입장에서 볼 때 이 파피루스가 옥스퍼드 대학 모들린 칼리지로 온 지 무려 50

년 만에 비로소 편집되었다는 사실 자체가 당혹스럽기도 하려니와, 로버츠의 1차 편집본 또한 간단하기 짝이 없었다. 세 조각의 앞뒤 양면에 기록된 텍스트를 감정하고 편집자 주석까지 보태어 고작 다섯 페이지에 불과했기 때문이다.

로버츠는 그 서두에서 "이렇게 작은 파피루스 조각들에 대한 상세한 연구는 1901년에 헌트가 감정한 서기 4세기라는 연대가 크게 잘못되었다는 확신이 설 때 비로소 필요하게 될 것이다."라고 말했다. 그의 예상과는 달랐지만 그의 생각이 틀리지 않았음은 5장에서 살펴보기로 하고, 여기서는 그가 연대 문제와 별개로 이 파피루스의 중요성을 얼마나 과소평가했는가를 추적해 보기로 하자. 먼저 그의 설명을 들어 보자.

그는 먼저 모들린 파피루스의 전반적인 외양을 설명한다.


한 사본의 조각 세 개가 살아 남았다. 조각 (a)는 가로 4.1㎝ ×세로 1.2㎝, 조각 (b)는 가로 1.6㎝×세로 1.6㎝, 조각 (c)는 가로 4.1㎝×세로 1.3㎝이다. 각각 2단으로 나누어져 있고 뒷면이 앞면에 앞서기 때문에 앞면으로는 조각 (c)가 조각 (a), (b)보다 앞선다.

첨언하자면, 이 파피루스는 양면에 텍스트가 있으므로 두루마리가 아닌 사본 조각이다. 그는 이어 그 내용을 설명한다.


한 행에는 15~16개의 문자가, 한 단에는 약 35~36개의 행이 있다. 텍스트의 폭은 가로 10.5㎝×세로 16.8㎝ 가량이었을 것이고, 한 면의 너비도 그 정도였을 것이다. 그런데 특이한 사실은 2단 형식이라는 데 있다.

왜냐하면 고대 사본의 경우 통념과 달리 일반적으로 1단 형식이었고, 초기 기독교 사본(즉 2세기 또는 2세기 말, 3세기 초의 것)의 경우에도 2단 형식으로 기록된 것으로서 현재까지 알려진 것은 구약 성서 사본밖에 없기 때문이다.

모들린 파피루스가 사본이라는 사실과 별도로, 그가 지적하는 '특이한 사실'은 흥미를 자아낸다. 그의 견해에 따르더라도, 1단으로 기록할 것인가 아니면 2단으로 기록할 것인가 하는 선택의 문제가 당초부터 대두됐음을 말해 주기 때문이다.

초기 기독교인들은 구약 성서와 구약의 예언들에 근거해 기독교를 설파했다. 그만큼 구약 성서를 필사하는 일은 그들의 우선 과제였다. 이것은 그들의 필사술이 최초의 기독교 텍스트를 기록할 무렵 이미 상당한 수준에 이르렀음을 설명해 준다. 그는 모들린 파피루스를 보고 추론을 펼친다.

마태 복음만 다 기록한다 해도 이 사본은 약 150쪽에 이른다. 그러므로, 모든 것을 고려해 보건대 마태 복음 이외의 텍스트가 함께 기록되었을 가능성은 없는 듯하다. 그리고 마태 복음 후반부가 뒷면에서 시작되므로 이 사본이 한 첩(24장의 종이 한 벌:역주)만으로 이루어지지 않았음이 거의 확실하다.

모들린 파피루스의 편집 형식에 관한 그의 간략한 설명은 유용하다. 그는 이어 모들린 파피루스에 나타나는 많은 사실을 거론한다. 이에 관해서는 뒤에서 꼼꼼히 뜯어보기로 한다.

'거룩한 이름(nomina sacra)'이 앞면 23행, 31행에 나온다. 어느 구절에도 뚜렷한 빈 칸 위에 줄이 보이지 않는다. 그러나 생략했다고 볼 만한 근거는 없다. 흥미로운 사실은 31행의 아우토이스(autois)의 첫문자 a/*A*가 왼쪽 여백으로 돌출해 있다는 점이다.

이와 같은 돌출 현상을 보여 주는 베자이 사본과 알렉산드리아 사본에서도 이 행(앞 행은 '토테(tóte)'로 시작된다)에서 새로운 단락이 시작된다(알렉산드리아 사본의 경우 앞 행이 '카이(kai)'로 시작된다). 바티칸 사본의 경우 '토테(tóte)' 앞에 간격을 둔다. 이 파피루스의 연대 감정이 그르지 않다면 이러한 단락 구분 방식은 2세기로 거슬러 올라간다.

여기에 나오는 '노미나 사크라*'는 말할 나위 없이 특수한 용어이다. 그 의미에 대해서는 6장에서 자세히 살펴보기로 한다. 여기서는 쿰란*의 마가 복음 파피루스 두루마리 7Q5에 관해 훑어 보면서 이와 같은 단락 구분 방식을 이미 접한 바 있음을 상기할 필요가 있다. 7Q5의 경우 새로운 단락이 시작되는 마가 복음 6장 52~53절 사이에 간격(spatium)을 띄웠었다. 4세기의 바티칸 사본도 7Q5처럼 간격 두기 방식을 채택하고 있다.

이로써 우리는 모들린 파피루스가 돌출 방식을 보여 주는 최초의 예임을 알게 된다. 뒤에서 살펴보겠지만 누가 복음 파피루스인 파리 사본(P⁴)의 경우에는 한 자가 아닌 두 자가 돌출되어 있다. 이것은 기록자들(그리고 그들의 후원자들)마다 제각기 다른 방식을 취했음을 말해 준다. 그러나 어떤 방식을 취하든 중요한 것은 일관성과 명료성이다. 아무런 구별 없이 단어나 문장을 줄줄 적어 나간다면 기록자의 입장에서나 독자의 입장에서나 기록하기도 읽기도 힘들 뿐만 아니라 불필요한 혼란과 오해도 발생할 수 있기 때문이다.

로버츠는 연대 문제에 한 페이지 반을 할애한다. 이 주제에 관해서는 5장에서 논의하기로 한다. 그리고 나서 그는 236쪽(그의 모들린 파피루스 1차 편집본 〈첫 복음서의 고대 파피루스〉는 〈하버드 신학 리뷰 46〉(1953년)의 pp. 233~237에 실려 있다:역주)부터 사실상 이 논의의 중심 문제인 '텍스트 읽기'를 시도하고 두 개의 주석을 덧붙인 뒤 다음과 같은 결론으로 끝을 맺는다.

모들린 파피루스는 32행의 명백한 실수와 별도로 22행에서 한 가지 이문(異文)을 보여 준다. 이 이문과 더불어 이 구절에 나타나는 다른 이문을 보건대 이 텍스트가 본서 37, 45쪽에 실린 다른 두 조각의 텍스트와 다르다는 것은 주목할 만한 사실이다.

얼핏 보기에 진지해 보이는 이 '주목'은 이로부터 42년이 지난 1995년 티데에 의해 모들린 파피루스의 연대가 재확정되는 시점에서 의문이 제기되고 알부가 수정되면서 세계적으로 큰 관심을 끌었다. 사실 '최초의 기독교 문서'인 모들린 파피루스의 세계로 우리를 인도해 주는 관찰, 추론, 결론 등의 파피루스학*의 전문 용어가 비전문가들에게는 여러 모로 흥미롭고 신비롭기까지 하겠지만, 우리를 보편적인 본질로 이끌어 주는 것은 이러한 파피루스학*의 과학적 절차이다.

모들린 파피루스 조각을 훑어보면서 연대 문제와 별도로 이 파피루스에 나타난 문자와 단어, 행에서 우리가 규명할 수 있는 것이 무엇인지 살펴보기로 하자.

### • 모들린 파피루스의 텍스트

우스운 일이지만 모들린 파피루스 1차 편집본은 개별 행을 짚어나가면서도 이 모든 행이 '최초의 복음서'의 26장이란 사실은, 자신의 입장을 개진한 236쪽에 이를 때까지 일언반구도 하지 않는다. 로버츠가 말하는 '첫 복음서'란 신약 성서 정전*에 수록된 순서를 의미할 뿐이다.

우선 세 조각의 모들린 파피루스에서 판독 가능한 텍스트를 읽어 보면 가뜩이나 갈피 잡기 어려운 이 화려한 덤불을 헤쳐나가는 데 큰 도움이 될 것이다.(〔 〕 안은 문맥의 이해를 돕기 위해 역자가 보태어 넣은 것임)

조각〈1〉, 뒷면: 마태 복음 26장 7~8절

〔어떤 여자가 매우 값진 향유가 든 옥합을 가지고 와서〕 식탁에 앉으신 예수의 머리에 부었다. 이것을 본 제자들은 분개하여 말했다

조각〈2〉, 뒷면: 마태 복음 26장 10절

예수께서는 그것을 아시고 "이 여자는 나에게 갸륵한 일을 했는데 왜 괴롭히느냐?

조각〈3〉, 뒷면: 마태 복음 26장 14~15절

그 때에 예수의 열두 제자의 하나인 가리옷 사람 유다가 대사제들에게 가서 "〔내가 당신들에게 예수를 넘겨주면 그 값으

로〕 얼마를 주겠소?

조각〈3〉, 앞면: 마태 복음 26장 22~23절

이 말씀에 제자들은 몹시 걱정이 되어 저마다 "주님, 저는 아니겠지요?" 하고 물었다. 예수께서 대답하셨다. "지금 나와 함께 그릇에 손을 넣은 사람이

조각〈1〉, 앞면: 마태 복음 26장 31절

그 때에 예수께서 제자들에게 "〔'내가 칼을 들어 목자를 치리니 양떼가 흩어지리라'고〕 기록되어 있는 대로 오늘 밤 너희는 다 나를 버릴 것이다.

조각〈2〉, 앞면: 마태 복음 26장 32~33절

〔그러나 나는 다시 살아난 후〕 너희보다 먼저 갈릴리로 갈 것이다. 그 때 베드로가 나서서 말했다.

위의 텍스트는 희랍어로 기록된 이 파피루스 조각들의 행 구분이나 일부 행의 앞머리와 끄트머리 단어의 조각난 문자는 모두 배제한 것이다. 희랍어는 문장 구조가 영어와 매우 다르다. 어순이 다른 것은 물론이다. 그러나 오늘날의 영어 번역본의 번역자들은, 이 문제와 관련해 모들린 파피루스가 보여 주는 특징을 알 수 없었다. 그래서 여기서는 그 몇 가지 예를 살펴보기로 한다. 이 예들을 살펴봄으로써 우리는 모들린 파피루스에 담겨 있는 예수의 수난기, 베다니에서의 예수, 예수의 최후의 만찬, 가리옷 사람 유다와 대사제의 협상 등의 내용을 보다 잘 이해하

게 된다.

분개한 제자들이 예수의 머리에 향유를 붓는 여인에게 성을 내며 고함을 지르기 직전의 한 순간과 유다의 말, 제자들의 질문, 베드로가 나서서 하는 말, 그리고 다섯 마디에 이르는 예수의 말 등은 세 조각의 작은 파피루스에 담긴 것치고는 참으로 만만찮은 내용이다.

### • 모들린 파피루스 그리고 〈예수의 말씀집〉, 〈예수의 수난기〉

예수의 말이 다섯 마디나 실려 있다는 데 주목해, 모들린 파피루스가 마태 복음이 아니라 이른바 〈예수의 말씀집〉의 일부라고 주장하는 학자들이 있다. 그들의 주장은 모들린 파피루스의 연대가 매우 이르다는 사실을 수용하는 한편 복음서 파피루스 사본임을 부정하는 그럴 듯한 논리이다.

현존하는 것은 없지만 〈예수의 말씀집〉이라고 부를 만한 것이 실제로 존재했을 수는 있다. 이것이 존재했다고 믿는 학자들은 이를 로기엔크벨르(Logienquelle) 또는 간단히 '큐(Q)*'라고 부른다. 그러나 모들린 파피루스는 예수의 말을 단조롭게 차례차례 늘어놓지 않는다. 앞에서 볼 수 있듯이 다른 사람들의 말이 등장할 뿐만 아니라, 한 여자가 예수에게 향유를 부은 이야기(26장 7~8절), 대사제들에게 가는 유다에 관한 이야기(26장 14~15절)처럼 탄탄한 이야기 구조 속에 예수의 말이 적재적소에 배치되어 있는 것이다.

또한 모들린 파피루스에 등장하는 여섯 토막의 이야기가, 복음서가 나타나기 이전에 존재한 〈예수의 수난기〉의 일부라고 주장하는 사람들도 있다. 〈예수의 말씀집〉처럼, 이른바 〈예수의 수난기〉와 같은 텍스트가 복음서와 무관하게 그리고 복음서가 나오기 전에 여기저기 흩어져 있었을 가능성은 배제할 수 없다. 그러나 이 역시 어디까지나 추측일 따름이다. 그 존재를 입증하는 물증이 전혀 없기 때문이다.

제 논에 물 대기 식으로 모들린 파피루스를 끌어댄들 그 물증이 될 수는 없는 노릇이다. 모들린 파피루스의 자매편인 바르셀로나 사본에 마태 복음의 앞부분인 마태 복음 3장 9, 15절(세례자 요한과 예수의 만남)과 5장 20~22절, 25~28절(산상 설교)이 기록되어 있는 사실도 이러한 주장이 터무니없음을 말해 준다.

**• 텍스트상의 특징들**

모들린 파피루스의 여섯 면의 중요도가 똑같지는 않다. 첫번째 텍스트인 조각〈1〉 뒷면(마태 복음 26장 7~8절)의 경우 표준 텍스트와 똑같고, 고문서학적으로도 특별히 눈길을 끄는 대목이 없다. 다만 로버츠가 1차 편집본(1953년)에서 문자 비율에 따라 재구성할 수 있었음에도 불구하고 그냥 건너뛴 몇몇 단어가 티데의 2차 편집본(1995년)에서 완벽하게 재구성된 정도이다.[71]

완벽하게 재구성할 수 있음에도 불구하고 로버츠가 건너뛴 부분은 두 번째 텍스트인 조각〈2〉 뒷면(마태 복음 26장 10절)에도 있다. 즉 1행의 문자 비율을 따져 보면, 예수(iesous)가 *IΣ*로 축약되었음을 알 수 있는 것이다. *IΣ*는 소위 '노미나 사크라*'의 대표격이다. 오늘날의 영역본에서 이 대목을 이처럼 축약하면 예수(Jesus)가 Js로 되어 'Js noticed this and… (예수께서 그것을 아시고).' 처럼 된다.

세 번째 텍스트인 조각〈3〉 뒷면(마태 복음 26장 14~15절)은,

모들린 파피루스의 필사자가 자신의 작업과 방법을 날카롭게 의식하고 있었음을 강력히 시사해 주는 첫단서를 제공한다. 우선, 2행의 '열두 제자'의 '열둘'을 도데카(dódeka)대신 숫자 $\iota\beta$(12)로 표기하고 있음을 알 수 있다. 이것은 오늘날 '열둘'을 xii로 표기하는 것과 같다.

문제는 $\beta$의 흔적이 아래쪽 절반밖에 없다는 것이다. 그러나 1, 2행의 '문자 비율'과 이 절반의 흔적을 고려하면 $\iota\beta$일 수밖에 없음을 금방 알 수 있다. 이 사실은 로버츠도 알고 있었다.

그런데 그가 미처 깨닫지 못한 중요한 사실이 있다. $\iota\beta$의 뒤에 한 단어가 빠져 있는 것이다. 희랍어 문장에서 이 단어가 있을 때와 없을 때의 의미 차이를 우리말로는 제대로 실감하기 어렵지만, 다음의 첫문장이 둘째 문장처럼 바뀌었다고 생각하면 어림짐작이나마 할 수 있을 것이다.

그 때에 열두 제자의 하나가 갔는데, 그는 가리옷 사람 유다였다
가리옷 사람 유다라 불리는 열두 제자의 하나가 갔다

여기에 빠져 있는 희랍어 단어는 레고메노스(legómenos) 앞의 관사 '호(ho)'이다. 다른 곳도 아닌 이 대목에서 '호(ho)'가 생략된 경우는 모든 마태 복음 파피루스 가운데 여기밖에 없다. 이밖에 호(ho)가 생략된 곳은 신약 성서 파피루스를 통틀어 마태 복음 2장 23절의 나사렛, 요한 복음 4장 5절의 시카르와 같은 지명 앞에서 뿐이다.

이 고대의 필사자가 단순히 펜을 잘못 놀린 것일까? 아니면

아직은 우아하고 세련된 문체까지는 기대하지 않은 초기 공동체를 위한 것이어서, 구태여 군더더기 말을 동원해 수사(修辭)를 꾀하지 않고 문장을 간결하게 쓰려고 했던 것일까?

이것은 그냥 넘어갈 성질의 문제가 아니므로 뒤에서 다시 살펴보기로 하자.

### • '우루루' 말한 제자들

모들린 파피루스의 여섯 면 중에서 가장 중요한 텍스트는 조각〈3〉의 앞면(마태 복음 26장 22~23절)의 네 번째 텍스트이다. 이 텍스트는 판독하기가 만만찮다. 그래서 티데는 이 면을 완벽하게 감정하기 위해 최신형 현미경까지 동원했다. 생물학자인 동료 게오르그 마주흐와 함께 최근에 개발해 특허를 얻은 외형광 초점 레이저 스캐닝 현미경이 바로 그것이다.

이 네 번째 텍스트는 이미 로버츠의 추론 능력을 시험한 바 있다. 1행은 심하게 손상되어 일부밖에 판독할 수 없다. 여기에 꼭 한 자가 들어갈 수 있는 여유가 있다. 바로 오메가($\Omega$)이다. $\Omega$ 앞의 문자는 남아 있는 형태라곤 모들린 파피루스에 완전하게 보존되어 있는 타우($T$)의 긴 획과 비슷한 수직선밖에 없다.

그리고 $\Omega$ 뒤에는 위쪽에 한 개의 점이 있고 누($N$) 또는 무($M$)의 윗부분처럼 보이는 문자가 그 뒤에 있다. 모들린 파피루스의 다른 $M$와 비교해 볼 때 이 문자가 $M$일 가능성은 상대적으로 낮다. 그런데 이 면의 다른 모든 문자들을 고려할 때, 이 면의 텍스트는 마태 복음 26장 22~23절이고, 1행은 22절이다. 따라서 이 토(tō/$T\Omega$)는 아우톤(autōn)(그들의, 그들 중의)의 일부일 가능성이 높다.

그러나 로버츠는 *Ω* 뒤의 높은 점에 이끌렸다. 그는 이것을 그 뒤에 이어지는 "주님, 저는 아니겠지요?"라는 제자들의 질문 앞의 구두점으로 생각했음에 틀림없다. 그 결과 이 높은 점 뒤의 손상된 문자도 '아니겠지요?'를 의미하는 의문사 메티(meti)의 *M*이 되어야 하므로, *N*이 아닌 *M*이라고 생각할 도리밖에 없었다. 이것을 '놀라운' 재구성이라고 말한 그의 지적은 전적으로 옳다. 왜냐하면 전혀 불필요한, 괴상망측한 희랍어가 되어 버리기 때문이다.

오늘날까지 이 행이 얼마나 심하게 왜곡되어 왔는가를 확인하려면 네슬레-알란트 판 희랍어 신약 성서 76쪽의 주석에 실린 비평 방법론을 보면 된다. 티데는 *Ω* 뒤의 이 문자가 *M*이 아닌 *N*임을 밝혀냈다. 그런데 티데가 재구성해낸 이 텍스트는, 로버츠가 재구성한 텍스트는 물론 희랍어 신약 성서 표준 텍스트와도 두 가지 측면에서 크게 달랐다.

무슨 일이 있었던 것일까? 이 문자가 *N*이 틀림없다면 이 문장은 '헤카스토스 아우톤(hekastos autōn;제각기)'으로 끝나고 이어서 제자들의 질문이 시작된다. 이 문제는 필사자의 직관과 관련되어 있다.

즉 표준 텍스트에서 이 문장은 '레게인 아우토 헤이스 헤카토스(legein auto heis hekatos)'로 끝난다. 문자 그대로 제자들이 걱정스런 마음으로 '한 사람씩' 물었다는 말이다.

반면 모들린 파피루스는 제자들이 '제각기' 물었다고 말한다. 즉 제자들이 한꺼번에 '우루루' 말했다고 극적으로 묘사하고 있는 것이다. '표준 텍스트들'은 제자들이 차례차례 자기 순서를 기다려 말했다는 느낌을 준다. 모들린 파피루스가 담백한 문체로 제자들의 마음의 동요를 생생하게 묘사한 반면, 그 뒤에 나온 이형본(異形本)들은 제자들이 이 때 이미 침착하고 성숙한 사도(使徒)의 모습을 지니고 있었음을 은근히 비치고 있는 것이다.

### • 한 개의 점과 특수 현미경

티데의 견해를 둘러싸고 전개된 논쟁의 핵심은 결국 $\Omega$의 오른쪽 '어깨' 위의 점이 무엇인가에 있었다. 티데가 이 점을 못 본 척하고 건너뛰거나 왼쪽의 $\Omega$의 흔적으로 치부하고 넘어갔더라면 어떻게 되었을까? 실제로 모들린 파피루스의 필사자는 $A$, $\Delta$, $\Lambda$와 같은 문자를 기록할 때 일부러 길게 늘여 써서 멋을 부렸고, 깨어진 이들 문자의 획의 꼬리가 여기저기 있으므로 그렇게 판단할 수 있다. $\Omega$의 오른쪽 '어깨' 위의 점이 실제로 그냥 점이거나 제자들의 질문 앞의 구두점이라면 그 오른쪽의 $N$가 엉뚱하게도 $M$로 둔갑할 수 있다. 이렇게 되면 원점으로 돌아가지 않을 수 없게 된다.

1995년 6월 모들린 파피루스는 모들린 도서관의 특별 연구원 크리스틴 퍼디낸드 박사의 품에 안겨 독일로 갔다. 이 점의 정체를 밝히기 위해서였다. 이로써 세 조각의 모들린 파피루스는 크리스틴 퍼디낸드 박사가 지켜보는 가운데 카르스텐 티데와 게오르그 마주호에 의해 외형광 초점 레이저 스캐닝 현미경으로 정밀감정을 받았다.

이 특수 현미경은 일반 현미경과 달리 파피루스를 마이크로미터(1백만 분의 1mm의 크기. ㎛으로 표기한다:역주) 단위로 20개 층으로 분리해 관찰할 수 있다. 층의 선택은 물론, 파피루스의 표면의 잉크 두께와 파피루스 속으로 뻗어들어간 잉크의 두께를

젤 수 있다. 그리고 필요하다면 정밀한 수치가 기록된 도표를 출력할 수 있어 잉크 흔적이 없는 곳에서도 필사자의 펜이나 철필의 흔적을 찾아낼 수 있다. 필사자가 획을 그은 방식을 알 수 있는 것이다. 게다가 필요하다면 이 모든 정보를 3차원 사진으로 합성해 출력할 수도 있다.

먼저 이 점이 왼쪽의 $\Omega$나 오른쪽 문자와 아무 관계가 없음이 금방 확인되었다. 그렇다면 구두점일까? 티데와 마주흐는 이 점과 문자들의 잉크 두께를 측정했다. 결정적인 결과가 나왔다. 문자의 잉크 두께가 12.1㎛인 반면 이 점의 잉크 두께는 4.0㎛에 불과했다. 고대 파피루스에 흔히 나타나는 평범한 얼룩일 뿐이었다.

그동안 논쟁과 흥분의 대상이었던 이 '높은 점'에 대해 말할 수 있는 것이라곤 단지 이것뿐임이 확실히 입증되었다. 티데의 판단이 옳았다. 그 오른쪽의 문자가 $N$로 판명된 것은 물론이다. 그들의 분석 결과는 1995년 8월 15일 베를린에서 열린 제21차 세계 파피루스 학자 대회에 제출되어 만장일치의 동의를 얻었다.

이렇게 해서 재구성된 조각〈3〉의 앞면 1행의 텍스트는 D사본(Codex D)의 $P^{45}$와 똑같고, 현재 이 부분이 손상된 $P^{37}$과도 다를 바 없으며,[72] 다른 많은 파피루스와도 일치한다.

현재 더블린의 체스터 비티 도서관에 소장되어 있는 $P^{45}$는 일반적으로 그 연대를 3세기 초로 잡고 있지만 그 이전의 것일 가능성이 농후한 것으로, 마태 · 마가 · 누가 · 요한 복음과 사도행전이 기록된 현존하는 가장 오래된 사본이다. 한편 현재 미국 미시건 대학에 소장되어 있는 $P^{37}$은 마태 복음 26장 19~52절이 기록되어 있는 2세기 말~3세기 초의 사본 조각이다.

### • 새로운 텍스트 읽기

이렇게 해서 재구성된 이 행의 텍스트를, 가장 신뢰할 만한 최선의 것으로서 채택하고 있는 신약 성서 수정판이 하나 있다. 기존의 표준 텍스트의 대안으로 자리잡은 보버-오칼라한의 《3개어 신약 성서》가 그것이다.[73] 이 《3개어 신약 성서》는 희랍어, 라틴어, 스페인어로 된 3개어 판으로서, 초대 편집자는 호세 마리아 보버였다. 그의 뒤를 이어 편집자의 책임을 수행해 온 사람이 파피루스 학자 호세 오칼라한이다. 쿰란*의 파피루스 두루마리 7Q5를 마가 복음 6장 52~53절로 정확히 감정해낸 바로 그 인물이다.[74]

현재 가장 널리 쓰이는 두 희랍어 신약 성서 표준판(현재 성서공회(United Bible Societies)판은 4차 개정판, 소위 네슬레-알란트 판은 27차 개정판이 나와 있다)도 이제는, 내적 근거로 보아 합당할 뿐만 아니라 모들린 파피루스라는 현존하는 가장 오래된 마태 복음 파피루스에 의해 견고히 뒷받침되는 이 새로운 텍스트로 기존의 텍스트를 대체해야 한다.

현재 이 새로운 텍스트에 비상한 관심을 기울이며 경계의 고삐를 죄는 연구소가 있다. 독일의 뮌스터 연구소이다. 이 연구소가 모들린 파피루스의 연대 논쟁에 지대한 관심을 보인 것은 비단 어제 오늘의 일이 아니므로 새삼스러울 것까지는 없다. 이 연구소의 연구원 클라우스 바흐텔은 표준 텍스트를 바꿀 수 없다는 요지의 논문을 발표하기도 했는데, 그나 이 연구소의 다른 연구원들이 이 문제에 관한 정보를 다 파악하지 못했다고 하더라도[75] 이런 식의 지적 저항은 오래갈 수 없다. 이미 논쟁의 여지가 없기 때문이다.

### • 두 번째 '노미나 사크라'

티데와 마주흐는 또한 그들이 손수 만든 외형광 초점 레이저 스캐닝 현미경으로 모들린 파피루스 조각〈3〉의 앞면 2행(26장 22절)을 정밀하게 관찰했다.

2행도 중요하다. 조각〈2〉의 뒷면 1행에 이어 예수를 일컫는 '노미나 사크라*'가 다시 등장하기 때문이다. 제자들이 예수에게. 말한 존칭 '주님(kirie)'의 첫자와 끝자를 따 *KE*으로 축약되어 있다. 오늘날의 영역본에서 이처럼 축약하게 되면 주님(Lord)이 Ld로 되어 'Not me, Ld, surely?'(주님, 저는 아니겠지요?)처럼 된다.

실제로 *KE*은 심하게 손상되어 있다. 그러나 그 흔적만으로도 충분히 판정할 수 있다. 구태여 신형 레이저 스캐닝 현미경을 사용하지 않고도 로버츠가 1차 편집본에서 구사한 것처럼 이 행의 '문자 비율'을 활용하면 된다. 로버츠는 1차 편집본에서 심한 손상으로 일부밖에 식별할 수 없다는 표시로 *KE*의 밑에 작은 점을 찍었다.

그런데 문제는 재구성이 거의 불가능해 보이는 이 행의 끄트머리 단어였다. 로버츠는 1차 편집본에서 조심스럽게 이 단어를 마태 복음 26장 23절의 둘째 단어 '데(de/*ΔE*)'로 감정했다. '데(de/*ΔE*)'는 '그러나' 또는 '그런데'로 새길 수도 있지만 흔히 별의미 없이 쓰기도 한다.

티데는 2차 편집본에서 *Δ*와 *E* 사이에 편집자 괄호〔 〕를 두어 표기했다. 식별할 수 있는 문자나 문자 조각, 그리고 이를 근거로 재구성한 문자를 구별하는 기호이다.

로버츠의 1차 편집본의 오류를 수정하려는 의도일까 아니면 오자일까? 사실 이로 인해서 일어나는 변화는 아무 것도 없다. 텍스트는 여전히 똑같다. 로버츠도 티데도 이에 관해서는 별달리 언급하지 않았다. 티데와 마주흐는 분명하게 재구성할 수 있지만 이처럼 일부밖에 식별할 수 없는 문자의 경우 외형광 초점 레이저 스캐닝 현미경을 통해 어떤 새로운 정보를 얻어낼 수 있을지가 궁금했다.

### • 지금도 떨어져 나가고 있는 파피루스의 잉크—$\Delta E$을 찾아서

미세한 파피루스 섬유질 속으로 뻗어 들어간 잉크 자국의 끝이 보였다. 그들은 왼쪽의 수평획과 오른쪽의 마지막 잉크 자국 사이의 최대 길이를 측정했다. 그리고 이것을 모들린 파피루스의 조각〈1〉 뒷면 3행의 완벽한 $E$의 길이와 비교해 보았다. 그 결과 길이가 똑같았다. 그런데 이 얼룩이 $E$의 흔적이라면 왜 마땅히 있어야 할 수평획들이 없을까? 그들은 3차원상(象)을 띄워 보았다. 의문이 풀렸다. 수평획이 있었던 그 자리에 잉크가 벗겨져 달아난 자국이 나타났을 뿐만 아니라 지금도 벗겨져 나가고 있음이 밝혀진 것이다. 모들린 파피루스의 보관 책임자이자 복원 책임자인 크리스틴 퍼디낸드 박사에게 이보다 더 시의적절하고 유용한 정보가 또 어디 있었을까!

이 문자가 $E$이라면 그 왼쪽의 문자는 당연히 $\Delta$일 것이다. 그런데 $\Delta$와 닮은 데가 없다. 오히려 소문자 오미크론($o$)과 더 비슷해 보인다. 그들은 현미경을 들여다 보았다. $o$처럼 둥근 원 위로 굵은 점 세 개가 나타났다. $\Delta$의 세 꼭지점일는지 모른다. 그들은 조각〈1〉 앞면 2행의 완전한 $\Delta$를 그 밑에 놓고 컴퓨터로 3차원 영상을 띄웠다. 컴퓨터가 그려내는 흰 선이 먼저 $\Delta$의 삼각형안을 메웠다. 그리고 $o$처럼 둥근 원과 그 위의 점들을 메워 나갔다. 역시 삼각형이었다. 꼭 맞았다. 재구성된 $E$의 왼쪽 문자도 눈으로 볼 때와 달리 $\Delta$였던 것이다. 이로써 모들린 파피루스 조각⟨3⟩ 앞면 2행의 마지막 단어가 '데($\Delta E$)' 임이 판명되었다.

### • 담백한 모들린 파피루스

다섯 번째 텍스트인 조각⟨1⟩ 앞면(마태 복음 26장 31절)은 세 가지 특징을 갖고 있다.

첫째, 앞에서 인용한 로버츠의 1차 편집본에 나와 있는 것처럼, 첫단어 아우토이스(autois)의 첫문자 $A$가 왼쪽 여백으로 돌출해 있다는 사실이다. 모들린 파피루스의 자매 파피루스인 바르셀로나 사본의 마태 복음 5장 21절, 27절의 경우처럼 이와 같은 돌출은 새로운 단락이 시작됨을 의미한다.

둘째, '노미나 사크라*'가 1행에 세 번째로 나온다는 사실이다. 예수(iesous)가 $I\Sigma$로 축약되어 있다.

그리고 1행에서 셋째 특징을 덤으로 읽어낼 수 있다. 로버츠가 놓친 사실인데, 희랍어본 표준 텍스트들을 보면 한결같이 판테스(pantes, 모두) 뒤에 '너희들 중의(of you)' 라는 군더더기 말이 붙어 있는 반면, 모들린 파피루스에는 이 군더더기 말이 비집고 들어갈 틈이 없다는 것이다. 이와 같은 문자 비율의 문제는 쿰란*의 파피루스 두루마리 7Q5의 예에서 살펴본 바 있다.

이 군더더기 말을 1행에 밀어 넣으면 문자수는 15자에서 20자로 늘어난다. 이렇게 되면 모들린 파피루스의 문자 비율을 4자나 초과한다. 아우토이스(autois)의 첫문자 $A$가 왼쪽 여백으로 돌출해 있으므로 이미 한 자 초과한 터에, 문자수가 이렇게 늘어나면 한층 변칙적이 된다. 물론 이를 사소한 문제로 여길 사람도 있겠지만, 문제는 정상적인 희랍어에서 이 말이 영어의 'of you'보다 더더욱 불필요한 말이라는 데 있다. 즉 이 군더더기 말이 없다—처음부터!—는 사실에서 모들린 파피루스가 희랍어를 제대로 그리고 최대한 꾸밈 없이 담백하게 구사하려 했음을 알 수 있다.

### • 베드로의 이름이 등장하는 가장 오래된 파피루스

이제 마지막 텍스트인 조각〈2〉의 앞면(마태 복음 26장 32~33절)을 살펴볼 차례이다. 이 면에 베드로의 이름이 등장한다. 베드로의 이름이 나오는 현존하는 가장 오래된 문서상의 물증인 셈이다. 기독교인들은 이 점에서 특히 흥미로울 것이다. 이 밖에 이 면이 보여 주는 다른 특징이 하나 있다. 쿰란*의 파피루스 두루마리 7Q5에 나타난 $\Delta/T$ 변화를 설명하며 간단히 언급한 바 있는 철자상의 오류이다.

2행에서 '갈릴리'를 의미하는 갈릴라이안(galeilaian)이 엉뚱하게도 갈레글라이안(galeglaian)으로 잘못 적혀 있는 것이다. 외형광 레이저 스캐닝 현미경으로 중복 검사한 결과, 아이오타(i/$I$)의 꼭대기에서 오른쪽으로 그어진 수평획은 잘못 본 것도 우연도 아님이 밝혀졌다. 필사자는 실제로 그 획을 그었고, 그래서 $I$가 감마($\Gamma$)로 둔갑했다. 이미 말한 것처럼 이와 같은 실수에서 이 사려 깊은 필사자의 인간적인 면모를 읽어낼 수 있지 않을까 싶다.

이 모든 사실들을 종합해 보면 모들린 파피루스는 초기 기독교와 예수에 관한 전승, 그리고 복음서의 얼개를 이해하는 데 큰 도움을 준다. 6장에서 '노미나 사크라*'를 출발점으로 삼아 모들린 파피루스를 다른 각도에서 살펴보기 전에 여기서 짚고 넘어가야 할 문제가 한 가지 더 있다. 모들린 파피루스(P[64])와 그레고리-알란트의 신약 성서 파피루스 목록에 P[67]로 등재되어 있는, 현재 성 누가 복음 재단에 소장되어 있는 두 조각의 바르셀로나 파피루스 사이의 밀접한 관계가 그것이다.

 ## 바르셀로나 파피루스와 파리 사본

### • 모들린 파피루스의 자매 파피루스

모들린 파피루스(P[64]) 1차 편집본을 내놓은 지 9년 만인 1962년, 콜린 로버츠는 라몽 로카 퓌의 바르셀로나 파피루스(P[67]) 2차 편집본에 자신의 〈주해〉를 실었다.[76] 그는 〈주해〉에서 이렇게 말했다.

라몽 로카 퓌 교수가 1956년 성 누가 복음 재단이 소장하고 있는 이 파피루스의 편집본으로 〈마태 복음 파피루스〉라는 제목의 소책자를 펴냈을 때, 나는 이 두 파피루스의 문자체가 똑같다고 판단했다. 그 뒤 라몽 로카 퓌 교수와 서신을 주고받으며 나는 내 판단이 틀림없다는 생각을 굳히게 되었다.

두 조각의 바르셀로나 파피루스는 각각 이 복음서(마태 복음을 말한다:역주)의 3장과 5장을 기록한 파피루스의 일부이다. 두 조각 모두 모들린 파피루스와 한 매(枚)는 아닌 것 같다.

그러므로 이 사본이 한 첩(帖)으로 된 사본이었지는 확실히 단정할 수 없다. 이 사본에 이 복음서를 다 기록한다면 90쪽 가량 된다.

여기서 그는 여러 가지 파피루스를 두루 예로 들어 바르셀로나 파피루스의 연대를 2세기로 감정했다. 그런데 문제는, 그가 예로 든 그 많은 파피루스 가운데 도대체 '확정 연대'를 갖고 있는 것이 전혀 없다는 데 있다. 이 문제에 관해서는 5장에서 자세히 살펴보기로 한다. 그럼에도 불구하고 그는 한술 더 떠 "이 텍스트의 문자체에는 성서 언셜체*의 선구로 볼 수 있는 섬세함이 깃들어 있다."라고 잘라 말한다.

사실 모들린 파피루스와 바르셀로나 파피루스의 문자체는 눈을 의심하지 않을 수 없을 정도로 흡사해, 이들이 본래 '한' 사본이었다는 데 의문을 제기한 사람은 없다. 그리고 《더 타임즈》의 크리스마스 이브 특종 기사로 실려 모들린 파피루스가 대대적인 관심을 끈 반면 바르셀로나 파피루스는 그만큼 관심을 끌지 못했을 뿐, 연대도 모들린 파피루스와 같다.

그러나 초기 기독교의 필사 전통을 참으로 흥미진진하게 보여 주는 것은 모들린 파피루스이다. 예컨대 바르셀로나 파피루스에는 '노미나 사크라*'가 전혀 없을 뿐만 아니라,[77] 이야기 구조가 결여돼 서술상의 변화도 없다. 세례자 요한의 말과 예수의 답변, 몇 구절의 산상 설교가 단조롭게 이어질 따름이다.

### • 바르셀로나 파피루스의 텍스트

그러나 결코 바르셀로나 파피루스를 무시할 수는 없다. 그 자체로서 중요성을 갖고 있기 때문이다. 세례자 요한의 말을 접할 수 있는 가장 오래된 파피루스, 산상 설교가 기록된 가장 오래된 파피루스인 것이다. 다음은 바르셀로나 파피루스의 텍스트이다. 각 행의 앞머리와 끝의 깨어진 문자는 제외했다. (〔 〕안은 문맥의 이해를 돕기 위해 옮긴이가 보태어 넣은 것임:역주)

조각⟨1⟩, 뒷면: 마태 복음 3장 9절
그리고 '아브라함이 우리 조상이다' 하는 말은 아예 할 생각도 말아라. 사실 하느님은 〔이 돌로도 아브라함의 자녀를 만들〕 수 있다

조각⟨1⟩, 앞면: 마태 복음 3장 15절
예수께서 〔요한에게〕 "지금은 내가 하자는 대로 하여라. 우리가 이렇게 해야 〔하느님께서 원하시는 모든 일들이 이루어진다" 하고〕 대답하셨다.

조각⟨2⟩, 앞면: 마태 복음 5장 20~22절
〔잘 들어라.〕 너희가 율법학자들이나 바리사이파 사람들보다 더 옳게 살지 못한다면 결코 하늘 나라에 들어가지 못할 것이다. "'살인하지 말라. 살인하는 자는 누구든지 재판을 받아야 한다' 고 옛 사람들에게 하신 말씀을 너희는 들었다. 그러나 나는 이렇게 말한다. 자기 형제에게 성을 내는 사람은 〔누구나 재판을 받아야 하며〕

조각⟨2⟩, 뒷면: 마태 복음 5장 25~28절

〔누가 너를 고소하여 그와 함께 법정으로 갈 때에는 도중에 얼른 화해하여라. 그렇지 않으면〕고소하는 사람이 너를 재판관에게 넘기고 재판관은 형리에게 내 주어 감옥에 가둘 것이다. 분명히 말해 둔다. 네가 마지막 한 푼까지 다 갚기 전에는 결코 거기에서 풀려 나오지 못할 것이다.

'간음하지 말라'고 하신 말씀을 너희는 들었다. 그러나 나는 너희에게 이렇게 말한다. 누구든지 여자를 보고 음란한 생각을 품는 사람은 〔벌써 마음으로 그 여자를 범했다〕

## • 파피루스 원본과 사진의 차이

바르셀로나 파피루스와 관련해 음미할 만한 사실이 하나 있다. 라몽 로카 퓌가 언급한, 사진에 의존할 때 흔히 범할 수 있는 오류이다.[78]

바르셀로나 파피루스 조각〈2〉 뒷면 9행(마태 복음 5장 27절)의 '호티(hoti, 그것)' 옆에 두 개의 점이 발견되었다. 독일 킬 대학의 후베르트 그리펜은 이것을 독립 음절 또는 단모음을 나타내는 분리 기호라고 판단했다. '호티' 다음에 이어지는 단어는 모음으로 시작되는 '에레테(erréthe, 말했다)'이므로 그의 설명은 이론적으로 제법 그럴싸했다.

그러나 로카 퓌는 이 손상된 파피루스를 '햇빛에 비추어' 면밀히 살펴보았다. 이렇게 해서 그는 이 두 개의 점이 잉크 자국이 아니라 긁힌 자국임을 알 수 있었다. 그는 다른 파피루스 학자들이 이 두 개의 '점'에 매달려 결과적으로 사진에 끌려다니는 우를 범하지 않도록 이 말을 덧보태노라고 말하고 있다.

이 말은 파피루스학*의 기본 규칙을 강조하는 고상한 스페인식 표현이다. 중요한 파피루스일수록 반드시 파피루스 원본을 확인해라. 그렇지 못할 경우, 사진도 믿지 말라는 것이다. 카르스텐 티데도 이와 비슷한 경험을 한 적이 있다.

제네바 인근 콜로니의 보드머 도서관에 소장되어 있는 보드머 L 파피루스(P[73]:마태 복음 25장 43절, 26장 2~3절)의 1차 편집본을 준비할 때의 일이다.[79] 보드머 도서관에서 보내 온 사진을 보니 앞면 2행 밑—달리 보면 3행 위이다—에 또렷이 수평획이 그어져 있는 것이 아닌가? 이것이 사실이라면 그의 편집 작업에 큰 차질이 생길 수 있었다. 이와 같은 수평획은 그 행의 감정에 치명적이다.

그러나 그는 사진을 물고 늘어지지 않았다. 즉시 콜로니로 달려가 원본을 면밀히 살폈다. 아닌게 아니라 원본에는 그와 같은 수평획이 눈을 씻고 봐도 없었다. 원인 제공자는 사진 원판의 흠이었다. 파피루스 학자에게 이러한 경험은 다반사이다.

사진은 유용하다. 사실 책상 머리에 앉아 수천 마일이나 멀리 떨어진 곳에 소장되어 있는 파피루스에 관한 연구에 착수하자면 그 밖의 대안을 찾기가 쉽지 않다. 그러나 사진에만 의존한 분석 결과를 무조건 받아들이라고 요구할 수는 없다. 그러므로 어느 편집본이든 그 편집본에 대한 비평이든 원본을 직접 확인하지 못했을 때에는 솔직해야 마땅할 것이다.

### • 파리 사본

이 장을 매듭짓기에 앞서, 모들린 파피루스와 바르셀로나 파피루스가 한 사본이었다는 사실이 밝혀지면서 학자들의 관심사로 등장한 한 가지 문제를 짚고 넘어가자. 그것은 이들과 같은 사본에 속하는 다른 파피루스가 있을까 하는 문제였다. 단연 0 순위로 부상한 파피루스가 있었다. 파리 국립 도서관에 소장되어 있는 P⁴(P. Suppl. Gr. 1120:누가 복음 1~6장)가 그것이다.

사실 전세계의 도서관에 뿔뿔이 흩어져 있는 파피루스 조각들을 일일이 훑어 그 가닥을 꿰어내기란 예사로운 일이 아니다. 그러나 여기저기 흩어져 있는 여러 파피루스가 본래 하나였음을 확인한다는 것은 그 텍스트와 문맥을 이해하는 데 이루 말할 수 없이 중요하다. 예컨대 모들린 파피루스와 바르셀로나 파피루스는 아주 작은 조각에 불과하다. 그러나 이 두 사본 사이의 '유사성'은 모들린 파피루스를 현존하는 가장 오래된 마태 복음 파피루스로 자리매김하는 데 크게 기여했다.

이와 같은 사례는 비성서 영역에도 있다. 최근의 일인데, 예일 대학에 소장된 2세기의 '순교자 행전(行傳)' 파피루스(예일 파피루스 1385년)가 대서양 맞은편의 기센 대학 도서관에 소장되어 있는 기센 파피루스(PbuG 46)의 일부임이 밝혀진 것이다.[80]

모들린 파피루스와 바르셀로나 파피루스가 그보다 훨씬 큰 네 조각의 파리 사본과 예사롭지 않은 관계를 갖고 있음을 최초로 인식한 사람은 페터 바이간트였다. 알란트는 그의 견해를 대물림해 1966년 이들의 유사성에 관한 논문을 발표했다.[81] 이 때부터 두 사람의 견해는 기정 사실로 받아들여졌다. 그리고 반 하엘스트, 로버츠, 스키잇 등은 이러한 견해를 확산시키는 데 기여했다.[82]

### • 또 하나의 자매 파피루스?

이러한 감정은 매우 유용한 것이었다. 아니, 정확히 말하면 유용한 것이 될 수 있었다고 말하는 편이 옳을 것이다. 누가 복음 파피루스인 파리 사본($P^4$)이 마태 복음 파피루스인 모들린 파피루스($P^{64}$)·바르셀로나 파피루스($P^{67}$)와 더불어 본디 한 사본이었다는 것이 사실이라면, 우리는 마태 복음에 이어 누가 복음 텍스트를 한 사본으로 꿸 수 있게 된다. 뿐만 아니라, 모들린 파피루스·바르셀로나 파피루스보다 더 큰 네 조각의 파리 사본에 기록된 누가 복음 1~6장의 텍스트를 통해 필사자의 습관과 편집 기술 등에 관해 보다 많은 소중한 정보를 얻을 수 있게 된다.

이 세 파피루스의 '관계'를 강력히 주장하고 나섰던 알란트는 그러나 불과 1년 뒤부터 서서히 부정적인 입장으로 기울었다. 다른 무엇보다도 파리 사본의 편집 형식을 재구성해 본 결과 모들린 파피루스·바르셀로나 파피루스의 편집 형식과 달랐기 때문이다.[83]

그는 마침내 1981년에 이르러 이들 사이의 관계를 완전히 부정하고 나섰다. 모들린 파피루스·바르셀로나 파피루스의 텍스트를 '견고한 텍스트(firm text)'로, 파리 사본을 '정상 텍스트(normal text)'로 명명함으로써 텍스트상의 관계를 완전히 제거하고, 이들의 연대도 모들린 파피루스·바르셀로나 파피루스는 'ca 200'(약 200년), 파리 사본은 'Ⅲ'(3세기)로 못박아 이들이 서로 무관함을 분명히 했다.[84]

그가 이들의 연대를 지나치게 늦게 잡은 것은 다시 검토할 터이지만, 그의 요지는 모들린·바르셀로나 파피루스와 파리 사본은 아예 서로 다른 시기에 기록되었다는 것이다. 요컨대 파리 사본이 모들린 파피루스·바르셀로나 파피루스와 무관한 이유로 그가 제시한 것은 다음 세 가지이다. 편집 형식, 텍스트 유형, 그리고 연대이다.

그러나 그는 '문자체의 유사성'이란 문제는 비켜 갔다. 원본을 볼 때보다 사진상에서 필적이 더 비슷해 보이는 것은 사실이지만, 파리 사본이 모들린 파피루스·바르셀로나 파피루스와 어떤 관계가 있다는 생각은 떨칠 수 없었다. 그 관계의 핵심은 무엇일까? 1983년, 로버츠와 스키잇은 이들의 '관계'를 다시 들고 나왔다. 별달리 새로운 근거를 제시한 것은 아니었다. 알란트가 입장을 선회한 사실을 채 알지 못했기 때문이다. 그리고 1992년, 필립 컴퍼트가 자신의 텍스트 비평서 〈신약 성서 원본 고찰〉의 서문에서 이들의 관계를 주장했다.[85]

그러던 중 마침내 1995년, 딱 부러지는 결론이 나왔다. 티데의 모들린 파피루스 2차 편집본에 자극받은 컴퍼트와 티데가 독자적으로 수행한 조사 작업의 결과, 파리 사본이 모들린 파피루스·바르셀로나 파피루스와 한 사본이 아니었다는 결론이 도출되었다. 파리 사본의 필사자 역시 모들린 파피루스·바르셀로나 파피루스와 한 곳에서 훈련받은 필사자가 기록한 것이기는 하지만, 후원자(patron)가 달랐을 가능성이 농후하고 연대도 다소 늦다는 것이다. 1995년 2월, 컴퍼트는 이러한 연구 결과를 발표했다. 그의 보고서가 실린 잡지에는 티데의 파리 사본 원본 조사 보고서도 나란히 실렸다.[86]

### · 티데의 '이유들'

파리 사본과 모들린·바르셀로나 파피루스가 서로 다른 사본에 속하는 이유로 티데가 제시한 이유를 요약하면 다음과 같다.

첫째, 파리 사본($P^4$:P. Suppl. Gr. 1120)의 다섯째 상자에 들어

있는 '에야겔리온 카타 마타이온(EYAGGELION KATA MA-THTHAION;마태 복음)'이라는 제목이 기록된 파피루스 조각과 파리 사본, 모들린 파피루스, 바르셀로나 파피루스의 문자체가 다르다. 이 파피루스 조각이 파리 사본 속에 함께 들어 있어 자연스럽게 파리 사본이 모들린·바르셀로나 파피루스와 한 사본이었으리라는 추측을 낳았다. 그러나 이 파피루스 조각에 나타난 넓은 문자 폭과 납작한 누($N$), 그리고 너무 긴 두 감마($\Gamma$)의 수평 획(ㄱ) 등은 세 파피루스의 문자체와 확연히 다르다.

둘째, 재료상의 차이다. 파리 사본의 색조가 짙은 갈색인 반면 모들린 파피루스·바르셀로나 파피루스의 색조는 엷다. 이것은 보존상의 차이에 기인한 것이 아니라 원형상의 차이다. 이 한 가지 사실만으로도 파리 사본이 모들린 파피루스·바르셀로나 파피루스와 같은 사본이었을 가능성은 없다.

셋째, 단락 표시 방식의 차이다. 모들린 파피루스와 바르셀로나 파피루스에는 왼쪽 여백으로 한 자가 돌출되어 있는 반면 파리 사본에는 시종일관 두 자가 돌출되어 있다. 파리 사본 1차 편집본의 사진 상태가 워낙 나빠 정밀한 분석을 하기는 어렵다. 그러나 사진4의 조각〈B〉 뒷면 1단(누가 복음 3장 23절)의 아르코메노스(archomenos)의 $AP$, 사진6의 조각〈D〉 뒷면 1단(누가 복음 5장 36절)의 엘레겐(elegen)의 $E\Delta$가 돌출해 있음은 사진상으로도 충분히 알 수 있다.[87]

비단 수요자의 요구 때문이 아니더라도 필사자가 자신의 스타일을 바꿀 수 있기 때문에, 이 이유만으로 이들을 한 필사자의 작품이 아니라고 단정할 수는 없지만, 만약 이들이 한 사본이었다면 이러한 명백한 차이는 나타나지 않을 것이다.

넷째, 문자체의 차이다. 이들의 문자체가 유사한 것은 사실이다. 그러나 유사성 못지않게 차이도 중요하다. 파리 사본의 경우, 로우($P$)의 긴 획이 행의 아래턱까지 정상적으로 뻗어 있는 반면 오메가($\Omega$)와 오미크론($O$)은 위로 올라가 있다. 타우($T$)도 마찬가지다.

그러나 모들린 파피루스·바르셀로나 파피루스의 경우 $T$의 긴 획이 Y과 마찬가지로 행의 아래턱 밑으로까지 뻗어 있다. 그리고 파리 사본의 경우 $T$의 ㄱ이 늘 곧게 뻗어 있는 반면, 모들린 파피루스·바르셀로나 파피루스의 경우 이러한 일관성이 없다.[88] 이것은 파리 사본 조각〈A〉 앞면의 사진에서도 확연히 볼 수 있다.


### · 남은 문제들

이제 파리 사본과 모들린 파피루스, 바르셀로나 파피루스가 한 사본이 아니라는 근거로 알란트가 제시한 편집 형식, 텍스트 유형, 그리고 연대 등의 세 가지 차이를 수렴하고, 파리 사본의 문자체가 더 가늘고 섬세하다는 컴퍼트의 분석을 여기에 보태면 우리는 사건의 종료를 선언하지 않을 수 없다. 파리 사본은 모들린 파피루스, 바르셀로나 파피루스와 전혀 별개의 것이라고 말이다. 그러나 파리 사본에 나타나는 모들린 파피루스, 바르셀로나 파피루스와의 유사성, 일치점들을 비켜갈 수는 없다. 이를 해명하지 않으면 안 되는 것이다.

컴퍼트는 파리 사본과 모들린 파피루스가 서로 입수한 시기와 사람은 다를지언정 똑같이 이집트의 룩소르에서 발견된 사실에 주목했다. 그리고 티데와 더불어 문자체의 유사성을 근거로 한 필사자가 세 파피루스를 서로 다른 시기에 기록했을지도 모른다는 가설을 제시했다. 이보다는 한 곳에서 필사 훈련을 받아 일정한 특징을 공유하게 된 여러 필사자들의 작품이라고 보는 것이 좀더 안전한 추론일 것이다.

이러한 분석에 따라 티데는 모들린 파피루스 2차 편집본에서 채택한 파리 사본의 연대를 수정했다. 당시엔 파리 사본의 연대 문제가 모들린 파피루스의 텍스트 편집과 직접적인 관련이 없었다. 그래서 기존의 연대를 그대로 수용했었다. 파리 사본의 원본을 분석하고 컴퍼트의 창조적인 견해를 수렴한 오늘날, 그는 파리 사본의 연대가 모들린 파피루스, 바르셀로나 파피루스보다 그다지 늦지 않다고 본다.

한편 모들린 파피루스의 연대가 서기 1세기임을 입증한 티데의 추가 분석 자료를 채 보지 못한 컴퍼트는[89] 파리 사본의 연대를 서기 2세기 초로 다소 조심스럽게 잡고 있다. 설령 컴퍼트의 견해를 따르더라도 파리 사본이 현존하는 가장 오래된 누가 복음 텍스트라는 사실에는 아무 변함이 없다.

## 파피루스를 뜯어본다는 것

고대 파피루스의 연대를 감정하고 재확정하는 실로 극적인 도전에 관해서는 나중에 이야기하기로 하고, 여기서는 문제점이 없지 않으나 컴퍼트의 의미심장한 견해에 귀를 기울이는 것으로 충분할 것이다.

일부 파피루스의 연대가 앞당겨지고 있다. 예컨대 김영규는 바울 사본 P[46]의 연대를 서기 약 85년으로 당겨놓았다. 그러나 이 연대에 대해 고문서학적 근거를 들어 반박한 사람이 아무도 없다. 또 헤르베르트 홍거는 요한 복음 사본 P[66]의 연대를 서기 약 125년으로 당겨놓았다.

다른 파피루스들도 각각 3세기에서 2세기로 앞당겨졌다. P[32]는 약 175, P[45]는 약 150년, P[77]은 약 150년, P[87]은 약 125년, P[90]은 약 150년 등으로.[90]

컴퍼트의 요지는 파피루스학*이란 결코 정적인 과학이 아니라는 것이다. 이것은 우리가 분명히 해 두지 않으면 안 되는 사실이다. 만물은 늘 우리보다 한발짝 앞에서 움직인다. 때로는 과학 자체가 지적 논쟁과 전진을 위해 '세상을 깜짝 놀라게' 하는 주장을 필요로 하기도 한다.

### • 방사능 동위 원소를 이용한 연대 감정과 파피루스 학자들의 전통적 방식

그러나 지름길이 없을까? 방사능 동위 원소를 이용해 모들린 파피루스의 연대를 쉽게 확정할 순 없을까? 1995년 초, 모들린 칼리지의 크리스틴 퍼디낸드 박사는 토리노 성당의 수의(壽衣. 예수의 시신을 감싼 수의:역주)를 위시한 많은 유물이 연대 측정을 위해 거쳐간 곳으로 유명한 옥스퍼드 대학의 실험실로 모들린 파피루스를 갖고 갔다. 방사능 동위 원소를 이용해 연대를 감정하기 위해서였다.

그러나 실험실에 당도하자마자 우리의 예상이 그대로 적중했다. 파피루스 조각이 너무 작고 가벼웠던 것이다. 이 실험실의 신형 질량 분광 가속기를 이용하자면 최소한 20~25㎎의 무게가 필요하다. 이만큼의 무게는 분석 과정에서 절로 없어진다. 조사 자료인 파피루스 원본이 파괴된다는 말이다.

그리고 이러한 위험을 무릅쓰더라도 오차 폭이 ±50년, 즉 무려 100년에 이른다. 모들린 파피루스 조각의 무게는 각각 45㎎, 25㎎, 21㎎이다. 그러면 방사능 동위 원소를 이용해 연대를 측정하기란 불가능하다. 우격다짐으로 측정하려고 덤비면 어이없는 재난을 당할지도 모른다. 또 세 조각 모두 가장자리까지 문자와 흔적이 있다. 그러면 더 정밀한 방법을 쓴다 해도 원본이 손상될 위험이 있다. 아무리 작은 흔적 하나인들 이처럼 소중한 파피루스의 텍스트가 부서지도록 수수방관할 도서관 관장이나 복원 책임자, 파피루스 학자가 세상에 어디 있겠는가?

바르셀로나 파피루스 역시 똑같은 이유로 측정 대상에서 제외되었다. 조각⟨2⟩(5.0㎝×5.5㎝)의 경우 가장 큰 모들린 파피루스 조각⟨3⟩(4.1×1.3㎝)보다 3분의 1이나 크지만 텍스트가 파괴될 우려가 있었기 때문이다. 사실 파피루스든 가죽 두루마리든 방사능 동위 원소를 이용해 연대를 측정하려면 여백과 가장자리가 넓어야 한다. 여기서 강조해야 할 사실이 있다. 방사성 동위 원소를 이용해 연대를 측정하더라도 측정되는 것은 파피루스, 가죽 등 재료의 연대일 뿐 텍스트의 연대가 아니라는 사실이다.

1991년, 방사능 동위 원소에 의한 연대 측정법으로 사해 두루마리의 연대를 측정한 일이 있다. 그 결과는 파피루스 학자들에게는 전혀 놀라울 것이 없었다. 그들이 '고문서학적 비교'라는 전통적 방식으로 이끌어낸 연대와 같았기 때문이다.[91] 이 결론을 머리에 꼭꼭 담아 놓고서 이와 같은 고문서학적 비교 방식으로

모들린 파피루스의 연대를 5장에서 감정하기에 앞서, 우리 시대
의 보물인 모들린 파피루스를 옥스퍼드 대학 모들린 칼리지로
안착시킨 저 수수께끼의 인물, 찰스 부스필드 휼렛에게로 눈길
을 돌려 보자.

# 제4장
# 한 생애의 발견 :
## 찰스 부스필드 흌렛

"우리 각자는 더 없이 가난하고, 더 없이 우둔하고, 더 없이 작은 모들린 사람입니다.… 우리가 이 이름을 누릴 수도, 누리지 못하게 될 수도 있습니다. 그 이름, 그 명예는 오직 우리 수중에 달려 있습니다. 우리는 이것을 저버릴 수 없습니다.
—모들린 졸업생들에게 행한 T. H. 워렌의 강의(1885년)

초기 기독교의 문서가 아직도 이집트에 파묻혀 있을는지는 장담할 수 없다.
—A. H. 세이스(1896년)

낡은 오류에 맞서 싸우라는 르낭과 슈트라우스의 주장이야말로 로마 가톨릭 교회의 교리를 뺨칠 정도로 케케묵은 것이다.
—찰스 B. 흌렛(날짜 미상의 편지 중에서)

## 빅토리아 시대의 선교사

### • 슬픈 아이러니

오늘날 이집트의 룩소르에서 찰스 부스필드 흌렛(1963~1908년)이라는 이름은 거의 아무런 의미도 없다. 그가 열 번의 겨울을 나며 국교회 사제로 일한 이 곳 룩소르 호텔의 입구에 걸린 기념 액자가 이채롭다. 이젠 뭇 사람의 기억에서 사라진 신앙인이자 학자였던 그를 기리는 액자이다.

사랑하는 찰스 부스필드 휼렛 신부님을 기리며

문학 석사. 1893~1901년 룩소르에서 사제로 봉직하고 메시나에서 사제로 헌신하던 중 1908년 지진으로 영면하시다.
잘 하였도다, 착하고 충성된 종아. 네 주인의 즐거움에 참례할지어다.—마태 복음 25장 21절

현존하는 가장 오래된 마태 복음 파피루스를 발견한 이 아마추어 파피루스 * 학자에게 보내는 찬사로서 이보다 더 적절한 성구가 있을까? 그러나 여름날 오후의 무더위를 피해 룩소르 호텔의 베란다에서 앉아 차를 마시며 파이프 담배 연기를 길게 내뿜는 이곳 사람들에게 이것이 무슨 의미가 있을까? 그들에게는 이 청동 액자가 그 어떤 경이로운 보물을 발견한 인물을 기리는 것이라기보다는 한갓 낯선 상형 문자일 뿐이다.

100년 전 그들의 땅에 찾아와 놀라운 것을 찾아내 고국에 보낸 이 독실한 옥스퍼드 졸업생에 관해 사람들의 입에서 입으로 전해져 내려오는 이야기 한 토막도 없다. 그는 어떤 인물이었으며, 하느님의 말씀을 전파하고 진리를 찾기 위해 떠나온 곳이 하필 이곳 이집트일까?

휼렛이라는 인물에 관해 질문을 던지는 여행객이 기대할 수 있는 것이라곤 십중팔구, 넉넉한 미소와 한 잔 더 따라 주는 독한 이집트 포도주일 것이다. 휼렛 신부의 생애와 좌절, 그리고 망각을 웅변해 주는 슬픈 아이러니가 아닐 수 없다.

## • 예수와 마리아가 다녀간 곳

1877∼1878년 사이의 겨울에 문을 연 룩소르 호텔은 학자와 병사들, 그리고 나일 강변에서 겨울을 나기 위해 부자들이 거쳐 간 이집트에서 손꼽히는 건물이었다. 이 호텔은 아마 여행가 토마스 쿡의 가장 빛나는 성공작일 것이다. 이웃한 윈터 팰리스 호텔만이 이 호텔의 명성에 맞섰을 뿐이다. 유유히 흘러가는 나일 강을 객실에서 볼 수 없다는 것이 아쉬울 따름이다.

그러나 이집트의 아멘호텝 3세와 18왕조의 자손들이 아몬 신(神)의 영광을 기리기 위해 세운 룩소르 사원이 엎어지면 코 닿는 거리에서 외경심을 불러일으킨다.

예로부터 전해지는 전설에 따르면, 예수의 가족이 이집트로 쫓겨왔을 때 예수와 예수의 어머니 마리아가 이 사원에 들른 적이 있다고 한다. 그 때 이미 까마득한 역사를 지닌 유서 깊은 곳이었으니, 나사렛 사람의 눈에는 이 곳의 상형 문자들이 신비롭기만 했으리라.

이 사원의 곳곳에는 고대 로마의 신앙과 기독교 신앙, 이슬람 신앙의 자취가 간직되어 있어 하나의 거대한 종교 박물관과도 같다. 각 시대의 흔적이 신비로운 분위기를 자아낸다. 이 밖에 이 사원의 남쪽 끝으로 눈길을 돌리면, 옷깃을 여미게 할 정도는 아니더라도 아르튀르 랭보(프랑스의 초현실주의 천재 시인. 시집 〈지옥에서의 한 철〉을 낸 뒤 붓을 꺾고 모험가가 되었다. 37세에 아프리카에서 사망:역주)가 옛 돌기둥에 새겨 놓은 대형 명각처럼 진기한 볼거리들도 있다. 북쪽으로 고개를 돌리면, 이보다 더 화려한 카르낙 사원으로 뻗은 스핑크스 거리가 내려다 보인다. 한 여행가가 1898년에 쓴 다음 글을 보면, 이 사원의 장엄한 모습에서 휼렛이 강한 인상을 받았으리란 것을 짐작할 수 있다.

배가 룩소르에 당도할 때 선창은 마치 거대한 신전처럼 보였다. 사실 신전은 도로 저 편에 있다. 그 경이로움엔 눈을 의심하지 않을 수 없었다. 거대한 돌기둥이 늘어선 아케이드. 멀쩡한 모습으로 혹은 부서진 모습으로 서 있는 돌기둥들, 그리고 여기저기 나뒹구는 섬뜩하리만치 거대한 돌기둥들이 저 유구한 강과 붉은 석양을 향해 엄숙한 자태로 잿빛의 침묵을 지키고 있었다.… 그 아래서 잠을 청했을 때 돌기둥들은 그 당당하고 담담한 자태로 오늘의 추한 이집트와 현대를 싸잡아 나무라는 것만 같았다.[92]

### • 잊혀진 이름

찰스 휼렛의 10년의 삶과 사역(使役)의 무대가 바로 이곳이다. 한 세기가 지난 오늘날에도 룩소르 호텔은 여전히 마치 이 사원에 딸린 여행자용 별채처럼 보인다. 오늘날에도 많은 여행객들이 이집트의 과거에 이끌려 테베의 잔흔, 호머가 말한 저 '일백 개의 문이 있는 도시'를 구경하려고 이 곳으로 모여든다. 한때의 유행이었을지언정 1922년 12월 하워드 카터(1873~1939년. 영국의 이집트학자. 카너번 경과 함께 이집트의 '왕들의 계곡'과 '투탄카멘'의 무덤을 발굴했다.:역주)와 카너번 경(1866~1923년. 영국의 이집트학자:역주)이 투탄카멘의 무덤을 발견한 사실을 이 호텔에서 발표한 것도 어찌 보면 당연한 일이었으리라. 지금도 이 두 사람의 초상화는 이 호텔의 어둠침침한 로비에 걸려 있다. 그들의 이름과 업적을 둘러싸고 재빨리 나돈 자자한 이야기들과 함께. 아직도 잊혀지지 않고 있는 것이다.

찰스 휼렛은 달랐다. 마태 복음 구절이 한 줌 담긴 모들린 파피루스는 젊은 파라오 투탄카멘의 무덤에서 발굴된 유물들보다 보잘것없어 보이지만, 서양 문화의 기원과 서양 문화를 지배해 온 신앙에 관해서는 투탄카멘의 보화를 다 합한 것보다 더 많은 사실을 알려 준다. 카터와 카너번 경은 인구에 회자되는 명성을 누렸다. 그러나 휼렛에게는 약간의 명성도 돌아가지 않았다.

1901년 그는 이 파피루스를 모교인 옥스퍼드 대학 모들린 칼리지에 기증했다. 대학 당국은 이 파피루스를 대수롭잖게 생각했다. 이 파피루스가 모들린 칼리지에 오게 된 것을 기념하는 학술 모임도 없었다. 연구 대상도 그 무엇도 아니었다. 다만 1994년 티데에 의해 이 파피루스의 연대가 재확정되면서 벼락같이 대학의 초미의 관심사로 떠올랐을 따름이다.

그러니 이 젊은 사제가 자신이 입수한 이 파피루스에 대해 나름대로의 학문적 안목을 갖고 있었다 한들 자신의 통찰력을 발휘할 기회를 얻을 수도 없었다. 그는 이 파피루스 조각들을 모교로 보낸 지 7년 만에 이승을 하직했다. 그의 죽음과 더불어 그의 이름도 역사의 무대 뒤로 사라져갔다. 그는 이 파피루스를 다시 보지 못했고, 그의 이름도 일찌감치 잊혀졌다.

### • 지진 사태로 일가족이 몰살된 비극

이 파피루스의 연대가 재확정되면서 그의 삶과 신앙이 역사가와 신학자의 큰 관심사로 떠올랐다. 그러나 운명은 그의 궤적을 찾고자 하는 사람들을 좌절시켰다. 도무지 믿기지 않는 일련의 사건들로 인해 그에 관한 정보도 뿔뿔이 흩어졌기 때문이다.

그와 그의 아내, 그리고 네 자녀를 포함한 일가족은 1908년 12월 28일 이탈리아 시실리 섬의 항구 도시 메시나를 강타한 지진으로 몰살당했다.

지브롤터(지중해와 대서양을 잇는 좁은 해협을 끼고 있는 스페인 남단의 전략 요충지:역주) 주교였던 그의 절친한 벗 윌리엄 콜린즈가 돌무덤을 파헤쳐 한 묶음의 편지를 겨우 찾아냈을 뿐이다.

2년 뒤엔 룩소르 호텔의 부지에 세워졌던 흙벽돌 예배당이 홍수에 휩쓸렸다. 그곳에 있었던 그의 묘비도 사라졌다. 몇 해 전엔 두 트렁크 분량에 이르는 휼렛 가문의 족보가 없어지는 일이 발생했다. 카이로 '만성(萬聖)의 성당'의 영국 선교문서 보관소도 이 글을 쓸 때엔 이미 폐쇄되었다.

### • 그림자 좇기

그래서 찰스 휼렛의 궤적을 찾아 나선다는 것은 마치 잡았다 싶으면 자꾸 도망치는 그림자를 좇는 것과도 같다. 그러나 생의 한 길목에서 이 세상에서 가장 오래된 복음서 텍스트를 만난, 지적 호기심이 충만했던 이 독실한 복음주의자에 관한 이야기는 이 파피루스의 역사와 관련해 매우 중요하다.

그의 학문적 식견이 없었더라면 이 파피루스는 결코 이집트를 떠날 수 없었을 것이며, 또한 그에게 모교에 대한 애틋한 정이 없었더라면 모들린 칼리지로 오지도 않았을 것이고, 거의 100년 뒤에 연대를 재평가받는 일도 없었을 것이다. 그의 그림자는 자꾸만 달아난다. 그러나 좇지 않으면 안 될 그림자이다.

 # 유년 시절에서 모들린까지

## • 아일랜드 핏줄의 뼈대 있는 가문에서 태어나다

그는 1863년 10월 19일, 하퍼드셔(영국 동남부에 위치한 주:역주) 포터즈 바의 한 사제관에서 아버지 휴 휼렛(1822~ 1898년)과 어머니 코넬리아의 세 자녀 중 둘째 아들로 태어났다.[93]

휼렛(Huleatt)이라는 이름은 이국적인 이름이 아니라 휼렛(Hewlett)의 변형인데, 이 아일랜드 핏줄이 흐르는 휼렛 가문은 교회와 군(軍)과 인연이 깊었다. 열한 명의 자녀를 거느린 가장으로서 엄격했던 그의 아버지, 휴 휼렛은 1854~1859년간에 크리미아 반도(흑해 북쪽 해안의 반도. 1853~1856년 영국, 프랑스, 터키 등과 러시아 사이의 크리미아 전쟁이 벌어진 곳. 휼렛 신부가 살았던 시대는 빅토리아 여왕 통치 하의 영국 제국주의의 전성기였다.:역주)와 중국(이 시기에 아편 전쟁이 벌어졌다:역주)에서 종군 신부로 활약한 까닭에 두 전통을 한 데 이어받은 몸이 되었다.

휴 휼렛은 1859년 영국으로 돌아와 훗날 찰스 휼렛의 삶에 큰 영향을 미친 거부(巨富) 찰스 프리쳇 부스필드의 딸 코넬리아 소피아 부스필드와 결혼했다.

찰스 휼렛은 아버지의 건장한 체격을 닮지 못하고 평생 건강 문제에 시달렸다. 그가 어린 시절부터 병약했다는 사실은 일곱 살 때의 그를 '장님'으로 기록하고 있는 1871년의 인구 조사를 보아도 알 수 있다. 시력이 좋지는 않았지만 2년 후인 1873년 12월 1일 그가 성 바울 학교에 거뜬히 들어간 것을 보면 이 기록은 분명 과장된 것이었다.

그의 아버지가 울위치 포병 부대의 성 조지 성당에서 첼시 육

군 교도소의 군 성당으로 임지를 옮긴 때가 이 무렵이다. 그의 가정은 런던의 유복한 가정이었고, 그의 부모는 이 병약한 아들에게 큰 기대를 걸었다. 그가 사립 명문인 성 바울 학교에 가게 된 것도 그만한 가정이었기 때문이다.

### • 성 바울 학교 그리고 러더퍼드와의 만남

찰스 휼렛에게는 이것이 큰 행운이었다. 그의 전생애에 걸쳐 소중한 인연이 된 윌리엄 구니언 러더퍼드 선생을 이곳에서 만났기 때문이다. 1876년 12월, 영국 옥스퍼드 대학의 많은 칼리지들 가운데서 지적으로 가장 출중하다는 명성을 얻은, 벤자민 조윗 학장 시절의 베일리얼 칼리지(옥스퍼드 대학의 구성 단위인 자치 조직의 하나로, 1263년에 창립되었다:역주)를 갓 졸업한 러더퍼드가 고전 선생으로 부임해 온 것이다.[94]

학부 시절에 탁월한 성적을 기록했던 러더퍼드는 〈초기 희랍어 문법〉(1878년)을 시작으로 고전 문학의 형식을 다룬 명저 〈새로 읽는 프리니커스〉(1881년)로 일약 손꼽히는 고전학자의 반열에 올랐다. 그는 무엇보다도 사립 명문인 웨스트민스터 칼리지(대개 13세에 입학해 18세에 졸업하는 사립 학교의 하나:역주)의 이사장으로 오랫동안 재직한 인물로 유명하지만, 그가 한참 자라나는 시기의 어린 휼렛에게 정을 쏟고 감화를 준 곳은 이곳 성 바울 학교였다.

훗날 옥스퍼드 대학보인《옥스퍼드 매거진》에서 그는 이 시절의 찰스 휼렛을 '내가 총애한 학생의 하나'로 회고하기도 했다.[95] 이 시절, 그는 대학 시절보다 텍스트 비평에 더 심혈을 기울였다. 그리고 휼렛으로 하여금 텍스트 비평에 눈을 뜨게 해 주었다.

두 사람은 성 바울 학교를 떠난 뒤에도 변함 없이 텍스트 비평에 관심을 쏟았다. 러더퍼드는 1890년대에 이집트에서 새로이 발견된 파피루스들을 속속들이 파악하고 있었고, 만년에는 본격적으로 신약 성서의 텍스트 연구에 몰두했다. 고전 문학에 해박했던 그는 신약 성서의 저자들이 구사하는 희랍어가 고전의 희랍어와 크게 다르다고 믿었다. 1906년 '로마인들에게 보내는 바울의 편지'(로마서)를 번역하면서 그는 서문에서 그 차이를 이렇게 설명했다.

세대가 바뀌면서 성서 언어도 바뀌었다. 우아한 문어체와 엄밀한 논리에서 점점 크게 벗어났다. 세월이 흐르면서 그 어느 민족보다도 정밀한 사고와 명징한 표현을 보물처럼 받들었던 한 민족의 언어적 특성이 자취를 감추고, 점차 다른 많은 민족들의 이질적인 문화와 환경을 포용하기에 이르렀으니, 한때는 바벨의 저주를 피하려는 시도까지 있었다.[96]

이 어진 스승의 설명이 곧 모들린 파피루스에 나타나는 다문화적 희랍어(6장에서 논의하기로 한다)를 일컫는 말임은 쉽게 짐작할 수 있다. 그가 이집트에서 제자 휼렛이 모들린 파피루스를 발견한 사실을 알고 있었는지는 분명하지 않지만, 두 사람의 학문적 관심사가 흡사하다는 사실은 흥미롭다. 《옥스퍼드 매거진》이 짧막한 휼렛의 사망 기사에서 두 사람의 관계를 강조한 사실로 미루어 볼 때, 이 존경스런 스승이 훗날까지 휼렛에게 학문적 영감을 주었으리란 추측을 할 수 있다.

휼렛은 옥스퍼드 대학의 모들린 칼리지에서 개최된 고전 독해 경시 대회에 나가 수석을 차지할 정도로 성 바울 학교에서 단연 두각을 나타냈다. 그는 이와 같은 비범한 재능 때문에 성 바울 학교에 한 해 더 눌러앉아 공부를 계속했고, 1882년 모들린 칼리지에 들어간 뒤로는 4년간 50파운드의 바울 장학금을 추가로 받았다.

### •옥스퍼드로

옥스퍼드에서 고전을 읽는다는 것은 휼렛과 같은 가문의 배경과 학문적 능력을 가진 빅토리아 시대의 신사들에게는 하나의 통과 의례였다. 당시 옥스퍼드 대학의 고전 문학부는 젊은 영국 신사라면 하나같이 들어가고 싶어했던 당대 최고의 학문적 명성을 자랑했다. 뿐만 아니라 고전 문학을 공부한다는 것은 '대영 제국'에서 반반한 자리를 잡는 데 이상적인 준비 과정으로 받아들여졌다.

그리스 도시 국가의 역사와 로마사가 곧 제국의 자치령과 식민지를 통치하는 엘리트들의 지침이었고, 고전의 '비타 악티바(vita activa;체험기)'는 그들이 장차 수행하게 될 화려한 직무의 모델이었다. 1873년, 베일리얼 칼리지의 학장 벤자민 조윗은 플로렌스 나이팅게일(크리미아 전쟁 당시 밤낮 없이 병사들을 치료해 '램프를 든 여자'로 이름난, 근대 간호학의 창시자:역주)에게 보낸 한 편지에서 "나는 나의 제자들을 통해 세계를 통치하고 싶습니다."라고 썼다. 이 말은 단순한 농담이 아니었다. 그 당시의 많은 사람들의 눈에도 대영 제국의 영토 곳곳에 그의 영향력이 닿지 않는 곳이 없어 보였다.[97]

성 바울 학교 출신의 이 젊고 재능 있는 고전 생도가 4년간 학부 생활을 한 옥스퍼드는 그런 곳이었다. '하느님과 제국을 위해' 해외로 나가는 것이 통례였다. 그가 옥스퍼드를 떠난 지 얼마 되지 않아 선택한 이집트의 사제직도 어쩔 수 없는 유배 생활이 아니라 '거룩한 부름'에 대한 응답이었던 것이다.

### • 옥스퍼드에서 발휘한 지적 감각

이보다 더 놀라운 일이 있다. 이 시기의 옥스퍼드 생으로서 그가 시험에 매우 진지하게 임했다는 사실이다. 그는 1884년 문학사(文學士) 1차 시험에서 2등이라는 우수한 성적을 얻었고, 2년 뒤엔 그에 못 미치는 3등을 기록했다. 그로서는 이 결과에 내심 실망했을 것이다. 그는 이어 1888년에 문학사, 1892년에 문학 석사 학위를 받았다.

옥스퍼드 대학의 역사상 이 시기에 시험이 중요했다는 말은 한마디로 과장이다. 1850~1852년의 '왕실 위원회'와 1854년의 '옥스퍼드 대학 개혁 입법' 이래, 조윗과 같은 개혁론자들이 나서서 학생들에게 공부 벌레가 되도록 독려하는 한편으로, 정실로 등용된 국교회* 성직자들에게는 노골적으로 대학을 떠나라고 압력을 넣었다.

그러나 옥스퍼드의 구태의연한 타성은 그칠 줄 몰랐다. 토머스 휴즈의 소설의 주인공 톰 브라운은 애써 공부할 이유가 없어 아무 생각도 없다.

뭐니뭐니 해도 여긴 대학이 아니라 정말 유원지라니까. 우리 같은 신입생들에겐 말야. 한번 생각해 봐. 내가 듣는 수업은 희랍어 성서, 헤로도투스 제1권, 아에네이드 제2권, 유클리드 제1권이거든. 이런 한 시간짜리 수업을 다 보태 봐야 한 주에 수업이 고작 열두 시간이야!

· 근데 학교에서 열심히 공부하라고 위로회까지 열어 주는 것 있지! 하루에 수업이 두 시간뿐이야. 그러니까 정오면 다 끝나는 거지. 간혹 늦더라도 1시면 끝나.[98]


오죽하면 "들어갈 땐 그나마 조금이라도 머리에 든 게 있지만 나올 땐 똥만 가득차 있다."는 말이 사람들의 입에 오르내렸을까. 휼렛이 그 때 그렇게 남다르게 시험에 진지하게 임했던 것은 달리 할 일이 없었기 때문이기도 할 것이다.

그가 이 시기에 쌓은 지적 훈련과 더불어 모들린 파피루스와의 운명적 만남과 관련해 보다 중요한 사실은, 그가 텍스트 비평에 연구자로서의 관심을 지속적으로 쏟았다는 데 있다. 텍스트 비평에 관한 그의 연구 성과들 가운데 카툴루스(로마의 서정 시인:역주)와 프로페르티우스(로마 시인:역주)의 텍스트를 일부 수정할 것을 제안한 논문이 있다.

이 논문은 1885년 《문헌학보(The Journal of Philology)》에 실렸다. 일개 학부생의 논문이 전문 학술지에 실린다는 것 자체가 놀라운 일이었다. 그런데 더욱 인상적인 사실은 학계의 선배 학자들이 그의 제안을 긍정적으로 받아들였다는 점이다. 1909년 《옥스퍼드 저널》은 프로페르티우스의 텍스트 수정에 관한 휼렛의 견해를 '매우 독창적인 것'으로 소개하고, '이 분야의 일부 텍스트 편집자들'이 이미 그의 견해를 수용했다고 전하고 있다.

그가 전문 연구자가 되기를 원했다거나 그와 같은 경향을 보여 주었다고 여길 만한 근거는 없다. 그러나 학부 시절에 보여 준 이와 같은 감각은, 상부 이집트에서 발견한 모들린 파피루스에 대한 그의 관심이 골동품 수집가와 차원이 다른 것임을 말해 준다.


### • 모들린 사람

그는 왜 1901년 이 파피루스 조각들을 모들린으로 보냈을까? 아마 이 문제는 이 파피루스에 얽힌 온갖 의문 가운데 가장 답변하기 쉬운 것이리라.

15세기에 설립된 모들린 칼리지는 사슴 엽원(獵園. 왕의 특명으로 사냥 짐승을 보호하기 위해 주위를 막은 곳:역주), 수도원들 뒤편에 자리잡아 주위를 압도하는 신관 건물, 옥스퍼드의 건축미의 축소판인 탑 등으로 잉글랜드의 유서 깊은 두 대학(옥스퍼드와 케임브리지 대학을 말함:역주)의 많은 칼리지들 중에서 경관이 가장 빼어나다.

이 곳에서 대학 시절을 보낸 사람들은 캠퍼스 건물에 둘러싸인 안뜰과 교정 정원의 목가적인 분위기를 결코 잊지 못한다. 1901년 역사가 J. R. 그린은 잊지 못할 추억으로서 모들린 성가대원들이 선도한 '5월의 아침(May Morning)'을 이렇게 회고했다. 휼렛으로서는 1883년에 처음으로 경험했을 것이다.


우리는 희뿌연 새벽에 침대를 박차고 일어나 탑 꼭대기로 올라가곤 했다. 셔틀리스(성가대원들이 입는 무릎까지 내려오는 의상:역주)를 차려입은 성가대원들과 남성 중창단은 이미 와 있었다. 발치 아래로 시가지와 멀리 침묵에 싸인 광활한 처윌

평야, 그리고 지금은 주택이 들어섰지만 당시만 해도 황량한 들판에 불과했던 빌링던과 코울리 저습지가 봄날의 희미한 새벽 안개에 싸여 있었다.

모두들 침묵을 지키며 얼마나 기다렸을까. 이윽고 다섯 시가 되자 지평선 위로 동이 트기 시작했다. 발 아래 탑 밑동에서는 아이들의 서툰 호른 소리가 가늘게 울려 퍼지며 해를 맞이했고, 위에서는 찬송가 〈하느님 아버지 어둔 밤이 지나〉가 가슴을 촉촉이 적시며 적막한 어둠 속으로 은은하게 울려 퍼졌다.[99]

모들린의 의식이 이러했으니 휼렛이 한평생 모들린을 사모했음직도 하다. 사실 그는 모들린의 전성기에 모들린에서 공부하는 행운을 누렸다. 에드워드 기번(영국의 역사가:역주)이 모들린에서 보낸 열네 달의 시간을 '내 평생 가장 빈둥거린 아까운 세월이었다'고 혹평한 것은 유명한 일화이다. 그러나 성 바울 학교 출신의 이 젊은이가 여기서 약 100명의 학부생들과 함께 고전을 공부한 1880년대의 사정은 그 때와는 완연히 달랐다. 모들린의 르네상스기였던 것이다.

모들린을 반석 위에 올려놓은 인물은 마틴 조저프 루드 학장이었다. 공교롭게도 그가 썼던 곱슬 가발이 지금까지 거의 100년 동안 모들린의 고박물관에 모들린 파피루스와 가까이 진열되어 있다. 이 반석 위에서 그의 후임자 프레드릭 벌리 학장과 고전 교수 허버트 워렌은 모들린을 옥스퍼드 대학에 새로운 활력을 불어넣는 견인차로 만들어 나갔다.[100]

고전 교수 워렌도 성 바울 학교 시절의 휼렛의 스승 윌리엄 구니언 러더퍼드 선생과 마찬가지로 옥스퍼드의 개혁파 벤자민 조윗 학장 시절의 베일리얼 칼리지 출신이었다. 워렌은 이미 베일리얼 시절에 고전 연구자로서 정평이 나 있었던 인물이었다.

1878년 모들린에 부임해 7년 동안 개별 지도 교수로 재직하면서 학부생을 가르친 그는 '대학 시절엔 무엇보다도 열심히 공부하는 것이 제일'이라는 스승 조윗의 강력한 신념을 이어받아 이를 실행에 옮겼다. 그리고 1885년 32세의 젊은 나이에 벌리의 후임으로 학장이 된 그는 1928년까지 무려 43년간 학장으로 재임했다. 오늘날의 모들린의 이미지는 이 시기에 빚어졌다. 학문적 수준이 크게 높아지고 학부생의 수가 늘어났을 뿐만 아니라, 무엇보다도 '모들린 사람'이라는 아이덴티티가 확고히 형성되었기 때문이다.

1932년 워렌의 친구이며 전기 작가인 로리 맥너스는 그가 모들린을 창립한 윌리엄 웨인플릿 주교의 뒤를 이어 '모들린의 제2의 창립자'로서 부족함이 없이 소임을 다했노라고 평했다. 그리고 그가 때로 입에 올리기조차 부끄러웠던 모들린의 옛 이미지를 말끔히 씻어내고 탁월한 능력을 발휘해 모들린 역사상 최초로 '모들린 사람'이라는 아이덴티티를 만들어냈다는 평가를 빠뜨리지 않았다.[101]

휼렛이 바로 이와 같은 '모들린 사람'이었다. 워렌은 휼렛을 각별히 좋아했고 또한 높이 평가했다. 옥스퍼드 대학 부총장이었던 1909년 그의 편지가 《더 타임즈》 5월 25일자에 실렸다.

그는 나의 제자였습니다. 나는 그를 진정 존경했습니다. 그는 결코 평범한 학생이 아니었습니다. 그는 텍스트 비평에 천재적인 재능을 가진 학생이었습니다. 그가 종교와 세속의 두

가지 의미에서 학문에 줄곧 관심을 쏟은 것도 남다른 것이었
습니다.

### • 모들린을 떠나던 날

1886년 모들린을 떠날 때 휼렛의 가슴에 아로새겨져 있을 '모
들린 사람'이라는 아이덴티티, 그리고 모들린으로 향한 그의 애
정은 어떤 것이었을까?

그는 한평생 모들린의 사슴 엽원과 수도원 잔디밭, 그리고 에
디슨 산책로의 오후를 잊지 못했을 것이다. 그러나 그 이상의
것이 있었다. 그가 아름다운 사금석(砂金石)으로 지어진 모들린
의 교사를 떠난 1885년 6월 7일, 워렌은 모들린의 졸업생들을 떠
나 보내며 '모들린 사람의 사명'에 대해 말했다.[102] 여름 학기의
마지막 일요일 오후였다. 그는 '모들린은 하나'라는 주제의 강
연에서 에페소서를 주제로 삼았다.

하느님께서 여러분을 불러 주셨으니 그 불러 주신 목적에
합당하게 살아가십시오.(에페소서 4장 1절)

워렌의 연설은 사명감과 열정으로 가득찬 삶, 그리고 훌륭한
학자만이 아니라 훌륭한 뱃사공까지 높이 받드는 모들린 특유의
정신을 강조한 것이었다. '우리들 중의 지도자들'을 손수 뽑았
던 그는 이제 모들린을 떠나가는 이 소수의 행운아들에게 자신
이 아니면 누구도 할 수 없는 일을 할 것을 권고했다.

저명 인사가 되고, 큰 일을 이루고, 남 앞에 서는 지도자가

되는 것이 문제가 아닙니다. 우리 모두가 그런 사람이 될 순 없습니다. 그러나 우리는 꼭 필요한 사람은 될 수 있습니다. 정의의 편에 서는 꼭 필요한 사람, 이것으로 족한 것입니다.[103]

그는 학생들에게 무엇보다 그가 아테네에 빗대어 말했던 모들린이라는 학문 공화국의 시민, 곧 '모들린 사람'임을 잊지 말라고 말했다.

우리 각자는 더없이 가난하고, 더없이 우둔하고, 더없이 작은 모들린 사람입니다.… 우리는 이 이름을 누릴 수도, 누리지 못할 수도 있습니다. 그 이름, 그 명예는 오직 우리 수중에 달려 있습니다. 우리는 이를 저버릴 수 없습니다.… 이제 어디든 이 이름을 메고 가십시오.[104]

휼렛으로서는 결코 잊어서는 안 될 지상명령이었다. 자신만의 거룩한 선물을 들고 모들린에 돌아와야 할 것이었다. 이제 성 바울 학교와 허버트 워렌이 기대해 마지않는 자신의 소명에 값해야 할 것이었다. 그러나 그것이 무엇인지 알아내야 했다.

## 사명감을 지닌 사람

· **"난 뭐 하나 제대로 성공한 게 없어."**

휼렛이라는 인물에 대해 무엇을 알 수 있을까?

그는 두 번 결혼했다. 1892년 에딧 베리와, 그리고 1900년 캐럴라인 와일리와. 첫 부인인 에딧 베리는 1897년 딸 에딧 아이린을 낳다 그만 세상을 떠나고 말았다. 아이는 살아남았다. 캐럴라인 와일리와 재혼한 그는 세 아이를 더 두었다. 1901년에 찰스 퍼시, 1903년에 그위닛 코넬리아 샬럿, 그리고 1904년에 로더 뮤리얼이 그들 사이에 태어났다.

그의 일가족이 시실리 섬 메시나에서 지진으로 몰살했을 때, 당시 지브롤터 주교 윌리엄 콜린즈는 그 잔해를 파헤쳐 조그만 편지 묶음을 하나 찾아냈다. 대부분 둘째 아내 캐럴라인이 휼렛에게 보낸 편지로, 휼렛의 됨됨이가 잘 나타나 있다.[105]

본디 두 사람은 휼렛이 옥스퍼드를 졸업한 뒤 약혼한 관계였다. 두 사람의 약혼은 1891년에 깨어지고 만다. 그러나 휼렛에 대한 그녀의 사랑은 식지 않았던 것같다. 그녀는 사랑하는 그에게 계속 편지를 보냈다.

편지의 발신지는 대개 페테르스부르그였다. 그녀의 가족이 그 곳에서 사업을 하고 있었기 때문이다. 이 편지 묶음을 보면 때로 그가 그녀를 무뚝뚝하게 대하고 자신과 생각이 다를 때 잘 참지 못했음을 엿볼 수 있다. 그녀의 편지에 이런 대목도 있다.

제 생각도 당신과 다르진 않아요. 하지만 소소한 일들에 대해서는 너그럽게 넘어갈 수 있잖아요? 이 아이든 또 하느님이 우리에게 허락해 주실 아이든 제가 당신의 생각과 기대에 어긋나게 가르치는 일은 없을 거예요.

그녀는 그에게 보낸 편지에서 '사랑하는 찰리'에 대한 사랑과 믿음에 변함이 없음을 누누이 다짐한다. 그러나 1900년 1월의 한 편지에서는 그가 자신을 '홀대한' 때를 기어코 들먹거린다. 세상을 떠난 휼렛의 첫째 아내 에딧 베리에 대한 기억도 곧잘 그들의 사이를 비틀어 놓았다. 그녀는 이렇게 썼다.

그녀에 대해선 사랑의 감정밖엔 아무것도 없어요. 이 편지를 쓰고 있는 이 순간도 마찬가지예요. 눈곱만큼이라도 딴 감정을 갖고 있다면 오히려 제 가슴의 멍울이 될 거예요.

그는 깐깐한 남편이었다. "난 뭐 하나 제대로 성공한 게 없어." 하고 말하는 남편에게 그녀는 차라리 영국의 '편한 자리'로 가는 게 어떠냐며 〈휴식〉이라는 제목의 책을 보냈다. 그녀가 받은 답변은 꾸중이었다. 남편의 건강을 염려하는 그녀에게 그는 오히려 '해외에 영 눌러붙을' 생각이라고 대꾸하는 대목도 많다.

하지만, 남편이 자신을 '생각하는 사람'으로 따뜻하게 대해 주고, 편지에 '러스킨'의 말도 인용하고, '이런저런 관심사에 대한 그녀의 생각'에 귀를 기울여 주는 데서 그녀는 위안을 얻었다.

### • 당대와 맞선 외골수

그에게는 하느님을 공경하는 것밖에는 아무런 다른 욕구도 없었던 것 같다. 이 외골수에게 모들린 칼리지가 학문적 보금자리였다면 그의 생을 이끈 수레바퀴는 복음주의 운동(영국 국교회

안에서 고(高) 교회파에 대항해 저(低) 교회파가 주창한 운동:역주)이
었다. 오직 하느님의 말씀이 처음이요 끝이었으니, 성직의 권위
와 의식(儀式)의 의의를 중시한 19세기 영국 국교회*의 고(高)
교회파의 경향을 그가 못마땅해 한 것도 이해할 만하다.

　그는 성서를 문자 그대로 진리로 받아들였다. 그가 모들린 파
피루스 조각들을 들여다 보면서 이것이 과연 얼마나 오래된 것
일까 하고 생각하다 그렇지 않으리란 의심이 들었다면 어땠을
까? 그는 오히려 예수를 두 눈으로 본 사람들이 기록한 파피루
스가 분명 어딘가에 있으리란 생각을 더 굳혔으리라. 휼렛과 같
은 독실한 복음주의자에게 이것은 당연한 것이었다. 복음서의
어느 한 문장도 '하느님의 뜻에 따라' 기록되지 않은 것이 없을
터였다.

　이와 같은 외골수 기질은 여기저기 흩어져 있는 그의 글에 나
오는 교리와 성직에 관한 태도에서도 쉽게 확인할 수 있다. 메
시나에서 사제로 봉직할 때 그는 한 친구에게 '르낭(프랑스의 역
사가 수필가:역주)과 슈트라우스(독일의 신학자:역주)의 케케묵은
오류들'을 개탄하는 편지를 보냈다. 그는 이들이 지식인들에게
끼치는 해악은 로마 가톨릭 교회의 교리를 빰친다고 썼다.[106] 당
시를 돌이켜 보면 그가 시대의 흐름에 역행하는 이와 같은 주장
을 편 것도 무리가 아니다.

### • 슈트라우스

　1835년, 튀빙겐 대학의 슈트라우스는 〈예수의 생애〉에서 복음
서들 사이의 서로 모순되는 내용을 들어 복음서는 당시의 증인
들이 쓴 것이 아니며, 기적에 관한 이야기도 뒷날 꾸며낸 신화

라고 주장했다. 예컨대 산 위에서 예수가 거룩한 모습으로 변모한 사건(마태 복음 17장 1~13절; 마가 복음 9장 2~13절 참조:역주)은 예수를 모세 또는 확실하지는 않지만 〈향연〉(육체적 사랑이 아닌 정신적 사랑으로서의 플라톤적 사랑에 관한 플라톤의 대화편:역주)의 소크라테스와 동일시하려는 신화적 장치라고 설명했다. 또한 예수의 말은, "제자리를 벗어나 굴러다니는 자갈처럼 아무렇게나 박혀 있는" 부서진 진주 목걸이였다.

이로부터 70년 뒤 알버트 슈바이처는 〈인간 예수를 찾아서〉에서 "슈트라우스를 이해하려면 그를 사랑해야 한다. 그는 아주 위대하거나 깊이 있는 신학자는 아니었다. 그러나 매우 솔직 담백한 사람이었다."라고 말하기도 했다.

슈트라우스는 신앙과 성서의 관계를 직시하는 진정한 신앙인으로 자임했지만, 대부분의 당시 사람들이 보기에는 그의 책은 신성모독과 다를 바 없었고 이쁘게 봐 준다 하더라도 과격한 파괴주의에 지나지 않았다. 급기야 이 책의 출판을 금지하려는 시도가 수차에 걸쳐 있었고, 이 책을 읽어 보지도 않은 사람들까지 벌떼처럼 달려들어 언론을 장식했다. 그러나 그는 굽히지 않았다. 그는 결국 튀빙겐 대학에서 쫓겨났고, 평범한 학교 교사로 여생을 보내야 했다.[107]


### • 르낭

가톨릭 신자였던 르낭(1823~1892년)은 1863년에 출판한 자신의 저서 〈예수의 생애〉에서 인간으로서의 예수와 신앙상의 그리스도를 명확히 구분했다. 그는 역사가들이 찾아낸 증거들 가운데 예수의 기적을 입증해 주는 만족할 만한 증거는 아무것도 없다고 단언했다. 예수의 생애란 어쩌다 그만 순교까지 당하게 된 한 인간에 대한 인간적인 이야기일 따름이라고 그는 주장했다.

갈증을 달래 준 갈릴리의 맑디맑은 개울들, 그리고 어깨 위로 그림자를 드리워 준 포도밭과 무화과나무, 그리고 풋사랑을 한껏 보내 준 처녀들… 이런 것들이 주마등처럼 스쳐갔을까? 아니면 너무 꼿꼿했던 자신의 성격을 때늦게 한탄했을까? 아니면 위대했기 때문에 순교자가 될 수밖에 없었던 그가 이렇게 될 바에야 차라리 나사렛의 평범한 목수로 살았더라면 하고 탄식했을까? 그것을 누가 알까![108]

그의 생각은 충격적인 만큼이나 영향력도 거셌다. 그의 책은 초판이 나오기가 무섭게 불과 석 달 만에 8쇄를 찍었다. 조지 엘리엇(영국의 여류 소설가:역주)은 르네의 책에 대해 다음과 같이 평했다.

인간으로서의 예수의 역사에 대해 우리는 어떤 만족스러운 근거도 갖고 있지 않다. 그러나 이것이 없다고 해서 역사적 영향이나 커다란 상징적 의미로서의 그리스도 사상이 상처를 입는 것은 아니다.[109]

슈바이처는 〈인간 예수를 찾아서〉라는 책에서 르네의 견해에 관해 한 장(章)을 할애하고, 독자로 하여금 "겐네사렛 호수의 풍경의 절정인 푸른 하늘, 황금 물결로 넘실거리는 곡식들, 먼 산들, 그리고 햇살에 반짝이는 수선화를 보게 해 주고, 사각거리는 갈대의 속삭임 사이로 메아리치는 예수의 산상 설교를 듣게 해 준"[110] 르네의 솜씨에 찬사를 보냈다.

### • 비타협적인 복음주의자

휼렛이 사목 활동을 할 당시의 지적 분위기가 이러했다. 신앙과 역사를 분리시키려는 그와 같은 지적 움직임은 오직 하느님의 말씀만을 굳게 믿었던 그와 같은 사람들로서는 무슨 수를 써서라도 쐐기를 박지 않으면 안 될 일이었다.

그는 슈트라우스와 르낭의 시대보다 회의론이 더 판칠 때 복음주의도 덩달아 득세하는 게 아니냐는 비아냥거림에도 아랑곳하지 않았다. 그는 1904년 《영국 국교회보》에 실린 한 편지에서 영국 국교회*의 교구 조직 문제와 관련해 아예 두 파가 딴 살림을 차리는 편이 낫다는 주장에 동조하고 나섰다.

사실 우리 모두가 인정하고 있는 바대로, 정치에 자유당과 노동당의 두 갈래가 있는 것처럼 영국 국교회*에도 두 부류의 그리스도인들이 있다는 사실을 직시하고 조직상으로도 이를 인정해야 할 때가 아닐까요?

그는 '오직 하느님의 말씀만을 좇아 행할 것을 신자에게 가르치는' 교회와 '신자가 스스로의 판단으로 교회의 권위에 도전해서는 안 된다고 노골적으로 경고하는' 교회를 대비시켰다.

그는 한 걸음 더 나아가 자기 교구의 사제가 특정 교파를 옹호하는 데 대해 신자가 못마땅하게 생각할 때는 '비국교도나 무관심층'이 되도록 내버려두느니 다른 교구로 옮겨갈 수 있게 해

줘야 한다고 주장했다.[111]

그의 제안은 호혜의 정신에 입각한 것이기는 하지만, 두 파의 이견들 가운데 도무지 양립할 수 없는 부분이 있다는 판단에 따른 것이었다. 그의 편지에 담긴 속뜻은 지향하는 가치가 다른 사람들과 머리를 맞대고 몸 따로 마음 따로 식의 모임을 갖는 것 자체가 마음에 걸린다는 것인데, 이것이 진정한 복음주의자로 자처한 그의 고백이었다. 그리고 이 때문에 돌을 맞게 되더라도 피하지 않을 요량이었다.

그로부터 2년 뒤, 이 회보를 통해 자신의 이름을 밝히지 않고 스스로 '한 국교도'라고 밝힌 분노한 독자와 치른 설전도 눈길을 끈다. 그 독자는 그가 성모 마리아를 '죽은 여자'로 부른 데 대해 분을 참지 못했다. 그는 '한 국교도'의 반박은 '매우' 이해하기 어렵다고 넘어갔다. 그가 다름 아닌 이 교리를 물고 늘어진 의도는 다른 데 있었다.

나는 성모 마리아가 우리를 도와 주는 데 끼어들 여지가 없다는 것을 말하고자 했던 것입니다.

다시 말하자면 그가 화살을 돌린 쪽은 메시나에서 익히 경험한 바처럼 언어를 함부로 구사하며 국교도들의 비위를 상하게 한 로마 가톨릭 교회였다.[112]

### • 외할아버지 찰스 부스필드

이와 같은 비타협적 복음주의는 그가 성인이 되어 비로소 갖게 된 것이지만, 그의 가문의 내력이기도 했다. 그의 외할아버지 찰스 부스필드는 선교 단체들에 후하게 기부하기로 이름난 인물이었다. 휼렛이 사제를 지망해 신학 공부를 할 때 뒷바라지를 도맡아 해 준 사람도 그였다. '식민지-대륙 교회 협회'(C&CCS)의 1899년 기록에 따르면 그가 이 단체에 기부한 금액은 1만 파운드를 넘었다. 당시로서는 천문학적인 액수였다.[113]

《더 타임즈》는 뒷날 그에 대해 "부유하며, 만년에는 괴짜 기질을 가진 박애주의자였다." 라고 보도했다.[114] 1907년에는 휼렛이 시실리에서 이 협회로 편지를 띄워 메시나에 '선원의 집'을 세우는 데 '검소한 금욕주의자' 였던 고인께서 기부금을 쾌척했음을 알리고 있다. 휼렛 가문에 전해 오는 이야기에 따르면, 그가 세상을 떠날 때 25만 파운드의 채권이 그의 책상 서랍에서 발견되었다.[115]

### • 위클리프 홀 시절

복음주의적 전통이라면 클랩햄(1790~1830년 동안 노예제 철폐를 비롯한 사회 개혁 운동을 활발히 전개한 복음주의 단체:역주)과 케임브리지 대학을 연상하기 마련이다. 그러나 옥스퍼드에서도 복음주의 전통은 무시 못할 세력을 이루고 있었다.[116] 복음주의적 관점을 가진 어느 역사가는 옥스퍼드 대학의 복음주의자들이 동아리를 넘어 하나의 학파를 이루었다고 기록하고 있다.[117]

1807~1871년 사이에 옥스퍼드의 특별 연구원과 개별 지도 교수로 뽑힌 인물들 중에 이름만 대도 알 만한 사람들이 마흔 다섯 명이나 될 뿐만 아니라, 옥스퍼드의 간판격인 특별 설교자로 간택된 인물들도 이 기간 동안 스무 명에 달했다. 1877년에는 케임브리지의 리들리 홀의 자매 홀인 위클리프 홀 재단측이 젊은

복음주의자들의 서품식을 위해 특별히 설계된 신학관을 옥스퍼드 대학에 제공했다. 휼렛은 1886년 모들린을 떠나자마자 위클리프 홀에 적을 두고 1888년까지 학업을 계속했다.

그가 위클리프 홀로 간 것은 신앙 서약의 한 방편이었다. 초기만 해도 위클리프 홀은 모양새를 갖추기도 어려웠다. 1887년의 사진을 보면 학생은 고작 열 명. 그들의 한 켠에 휼렛이 끼어 있다. 옥스퍼드에서는 위클리프 홀에 의심쩍은 눈길을 보냈다. 대부분의 칼리지는 교구 신학교 또는 종전에 다니던 대학의 칼리지에 남아 서품을 받고자 하는 학사 학위자를 선호했다. 이런 마당에 신앙 서약도 좋고 부유한 것도 좋지만 휼렛처럼 위클리프 홀로 옮겨 가 2년간 수학한다는 것은 보기 드문 일이 아닐 수 없었다.

그는 위클리프에서 무엇을 배웠을까? 옥스퍼드의 위대한 성서학자였던 위클리프(영국의 종교 개혁가로, 라틴어 역본인 《불가타》*를 영어로 최초로 완역했다:역주)의 이름을 딴 위클리프 홀은 복음주의자들이 영국 국교회*에 날로 확산되는 합리주의와 의식(儀式)주의, 그리고 고(高) 교회파의 관습에 반발해 세웠다.[118]

초대 학장 로버트 거들스톤이 만든 교과 과정은 무엇보다 학문적으로 옹색하게 치닫기보다 실용성에 초점을 두었다. 성서에 관한 완벽한 지식과 설교를 비롯해 사제의 임무를 수행하는 데 필요한 기술을 사제 지망생들에게 제공하려는 것이었다. 말하자면 복음주의 신학교의 역할을 했던 것이다.

새벽과 저녁의 기도 시간, 강의 시간, 식사 시간이 정해져 있었고, 학생들은 주일 학교 교사나 지역 신도단에서 그와 유사한 활동을 해야 했다. 매주의 학사 일정은 월·수·금요일에 로마서, 텍스트 해석, 성서에 등장하는 하느님의 칭호, 설교 준비와 같은 과목을 공부하면, 화·목·토요일에는 '모세 5경의 신빙성과 그 역사, 율법, 신학적 내용'에 대해 공부하는 식이었다.

그리고 '무관심층과 마음이 달아오른 사람들을 어떻게 다룰 것인가', '런던 청소년들 속으로 들어가 어떻게 교화 사업을 벌일 것인가', '요세푸스의 성서 도해(圖解)' 등과 같은 폭넓은 주제에 관해 저녁마다 자유 토론이 열리곤 했다. 그런데 이들 강좌의 세세한 내용보다 한층 중요한 것은 위클리프 홀의 정신적 요소이다. 거들스톤 학장은 1878년의 위클리프 홀 안내장에서 사제 후보생들의 기대에 대해 이렇게 경각심을 고취했다.

사제 후보생이 자신의 신앙과 학문의 측면에서 확실히 알아두어야 할 사실이 꼭 '하나' 있습니다. 여러분이 알고 있다시피 우리 사회에서 문명이라는 껍질을 벗기고 보면 속물 근성과 감각주의, 미신, 무신론 등의 온갖 해악이 숨어 있습니다. 한편 내 마음도 병들어 있고, 살아 계시는 하느님을 떠나려는 죄악된 생각이 늘 똬리를 틀고 있는 것입니다. 이제 이 모든 죄악을 고치는 치료제는 오직 하나밖에 없다는 사실을 확실히 알아야 합니다. 복음이 그것입니다.… 다른 교리들도 제각기 중요한 면이 있지만, 우리가 이 모든 해악에 맞서는 최전선에 두는 것은 무엇보다도 그리스도의 복음입니다.[119]

이것이 찰스 휼렛의 삶의 교본이요, 죽는 날까지 그가 부둥켜안고 살았던 복음주의이다. 위클리프 홀은 위엄과 평판에서 모들린을 따를 수 없었고, 거들스톤은 워렌과 비교도 되지 않았다. 그러나 위클리프에서 보낸 짧은 시간은 휼렛으로 하여금 모들린 파피루스를 만나고 마침내 예기치 못한 죽음에 이르는 길로 이끈 결정적인 계기였다.


#  이집트 룩소르

### • 영국 제국주의—하느님과 대영 제국의 '신성 동맹'

앞에서 살펴본 대로 고매한 옥스퍼드 대학 고전문학부 출신이 애국적인 일을 찾아 해외로 나간다는 것은 지극히 당연한 일이었다. 하물며 활활 타오르는 소명감을 가슴에 품은 젊은 복음주의자임에야!

당시 옥스퍼드 대학에서는 선교사의 삶을 선택한 복음주의자들을 전송하는 선교사 파송 조찬회가 수백 명의 참석자들로 성황을 이루곤 했다.[120]

1880년에 창립된 '옥스퍼드 캘커타 선교 본부'와 같은 단체들은 '거창한 사업'에 주안점을 두고 활동했다. 반면 휼렛처럼 촉망받는 개별 선교사들은 인도에서 평생을 바쳐 활동한 헨리 왓슨 폭스(1848년 사망), 그리고 옥스퍼드의 유니버시티 칼리지 특별 연구원을 역임하고 라호르(파키스탄 편잡 주의 주도:역주)에서 주교로 활동한 토마스 프렌치(1891년 사망)와 같은 옥스퍼드 출신의 전설적인 복음주의자들을 모범으로 삼았다.[121]

옥스퍼드 대학 출신들의 이러한 낭만성은 대영 제국의 신화와 맞물려 있었다. 1907년 케블 칼리지의 W. 로크 학장은 이렇게 선언했다.

> 대영 제국은 교회가 지켜 마땅한 그리스도교의 표상이다.
> 그러므로 그리스도인들은 대영 제국의 권능이 하느님이 예정
> 해 주신 것임을 가르칠 뿐만 아니라, 대영 제국이 이 권능을
> 발휘할 수 있도록 마땅히 애써야 한다."[122]

휼렛이 여생을 바쳐 운명적으로 헌신한 '식민지-대륙 교회 협
회(C&CCS)'만큼 하느님과 대영 제국 사이의 '신성 동맹'을 명
쾌하게 보여 준 조직도 없다.[123] '식민지 교회 협회'와 '뉴펀들
랜드 학교 협회'가 1851년 하나로 통합되어 창립된 이 조직의
목적은 대영 제국의 자치령과 영연방 공화국, 그리고 그 밖의
지역에 있는 영국인 거주민을 위해 복음주의 사제, 교사, 선교
사를 파송하는 일이었다.

곧 대영 제국의 해외 영토를 복음화한다는 것이었다. 교리 문
답도 단순하고 보수적이었다. 1842년에 만든 이 조직의 신입자
질문서는 '성서는 신앙의 잣대로서 충분한가?'에 관한 견해를
묻는 것이었다. 휼렛의 답변은 충분히 짐작하고도 남을 것이다.

### • 마침내 룩소르로

그는 위클리프 홀을 마친 뒤 1888년 헤러퍼드 성당에서 서품
을 받고 스원지 주의 성 마리아 성당의 보좌 신부로 사목의 길
에 들어섰다. 그리고 서섹스 주 브로드워터 다운의 성 마가 성
당에서 봉직했다. 1908년 메시나의 잔해에서 나온 편지 묶음 가
운데 성 마가 성당의 교구 신부 J. H. 타운센드가 16년 전 써 준

추천장도 있다.

그는 참으로 충직하고 믿음직스럽고 열심입니다. 이 곳에 온 지 불과 얼마 되지도 않아 교구민들의 존경을 한 몸에 받고 있습니다. 그의 주변으로 그와 같이 열심히 일하는 사람들과 젊은이들이 모여 들었습니다. 그는 훌륭한 설교자이며, 설교에서나 방문 활동에서나 사람들에게 말씀을 이해시킬 뿐만 아니라 그들의 마음을 움직이려고 애씁니다.

다시 말해 그는 영국에 눌러앉아 교구 사제로서 큰 성공을 거둘 수도 있었다. 그러나 이 무렵 그의 눈길은 이미 다른 곳을 향하고 있었다. 그는 이집트 룩소르로 가, 1890~1891년 겨울을 룩소르 호텔의 사제로 근무했다.

그리고 1893년부터 1901년까지 이 곳에 계속 남기로 겨울마다 약속을 거듭한다. 그가 룩소르 호텔에서 '식민지-대륙 교회 협회'에 보낸 보고서는 그의 의지가 처음부터 결연했음을 보여 주고 있다.[124]

지난 겨울의 사업에 관한 자세한 보고서는 무엇보다도 제가 접한 사람들의 한결같은 호의에 대한 보고가 될 것입니다.

그는 룩소르 호텔에 겨울을 나는 사제가 있다는 사실이 나일 강 여행객들 사이에 널리 알려지게 되었음을 전하고

그래서 아주 많은 경우 그들이 여행 계획도 여기에 맞추어 일요일에는 나일 강 상류로 올라가는 길에 또는 하류로 내려

오는 길에 룩소르에 들르고 있습니다.

라고 만족해 했다. 이렇게 해서 모인 사람들의 수에 대해서도 흡족해 했다.

들쭉날쭉하기는 하지만 아주 만족스럽습니다.… 한번은 급히 카이로로 가야 할 처지에 있었던 어떤 신사가 '식민지-대륙 교회 협회'의 의식에 참례하기 위해 이틀간의 관광을 포기한 일도 있었습니다.

크리스마스가 되자 그들은 이곳에서 함께 캐럴송을 부르며 크리스마스 예배도 올릴 수 있었다. 갓 부임해 온 사제도 이에 화답해 두 부인이 봉헌한 성찬 상이 도착했음을 신도들에게 알렸다.

### • 룩소르에 눌러앉다

그런데 그는 왜 하필 상부 이집트의 이곳으로 간 것일까? 여기에는 집안간의 유대 관계가 깔려 있었다. 그가 '식민지-대륙 교회 협회'와 재차 공식 약속을 맺기 전인 1891년 7월, 이 젊은 사제의 생각에 관해 좀더 많은 정보를 알고 싶어한 '식민지-대륙 교회 협회'로 토마스 쿡의 아들인 존 메이슨 쿡이 편지를 보냈다.

제 부친께서 사적으로 알고 지내던 옛 친구분의 아들인 휼렛 신부님과 맺은 약속은 한 해만 근무해 주십사 하는 것이었

습니다.… 제 부친께서는 다른 사제가 임명되더라도 먼저 어떤 분인지 알고 싶어 하십니다.[125]

토마스 쿡은 곧 휼렛의 의사를 확인하게 되었고, 그와 휼렛 사이의 약속도 예외적인 것에서 지속적인 것으로 바뀌었다.

이것은 휼렛의 생애에서 결정적인 순간이었다. 그는 당초 오는 여름에는 바레즈와 배드 슈발바흐의 두 곳에서 잠시 사제로 근무하면서 틈을 보아 가족을 만나러 영국에도 가 볼 생각이었다. 그런데 그만 룩소르에 눌러앉아 계속 활동하게 된 것이다.

걸핏하면 건강이 악화되곤 했던 그에게 그 해 겨울의 건조한 더위는 아주 질색이었을 것이다. 그런 그에게 토마스 쿡은 룩소르 호텔에 좋은 안식처를 마련해 주겠노라는 솔깃한 제안을 했다. '의사 선생님'의 처방전까지 들이밀면서.

이 환자에게 이곳은 바깥의 신선한 공기를 마음껏 마실 수 있어 활력을 얻게 해 주고, 풍요로운 이집트의 햇살을 마음껏 쬘 수 있기 때문에 좋은 환경이다. 이 곳에서 생활하면 더 이상 가제 마스크를 착용할 필요도 없고 찜통 같은 실내 피난처도 더이상 필요하지 않다.[126]

약체를 면하지 못한 이집트 기독교회의 현실도 그의 마음을 붙잡았다. 그는 '식민지-대륙 교회 협회'로 보낸 편지에서 이렇게 썼다.

지리멸렬한 콥트 교회*가 스스로 거듭날 수 있도록 도와 주어야 합니다.… 이집트 기독교는 조만간 힘차게 부흥의 기치를 올릴 수 있을 것입니다. 이집트 기독교가 선교 사업에 도리어 장애물이 되고 영광된 예수 그리스도의 이름에 먹칠을 하는 무기력하고 화석화한 교회의 표본으로 매양 머무를 것이 아니라, 다시 한번 일어나 이집트를 평정하여 영원히 이 곳을 지배하는 종교가 될 수 있도록 간구하고 힘써야 할 것입니다.[127]

이와 같은 그의 생각에 대해 꼿꼿한 복음주의 신앙으로 유명했던 토마스 쿡의 가족들이 쌍수를 들고 지지했으리란 것은 짐작할 수 있는 일이다. 그 또한 자신의 후원자였던 토마스 쿡의 '참된 기독교 신앙'에 대해 찬사를 아끼지 않았다.

### • 쿡 사단

룩소르 호텔의 사제가 된다는 것은 토마스 쿡 사단(師團)의 요인, 곧 제국 속의 또 다른 제국의 일원이 되는 것이었다. 1882년 이집트에서 민족주의 봉기가 일어나고 영국이 이를 무력으로 진압해 이집트를 점령한 이래, 이집트는 영국 총영사 크로머 경에 의해 통치되고 있었다.

그러나 많은 사람들은 진짜 권력은 토마스 쿡과 그의 아들 존 쿡이 쥐고 있다고 생각했다. 이집트의 관광 산업과 사회 간접 자본을 일변시키고 나일 강의 증기선을 한 손에 장악한 그들이었으니, 그야말로 비공식적일 뿐 하나의 왕조를 구축한 것과 다를 바 없었다.[128]

이른바 쿡 '파샤' (터키에서 문무 대관의 이름 뒤에 붙인 칭호:역

주)의 성공을 축하하려고 스핑크스가 말문을 열었다는 말까지
나돌 정도였다. 그리고 아스완(나일 강 상류의 도시. 아스완 댐과
아스완 하이 댐으로 유명하다:역주)에는 다음과 같은 내용의 상형
문자 비문이 있었다.

> 상하부 이집트의 왕은
> 태양의 아들 존이다
> 쿡과 그 아들은
> 이집트의 주군이시며
> 남북부 배〔船〕들의 파라오

토착인들은 크로머 정권보다 쿡 사단을 더 신뢰하고 가까이
대했다. 크로머 정권으로서는 고든(중국에서 '태평천국의 난'을 진
압하고, 이집트 원정 중 토민군의 습격을 받아 전사한 영국의 장군:역
주)이 이집트를 원정할 당시 쿡이 18,000명에 달하는 영국군 병
력을 800㎞ 이상 수송해 준 일이 아니더라도 쿡 사단에 손을 벌
일 일이 많았다. 잡지 《배니티 페어(Vanity Fair)》는 1889년 토
마스 쿡에 관해 이렇게 썼다.

> 나일 강 상류로 더 올라가 룩소르에 접근하면 할수록 영국
> 의 지배력도 더욱 공고해진다. 그의 은덕으로 최고급 호텔이
> 들어선 이곳 룩소르에서 그는 단연 현대판 아몬 신이다.

이렇게 해서 휼렛은 허름한 흙벽돌 예배당의 사제일 뿐만 아
니라 화려한 궁정의 일원이 되었다. 이 화려한 건물은 그에게

낯설 것도 없었지만, 흙벽돌 예배당에는 1898년 당시만 해도 전기불조차 들어오지 않았다.

그의 사목 대상은 부유한 여행객들이었다. 그들 중에는 건강을 위해 룩소르 호텔에 와 며칠씩 묵는 사람들도 있었고, 증기선이나 여객선을 타고 나일강을 유람하며 하류로 내려가는 사람들도 있었다. 1849년 플로렌스 나이팅게일이 '섬뜩하다'고 묘사했던 그곳, 유령이 튀어나올 듯한 토담집들만 옹기종기 모여 있었던 이 마을도 어느덧 겨울 별장으로 변모했다.

룩소르 호텔 로비에 걸린 휼렛의 장식 액자 곁에 청동으로 뜬 초상이 나란히 걸려 있다. 그 주인공은 쿡의 대리인이었던 앨버트 퍼디낸드 패그넌이다. 룩소르 호텔을 부자들을 위한 고급 요양소, 즉 당구장과 테니스장, 곳곳의 정원, 흡연실, 그리고 미용실까지 두루 갖추고 야자수와 아카시아 나무가 즐비한 문명의 오아시스로 만든 장본인이다.

손님들 중에는 나일 강 상류의 건조한 공기를 피해 요양을 하러 온 폐병 환자들이 많았다. 하릴없이 쾌락을 찾아온 사람들도 있었다. 저널리스트였던 찰스 A. 쿠퍼는 〈스코틀랜드 사람〉에서 이곳의 매력을 다음과 같이 잔뜩 부풀려 말하고 있다.

룩소르의 낮은 즐겁고, 룩소르 호텔에서 보낸 밤은 숙면 그 자체였다.… 모든 것이 깔끔하고 신선하고 기분을 돋구어 주었다.

창문과 방문을 열면 찾아드는 은은한 미모사 꽃 향기. 귓불을 두드리는 즐거운 새 소리. 낮이면 햇살로 황금빛이 되고 밤이면 달빛으로 은빛이 되는 대기. 한낮의 뜨거운 햇살로부터

얼굴을 가려 주는 늘씬한 야자수.… 정녕 룩소르 호텔은 환희
로운 곳이었다.[129]


룩소르 호텔에서의 생활은 실로 고립된 생활이 아니라 국제
적인 생활이었다. 1898년만 해도 이집트를 찾은 사람이 무려 5
만 명에 달했다. 당시 영국 언론은 카이로를 '런던의 교외'라고
불렀는데, 룩소르도 그와 다를 바 없었으니 휼렛에게는 마음이
통하는 친구가 궁하지도 않았을 것이다.


### • 인술을 펴다

분명 '쿡 제국'의 부자(父子)도 이 젊은 사제와 죽이 맞았던
것 같다. 발길이 닿을 수 있는 곳이면 어디서나 토착민들에게
의술을 베푼 유럽인의 전통에 따라, 룩소르 호텔의 이방인 휼렛
도 비공식적으로나마 손이 닿는 대로 가난한 마을 사람들에게
의술을 베풀었다.

이윽고 1887년 존 쿡은 토착민을 위한 병원 건립 기금을 모으
기 시작했다. 이 병원은 1891년 정월 이집트의 성대한 기념식과
더불어 개원했다. 커디브(터키 정부가 이집트 총독들에게 내린 칭
호:역주) 튜피크 파샤가 개원을 알리는 연설을 했다.

휼렛은 커디브의 연설에 크게 감동했다. 왜냐하면 커디브가
"누세에 남아 미스터 쿡과 영어권의 나일 강 여행자들의 선의를
전해 줄 이 소박한 건물을 과거 이교도 시절 야심찬 군주들이
남겨놓은 주변의 거대 유적들과 확연히 비교했기" 때문이었
다.[130] 휼렛은 이 병원 일에 지속적으로 깊이 관여했다. 1898년까
지 이 병원이 치료한 환자는 연 32,000명에 달했다.

그의 명성이 자자했던 까닭에 그가 세상을 떠난 뒤 '룩소르 병원위원회'는 그의 이름을 딴 병동을 세울 것을 청원하기도 했다.[131] 이 병원은 지금도 룩소르 호텔에서 도보로 불과 몇 분의 거리에 있다. 그러나 오늘날 그곳에서 휼렛이라는 이름은 한갓 잊혀진 이름일 뿐이다.

##  모들린 파피루스를 발견하다

### • '이집트학의 아버지' 샹폴리옹과 그 후예들

찰스 휼렛이 룩소르에서 보람 있는 생활을 했다는 것은 분명한 사실이다. 그러나 룩소르에서 사제로 일한다는 것은 비단 하느님과 이웃에게 봉사하는 기회만을 의미하는 것이 아니었다. 당시 이집트에 있다는 것은 학문적으로 역사를 재발견할 수 있는 절호의 기회였기 때문이다. 일찍이 1809~1822년에 간행된 아홉 권에 달하는 나폴레옹의 〈이집트기(記)〉는 이집트 고대 유적의 웅대함을 다시 일깨우면서 '이집트학(學)'의 고동을 울렸다. 그로부터 한 세기에 걸쳐 '이집트학'의 터닦기가 본격 진행되었다.

1822년 장 프랑수아 샹폴리옹(프랑스의 언어학자, 역사가. '로제타석'을 해독하는 데 성공함으로써 이집트 상형 문자 해독의 길을 열었다.:역주)은 이집트의 유적의 벽을 가득 메운 고대 상형 문자를 해독해 냄으로써 이집트학의 문을 열었다.

그리고 '이집트 유적 · 유물 조사단'의 설립자 오귀스트 마리에트와 그의 후임자 가스통 마스페로를 위시한 탁월한 고고학자들이 그의 뒤를 이었다. 그들은 룩소르의 아몬 신전, 기자의 피라미드들, 멤피스의 세라페움, 데이르 알 바리의 무덤들을 찾아 숨 돌릴 겨를도 없이 발굴하고 조사했다.

1890년 휼렛이 이집트에 도착했을 때 대형 발굴 사업이 진행되고 있었다. 룩소르의 아몬 신전은 5년째, 그리고 카르낙에서는 그보다 더 오래되었다. '식민지-대륙 교회 협회'로 보낸 한 보고서에서 그가 복음주의자답게 "세계에서 가장 웅대한 유적이라는 카르낙 신전의 벽에 적힌 기록을 보면 성서에 기록된 시삭의 유다 침공이 사실임을 알 수 있습니다."라고 머리를 끄덕이는 대목이 눈길을 끈다.

또 룩소르의 아몬 신전은 "어디에 내놓아도 손색이 없으리만치 장엄한" 것이어서, "이 이방인의 유적들 속에 그 옛날 그리스도인들이 이것을 주 예수 그리스도에게 봉헌한 흔적들이 있다는 데 매료되었습니다."[132]라고 적고 있다.

### • 쏟아져 나온 고대 파피루스들

그러나 근동(近東) 지역에서 열심히 발굴되고 연구된 것은 비단 건축물들만이 아니었다. 고대 파피루스가 속속 발견되었다. 초기 기독교 문서들이 많았다. 일찍이 1844년 5월 독일 언어학자 콘스탄틴 폰 티셴도르프는 시나이 반도 남단 시나이 산의 성 캐서린 수도원에서 4세기의 구약·신약 성서인 '시나이 사본'* 을 발견했다.

그는 그것을 발견한 순간 "시대적으로나 중요성으로나 내가 이 주제에 매달려 지난 20년 동안 찾아낸 그 어떤 문서도 따라올 수 없는 현존하는 가장 귀중한 성서 유물"[133]임을 간파했다. 시나이 사본은 고급 가죽 종이에 기록되어 있었다. 양과 염소 360마리 분량이 될 성싶었다. 오랜 세월 동안 이집트의 건조한 기후로 자연 보존이 된 무수한 파피루스 조각의 상태에 비하면 시나이 사본의 상태는 한참 양반이었다.

토착민들은 파피루스의 줄기를 횡단면으로 가르면 모양이 피라미드를 닮고 잎자루는 태양 광선을 닮았다고 해서 신성시했다. 그러나 이집트를 찾아온 학자들에게 고대 파피루스는 역사적 자료로서 소중했을 따름이다.

이미 언급한 바처럼 로마의 학자 플리니가 "무릇 인간 문명의 생사와 보존은 파피루스로 두루마리를 만들어 쓰는 데 달려 있다"고 믿었듯이, 파피루스에는 예수의 말씀으로부터 세탁물 목록, 영수증에 이르기까지 온갖 정보가 기록되어 있었다. 그 중에는 프랑스의 이집트 학자 아킬레 프리세 다벤느가 구르나 지방 사람에게서 구입해 모국 프랑스에 기증한 프리세 파피루스(기원전 2,000년경)와 같이 상당히 긴 것도 있었다. 그러나 대부분은 너무 작은 조각들이어서 후세 사람들의 골머리를 아프게 했다.[134]

물론 이것들도 우수리로 용케 살아 남았을 뿐이었다. 예컨대 1770년대에는 토착민들이 기자에서 발견된 파피루스를 불태우기까지 했다. 단지 그 향기가 좋아서였다. 그러나 훌렛이 이집트로 건너갈 즈음에는 사정이 크게 달랐다. 파피루스에 학문적 관심이 집중되어 있었다.

1877년에는 파이윰(이집트 북부의 나일 강 서쪽 도시:역주)에서

비잔틴 고문서 보관소들이 발견되었고, 하와라에서는 영국의 위
대한 이집트학자 플린더즈 페트리가 중요 파피루스들을 찾아내
는 개가를 거두었다. 그리고 1895년 중요한 전기를 맞았다. '이
집트 발굴 기금'이 그리스-로마 시대까지 조사 대상에 포함시키
기로 결정한 것이다. '이집트 발굴 기금'은 버나드 그렌펠의 파
피루스 발굴 작업을 지원하기 위해 기금을 내놓았다.


### • 옥시링커스 파피루스

그렌펠은 옥스퍼드 동문인 친구 아서 헌트와 함께 파피루스
학*의 역사에 빛나는 업적을 쌓았다. 카이로 남방 190㎞ 지점의
헬레니즘* 시기의 고대 취락 옥시링커스*에서 발견한 파피루스
들이 그 압권이다. 그들은 이 마을의 잡동사니 더미를 저인망식
으로 훑어나갔다.

그 와중에 사포(기원전 600년경의 여류 시인. 처녀들에게 보내는
그녀의 빼어난 사랑의 시들이 오늘날까지 남아 있다. 여성의 동성애를
일컫는 '사피즘'·'레즈비언'은 그녀의 이름과 그녀가 태어난 그리스
의 레스포스에서 유래한 말이다:역주)의 시, 그리고 말로만 전해 오
던 소포클레스(그리스 비극을 창시한 비극 작가. 아버지를 죽이고 어
머니를 아내로 맞은 테베의 왕 오이디푸스와 그의 딸 안티고네의 비극
을 형상화했다:역주)의 한 희곡 작품 구절이 기록된 파피루스가
튀어나왔다.

그리던 어느날, 잡동사니를 뒤적거리던 헌트의 눈길이 '물기
없는 작은 줄기' 또는 '잔가지'를 일컫는 희랍어 단어 '카르포
스(karphos)'에 멈췄다. 예수의 말씀에 여섯 번 나오는 단어였
다. 예수의 '말씀' 일곱 토막이 기록된 파피루스였다. 이 조각은

즉시 티센도르프가 발견한 시나이 사본보다 약 1세기 전의 것으로, 정전*에 포함되지 못한 복음서 텍스트로 감정되었다. 역사적인 발견이었다. "다른 사람의 말이라면 나는 곧이 듣지 않았을 것이다. 그러나 헌트라는 사람은 성서를 잘 안다."[135] 그렌펠의 말이다.

이로부터 얼마 지나지 않아 헌트는 휼렛의 삶에 우연히, 그리고 깊이 개입한다. 두 사람이 서로 알고 지낸 사이라는 증거는 없다. 그러나 세상을 놀라게 한 그들의 발견에 대해 휼렛이 어떤 반응을 보였는지는 그의 삶에 관한 자료가 턱없이 부족하기 때문에 알 길이 없지만, 그가 이러한 사실조차 모르고 있었거나 알고는 있었어도 관심 밖이었다고 보기란 어렵다. 왜냐하면 룩소르 시절 그가 저명한 이집트학자이자 문헌학자였던 아치벌드 헨리 세이스와 절친하게 지냈기 때문이다.

### • 세이스와 휼렛

세이스(1845~1933년)는 옥스퍼드라는 창공의 '떠오르는 별'이었다. 그는 약관 25세에 퀸즈 칼리지의 특별 연구원이 되었다. 그리고 불과 30세에 내노라 하는 고대 비문(碑文) 전문가로 발돋움했다. 그러나 1890년, 그는 옥스퍼드의 자리를 박차고 이집트로 떠났다. 건강이 좋지 않았던 차에 지적 순례의 호기심이 발동했던 것이다.

그는 19명에 이르는 승무원과 2,000권 규모의 서재가 딸린 대형 선박 '이스타' 호를 타고 오랜 세월 동안 나일 강을 오르내리며 이집트를 답사했다. 영국에서와 마찬가지로 그는 플린더즈 페트리와 긴밀한 관계를 유지하면서 희랍어 파피루스를 연구했

다. 그는 이 때가 자신에게는 이른바 고전의 재발견과 해석의 르네상스기였노라고 회고했다.[136]

그의 자서전에 따르면 그는 룩소르를 제법 들락날락했고, 휼렛을 만나기 위해 여름에 바레즈로 빙 둘러간 이야기가 적어도 두 번 나온다. 휼렛은 세이스가 자신의 '오랜 친구'이며 자기가 쓴 책들을 재인쇄해 메시나의 영국 동포들에게 보급하는 데 '소매를 걷어 부치고' 무료 봉사를 해 주었다고 훗날 적고 있다.

휼렛이 세상을 떠난 뒤 모들린의 워렌이 휼렛을 그리워하며 적어 보낸 편지를 받은 사람도 세이스였고, 현재 룩소르 호텔의 로비에 걸려 있는 휼렛 기념 청동 명판을 제작하기 위해《더 타임즈》에 제안서를 싣고 기금 마련에 앞장선 사람도 바로 세이스였다.

'파피루스학*'의 가능성을 집요하게 모색한 세이스가 이집트에 나타났으니, 휼렛이 그와 일정 부분 공감대를 가졌음직하다. 1896년 세이스는 이렇게 썼다.

> 귀중한 파피루스들이 이미 많이 파괴되었다. 그러나 고고학적 차원에서 볼 때 이집트라는 땅 자체가 무진장한 자원이다. 이《70인역》*의 땅, 알렉산드리아 학파*의 땅, 그리고 그 뒤로 격정적인 신학이 꽃피운 이 땅에서 기독교 신앙의 초기 역사를 밝혀 줄 파피루스들이 반드시 나올 것이다.[137]

휼렛이 모들린 파피루스를 모교로 보낸 것은 이로부터 5년 뒤의 일이다. 세이스는 모들린 파피루스에 대해 어떻게 생각했을까? '이스타' 호의 서재에서 함께 차를 마시며 이 파피루스에 대해 그가 손아래 친구 휼렛에게 들려준 말은 무엇일까? 매우 궁금한 대목이다.

그러나 불행하게도 옥스퍼드 대학의 보들리 도서관에 있는 세이스의 글들 중에 모들린 파피루스에 관해서든 다른 문제에 관해서든 두 사람 사이에 오간 편지는 하나도 없다. 그러나 새로이 부상한 파피루스학*에 대해 휼렛이 아마추어적 관심의 끈을 놓지 않았다고 볼 수 있지 않을까? 비록 그의 꽁무니를 좇아가기 급급했을지라도.

### • 유일한 기록

이집트 시절, 어느 해엔가 휼렛은 세 조각의 파피루스를 만났다. 그는 이것을 소중한 것으로 판단해 다음 근무지인 메시나로 떠나기 전에 모친을 통해 이것을 모들린 칼리지로 보내리라 마음먹었다. 그리고 그의 모친은 아들의 간단한 메모와 함께 이것을 모들린으로 보냈다. 그런데 현재 그 메모는 온데간데 없이 사라졌다.

모들린의 문서 수발부에 따르면 때는 1901년 10월. 두 달 뒤 휼렛은 모들린의 사서 H. A. 윌슨에게 편지를 띄웠다. 소포가 도착했는지 확인하기 위해서였다.

그는 이 편지에서 최근 룩소르에서 도굴꾼들이 한 무덤을 파헤쳐 미라와 파피루스를 도굴해 간 사건이 일어났다고 전하면서 개탄해마지 않았다. 지금 세상에서 사람들의 입에 가장 많이 오르내리는 신약 성서 파피루스에 관한 기록이라고는 이 한 통의 편지밖에 없다.

## • 불법 거래가 판 친 고대 유물 시장

그는 이 파피루스를 어디서 용케 구했을까? 당시 골동품 시장의 규모는 엄청났다. 불법 거래가 횡행했다. '이집트 유적·유물 조사단'의 도굴품 단속 활동도 맥을 추지 못했다. 1895년 헨리 스탠리(영국의 탐험가, 군인, 여행가, 언론인. 노예 무역에 반대한 선교사, 탐험가인 리빙스턴이 아프리카에서 실종되자 그를 찾아 아프리카 오지로 들어가 1871년 오늘날 탄자니아의 탕가니카 호수에서 그를 만난 것으로 유명하다:역주)는 이집트 룩소르에서 불법 거래가 판을 치고 가짜 미라와 유물들이 무더기로 나돌아다닌다고 폭로하고, 이에 분개했다.

오호라. 테베는 이제 한갓 기념품 판매장으로 전락하고 말았다.… 어떤 사람은 남자 머리 세 개, 여자 머리와 아이 머리 한 개, 어른과 아이의 손 여섯 개, 발 열두 개, 통통한 애기 발 한 개, 그리고 발가락이 하나 없는 발 한 개, 귀 두 개, 그리고 잘 보존된 조각난 얼굴 한 개, 아이비스(따오기류의 일종으로, 고대 이집트인이 신의 사자로서 신성시한 새:역주) 미라 두 개, 개〔犬〕 미라 한 개를 샀다.[138]

이렇듯 해괴망측하고 섬뜩하기까지 한 골동품 시장의 행태가 그의 취향에 어울릴 리 만무하였으리라. 스탠리가 든 예는 진품, 가짜를 가릴 것 없이 고대 유물을 손에 넣기가 식은 죽 먹기였던 당시 사정을 피부로 느끼게 한다. 도굴품들이 이집트의 골동품 가게, 시장으로 마구 쏟아져 나왔다.

파피루스들도 마구 굴러다녔다. 토착민들은 희랍어 파피루스보다 콥트어, 상형 문자로 된 파피루스들을 높이 쳤다. 세이스도 이집트의 골동품 시장이 대단히 번창했다고 회고한다.[139]

휼렛은 모들린 파피루스를 어떻게 구했을까? 그가 이것을 시장에서 구했다면 도굴품일 수 있다. 그러나 그의 양심의 문제를 떠나 당시의 골동품 시장에서 도굴품 여부를 분별하기란 어려웠다. 그리고 자신을 따른 사람들이나 룩소르 호텔에 드나든 지인들에게서 이것을 선물로 받았다면 도굴품 여부는 더욱 알 수 없었을 것이다.

### • 모들린에 기증하다

그는 거의 본능적으로 이 파피루스를 어딘가 안전한 곳으로 보내야겠다고 작심했고, 그곳으로 모들린을 꼽았다. 도굴꾼과 골동품 상인, 관광객이 들끓는 룩소르보다는 모들린이 나을 터였다. 사람의 손을 탈 염려도, 파괴될 위험도 없으니까.

그러나 모들린의 반응이 가관이었다. 학문적으로 진지하게 관심을 기울이기는커녕 마냥 썩혀 두었던 것이다. 두 달 뒤인 1901년 12월 그가 모들린의 사서에게 편지를 띄운 사실로 미루어 모들린은 두 달 전에 이 파피루스가 도착한 것도 모르고 있었다..이 편지를 통해 약 3세기의 것이라는 휼렛의 감정을 접하고서야 비로소 모들린은 헌트에게 이 파피루스에 대한 연대 감정을 의뢰했다. 마침 모들린 칼리지의 수석 급비생(給費生)이었던 헌트가 특별연구원으로 초빙되어 링컨 대학으로 가기 전이었다. 헌트는 휼렛이 연대를 너무 이르게 잡았다고 생각했다. 그리고 "4세기의 것일 가능성이 크다."고 감정했다.[140]

헌트에게서 연대 감정을 받은 모들린 파피루스는 모들린 고

(古) 도서관 전시실로 옮겨졌다. 수도원 건물들에 둘러싸인 고도서관은 고색창연했다. 가파른 계단 때문에 사람들의 발길이 뜸했다. 모들린 시절을 회고하며 '내 평생 가장 빈둥거린 아까운 세월이었다'고 깎아내린 역사가 기번이 책과 씨름한 곳도, 오늘날 모들린 칼리지의 특별 연구원들이 연구와 사색에 몰두하기 위해 번잡함을 피해 찾아오는 곳도 여기이다. 이를테면 모들린 칼리지의 '거룩한 곳'.

그러나 이 파피루스는 '거룩한 것'으로 대접받지 못하고 〈윈더미어 부인의 부채〉의 교정 원고, 헨리에타 마리아의 초상화, 기타 사료들 사이에 한 자리를 얻었다. 그리고 '모들린 사람'들의 눈길도 제대로 끌지 못했다.

헌트의 연대는 제2차 세계대전이 끝날 때까지 정설로 받아들여져 논란거리로 부상하지 않았다. 그동안 그는 학문의 보금자리를 찾아 링컨 대학으로 떠났고, 그의 친구 그렌펠은 20세기 파피루스학*의 메카인 퀸즈 칼리지로 복귀했다.

1953년, 콜린 로버츠는 모들린 파피루스의 연대를 2세기 후반으로 재평가했다. 그리고 '성 누가 복음 재단'의 바르셀로나의 파피루스와 관계가 있다는 견해를 제시했다.[141] 그의 감정도 40여 년간 정설로 받아들여졌다. 그러나 1995년, 모들린 파피루스의 운명이 바뀐다. 카르스텐 티데에 의해 그 연대가 재평가된 것이다. 이 때, 모들린 칼리지의 특별연구원들조차 이 파피루스의 존재를 거의 모르고 있었다.

# 메시나에서 맞은 비극

## • 메시나에서 펼친 선교사 기질

모들린 파피루스를 발견한 뒤 흘렛은 예기치 못한 비극으로 생을 마감한다. '식민지-대륙 교회 협회'가 그에게 제안한 시실리 섬 메시나의 사제직은 누구에게나 마음에 영 내키지 않는 자리였으리라.

에트나 산(시실리 섬 동북부의 지중해에서 가장 높은 화산:역주)과 64㎞ 거리, 그리고 메시나 해협을 사이에 두고 이탈리아 본토의 레지오 디 칼라브리아와 마주하고 있는 메시나는 지중해에서 손꼽을 정도로 붐비는 항구 도시로 범죄와 질병, 무질서가 판쳤다. 누군들 고개를 절레절레 흔들지 않았을까. 오죽하면 1895년 메시나 주재 영국 영사가 이 곳을 일컬어 '선원의 발길이 닿는 곳에서 이보다 험한 곳은 없다'고 했을까.

그럼에도 불구하고 흘렛은 이 험한 메시나 사제직을 달게 받아들였던 것 같다. 이 곳의 정신적 빈곤이라는 현실이 그의 선교사 근성에 불을 질렀다.

'식민지-대륙 교회 협회'로 보내는 긴급 공문이 잦아지고 내용도 점점 활기를 띄었다. 1902년 그는 협회에 다음과 같이 보고했다.

음란이 판치고 심령술*이 횡행하고 있습니다. 심령술*은 악령 숭배 수준에 이르렀습니다.… 버렛 홉킨즈와 같은 영어식 이름을 가진 가정들이 있습니다. 그러나 영어는 할 줄 모릅니다.[142]

그의 선교 사업의 중심 무대는 '선원의 집'과 커다란 창고 건물 1층에 자리잡은 국교회였다. 당시 지브롤터 주교의 말에 따르면 이 국교회는 "130명의 영국계로 구성된, 이 식민지(시실리 섬을 가리킨다:역주)의 핵심"이었다.[143]

룩소르에서는 판박이 같은 생활의 연속이었다. 그러나 이곳은 달랐다. 선교 사업을 꾸려나가기 고달픈 나날이었다. 가정 불화를 해결해 주지 않으면 죽어버리겠다고 협박하는 막무가내의 부인을 응접실에서 달래기도 했고,[144] 시실리 사람에게 난자 당해 병원으로 실려간 선원을 찾아 급히 달려가기도 했다.

그러나 그는 선원들을 설득해 집회에 참석하게 하고, 아이들에게 성서 이야기를 들려 주고, 술주정뱅이 아버지의 건망증 때문에 14살이 될 때까지 세례를 받지 못한 사내 아이에게 세례를 주는 등의 작은 결실을 하나씩 둘씩 쌓으며 고난을 헤쳐나갔다.

또 레지오 디 칼라브리아의 가톨릭 신자들을 국교회로 개종시키는 일도 나서서 챙겼다. 그곳의 몇 안 되는 신자들을 신앙적으로 추스릴 뿐만 아니라 경제적으로도 도와 주었다.

### • 지진이 터지고

고달픈 나날을 보낸 메시나 시절, 휼렛에게 위안을 준 인물들 중에서 빼놓을 수 없는 사람이 있었다. 휼렛의 상급자로 유럽 지역의 사제들을 감독한 지브롤터 주교 월리엄 콜린즈(1867~1911년)이다. 고전문학부 출신에다 신체가 허약하다는 점에서 휼렛과 닮은 그는 약관 26살에 교회사 교수가 된 인물로, 지브롤터 주교가 된 뒤 유럽 지역 곳곳을 부지런히 순회하다 휼렛과 가까운 사이가 되었다. 그는 휼렛을 아꼈다. 그는 휼렛을 "참으로 지칠 줄 모르는 활동가요 너른 마음씨와 인내심을 가진, 사제 그릇을 타고난 사람"이라고 평가했다.[145]

1908년 12월 20일. 그는 메시나에 들러 강론했다. 해가 바뀌기 전에 돌아갈 요량이었다. 이로부터 8일 후, 지진이 메시나를 강타했다. 도시는 한 순간에 폐허로 바뀌었고, 수천 명이 몰살했다.[146]

지진이 터졌을 때 그는 몰타 섬(시실리 남쪽의 섬으로 당시 영국의 식민지였다:역주)에 가 있었다. 그는 영국 군함 미네르바 호를 타고 시실리 섬으로 급히 돌아왔다. 12월 30일 이른 아침, 메시나 땅에 발을 내려놓은 그는 눈 앞에 펼쳐진 참혹한 광경에 몸서리쳤다.

거리는 온통 허물어진 집채 덩어리로 뒤덮여 제대로 걸어갈 수도 없었다. 옛 모습은 온데간데 없었다. 이렇게 완전히 잿더미로 변할 수 있다는 것이 도저히 믿기질 않았다. 정녕 죽은 자들의 도시였다.… 살아남은 사람들은 손 닿은 대로 아무 거나 주워 몸에 걸치고 공포에 질린 눈망울을 한 채 정처없이 방황하고 있었다. 굶주림과 갈증에 허덕이면서.[147]

구사일생으로 살아난 한 생존자는 이 때의 공포를 〈신곡(神曲)〉의 '지옥편'에 비유했다. 콜린즈는 악전 고투를 거듭하며 종전에 예배당이 있었던 곳으로 갔다. 그리고 미친 듯 잔해를 파헤쳤다. 휼렛의 사제복, 그리고 펼쳐진 크리스마스 캐럴송 책들이 나왔다. 그는 비아 토렌테 트라파니로 달려갔다. 휼렛이 여덟 식솔을 거느리고 살고 있었던 그 곳의 큰 집도 폭삭 내려

앉아 있었다.

그들의 운명에 대해 사람들의 말이 엇갈렸다. 1909년 정월 초하루 《더 타임즈》는 휼렛 씨의 가족이 구조되었다고 보도했다. 그러나 5일 뒤 정정 보도를 내야 했다.

휼렛 씨와 그의 부인, 아이들이 밑에 깔려 있음이 틀림없다고 판단한 구조대원들은 필사적으로 건물 잔해를 파헤쳤다. 한 사람의 신음소리가 어렴풋이 들렸다. 구조 작업은 난항을 거듭했다. 저녁이 되자 설상가상으로 여진(餘震)의 충격이 더해져 이웃 건물까지 무너질지 모를 처지에 이르러 구조 작업은 더 곤란을 겪었다. 결국 휼렛 씨와 아이 하나가 침대에 누운 채로 발견되었다. 압사했지만 얼굴은 알아볼 수 있었다. 즉사였다.

이듬해 1월 12일 콜린즈는 휼렛의 맏아들 찰스 퍼시와 그들과 함께 살았던 영국인 커비 부인을 땅에 묻고, 2월 3일에는 휼렛 부부의 시신을 타오르미나에 안치했다. 사제로서 너무나 견디기 어려운 고통이요 시련이었다. 그는 신앙에서 위안을 찾았다. 그는 북받치는 슬픔을 머금고 말했다.

진리를 향해 가는 사람은 죽음의 고통을 두려워하지 않으며, 죽음의 고통을 함께 함으로써 영원한 생명을 얻습니다.[148]

많은 사람들이 찰스 부스필드 휼렛의 죽음을 애도했다. '식민지-대륙 교회 협회'는 "앞서 떠나간 우리의 벗에게 보내는 찬사가 답지했는데 이 중에는 생각지도 못한 지역에서 온 것들도 있다."고 전했다. 세이스와 쿡 부자(父子)는 휼렛을 기리는 청동 명판 제작을 위한 기금을 조성하자고 제안했고, 《옥스퍼드 매거진》은 "진정한 학자이며 자상하고 헌신적인 인물이었다."고 그를 추모했다.[149] 이어 샬퍼드의 성 마리아 교회는 '믿음으로 산 사람'이라는 서두의 기념 액자를 제작해 그의 가족을 기렸다.

학문과 하느님에 대한 봉사를 좇아 이역만리로 떠난 한 순례자는 이렇게 생을 마감했다. 그를 러더퍼드와 워렌, 쿡, 세이스, 콜린즈의 그늘에서 살다 간 평범한 인물로 봐넘기는 사람도 있을 테지만, 중요한 것은 그가 삶의 길목에서 만난 모들린 파피루스라는 보물이다. 그와 같은 복음주의자에게 성배(聖杯)나 가시 면류관보다 소중했을 이 보물은, '예수를 본 목격자들'이 신약 성서를 썼고 따라서 르낭과 슈트라우스의 이른바 '케케묵은 오류'가 도리어 오류였음을 밝혀 줄 물증이었다. 그러나 그는 생전에 그 때를 보지 못했다. 모들린 파피루스와 그에게 손짓한 것은 약 100년간의 고독뿐이었으므로.

# 제5장
# 모들린 파피루스의 연대 감정법

이 연대를 받아들이면 복음서의 기원과 우리가 알고 있는 초기
기독교의 모습은 혁명적으로 바뀐다.

—그래엄 스탠턴, 〈복음서는 진실인가?〉(1995년)

파피루스학의 네메시스(교만한 자를 벌주는 희랍 신화의 복수의 여신:
역주)는 고대의 물증을 부당하게 배척하는 사람들을 기다린다.

—E. G. 터너, 〈희랍어 파피루스 입문〉(1968년)

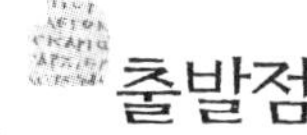 출발점

### • 어디서 시작할 것인가?

저명한 파피루스 학자 헤르베르트 유티는 "이 텍스트는 물론
어느 텍스트든 더 손볼 여지가 있게 마련이란 사실을 인정하지
않는 사람은 정말 간 큰 사람이다."라고 말했다. 통찰력이 번득
이는 말이다. 전문가들조차 이 말의 핵심을 읽어내지 못하는 것
은 그의 글이 특별 강연집에 발표되었기 때문일까.[150]

어떻든 이미 살펴본 것처럼 이렇게 '간 큰' 파피루스 학자들
이 더러 있었다. 그러나 간이 커서가 아니더라도 현존하는 텍스
트와 편집본들을 더 손본다는 것은 마냥 달가운 일만은 아니다.

베를린 대학 소장품만 하더라도 시급히 감정하고 편집해야 할 것이 수천 가지나 되니, 다음 한두 세대의 파피루스 학자들까지 다 달라붙어도 벅찰 양이다. 이런 마당에 50년 전에 편집된 텍스트를 다시 구석구석 손보는 게 무슨 매력이 있겠는가? 그러나 모들린 파피루스만큼은 그렇지 않다.

현재 전세계에 흩어져 있는 박물관과 도서관에 소장된 신약 성서 파피루스는 약 100개이다. 그 중에는 19세기에 발견되어 편집된 것도 있고, 불과 몇 해 전에 발견되어 편집된 것도 있다. 편집될 날을 손꼽아 기다리고 있는 것들도 있다. 그 밖에 신약 성서 파피루스인지 아닌지를 두고 뜨겁게 논란이 오가는 것도 있다. 신약 성서 파피루스 중에서 가장 오래된 것은 단연 복음서와 바울 서신 파피루스들이다.

신약 성서 파피루스는 소중한 기독교 문서임은 물론 인류의 유산인 만큼 면밀한 연구가 필요하다. 그리고 이를 위해서는 파피루스학*과 역사학의 분석 방법을 잘 활용해야 한다. 파피루스학*의 방법은 한갓 탁상 공론이 아니라 새로운 시각과 분석 방법의 도입, 최신형 현미경의 활용 등으로 진보를 거듭해 왔다. 그러므로 "50년, 100년 전의 분석이 과연 지금도 유효한가?"라는 문제 제기가 언제나 가능하다.

### • '파피루스 비밀 보관소' 옥시링커스

휼렛은 이집트 룩소르에서 입수한 모들린 파피루스를 모교로 보낼 때 그 텍스트가 마태 복음이란 것을 알고 있었다. 또 그 연대도 어렴풋이 가늠했지만, 학문적인 평가는 옥스퍼드의 전문가들에게 맡겼다. 앞 장에서 살펴본 바처럼 당시 옥스퍼드에는

'모들린 사람'인 아서 헌트와 퀸즈 칼리지의 특별 연구원 버나드 그렌펠이라는 걸출한 두 파피루스 학자가 있었다. 앞서 언급한 대로 그들이 상부 이집트의 고대 취락 옥시링커스*에서 발견된 옥시링커스* 파피루스의 편집에 매달리기 시작한 때가 1898년이었다. 우선 양부터 엄청났다. 그 때로부터 거의 100년이 지난 오늘날까지도 희랍어, 라틴어, 콥트어 등으로 기록된 이 파피루스의 편집이 종료되지 못하고 있는 형편이다.

옥시링커스* 파피루스는 그 양과 종류만으로도 파피루스학*에 형언할 수 없으리만치 커다란 영향을 끼쳤다. 사상 최초로 발견된 '파피루스 비밀 보관소'에서 편지, 땅문서, 계약서, 신청서, 시, 희곡, 신약 성서 등의 텍스트가 무더기로 쏟아져 나왔다. 그 연대도 서로 앞서거니 뒤서거니 해서 연대 비교가 가능했을 뿐만 아니라, 그리스 식민지였던 저 헬레니즘* 시대로부터 지방 수도를 거쳐 주교 관구로까지 승격되었던 로마 시대까지의 이 곳의 문화사가 고스란히 보존되어 있었다.

분석 체계가 서서히 등장하면서 규준(規準), 범주(範疇) 등의 방법론적 틀거리가 마련되었다. 헌트와 그렌펠은 옥시링커스* 파피루스의 텍스트를 정합성(整合性)의 규준에 의거해 짜맞추었다. 규준은 수천 수백 개에 이르는 수많은 파피루스에 일반적으로 적용할 수 있는 준거이다. 이것은 파피루스학*의 생존의 무기이다. 어떤 독특한 형태의 파피루스가 나타날 때마다 미봉책을 쓸 수는 없기 때문이다. 티데가 모들린 파피루스의 연대를 감정할 때도 이와 같이 안전한 규준을 활용했음은 물론이다.

## • 사실과 가정 사이

고대 파피루스의 일반적인 형태는 '두루마리'였다. 텍스트는 앞면에 기록되었다. 앞서 1장에서 살펴본 것처럼 요한 계시록 5장 1절에 그 예외가 언급되어 있지만 예외는 드물었고, 텍스트가 기록된 앞면을 보호하기 위해 두루마리를 둘둘 말았다. 그리고 두루마리의 길이는 고객에 따라 달랐다. 파피루스 종이나 양피지 등을 필요한 만큼 이어붙였던 것이다. 완성된 두루마리는 들고 다니기에도 편했고 보기에도 기품이 있어 좋았다. 두루마리가 오늘날에도 귀중한 문서나 계약서, 증명서 따위에 사용되는 것도 그 전통적인 매력 때문이다.

한편 '사본'은 실용성은 뛰어났지만 품새만큼은 두루마리를 따라잡을 수 없었다. 필요량에 따라 파피루스를 한 번 또는 여러 번 접어서 만든 사본의 제작 과정은 오늘날 책을 만드는 과정과 같았고, 앞뒤 양면에 기록할 수 있어 경제적이기도 했다. 그러나 두루마리가 기록하기에 안성맞춤인 부드러운 안쪽 면(앞면)을 이용한 반면, 사본은 안팎의 양면에 기록해야 했으므로 어려움이 따랐다. 파피루스의 결이 옆으로 곱게 나 있지 않고 위아래로 나 있으면, 글이 비뚤비뚤해지고 모양새가 안 날 뿐만 아니라 먹이 점차 벗겨지기도 했다.

1세기 전반기까지 밀랍 서자판(書字板. 나무·상아·금속 따위의 얇은 판에 납 따위를 먹여 날카로운 펜으로 긁어 그 위에 문자를 쓴 것:역주) 두어 개를 가죽끈으로 단단히 매어 만든 소책자들이 널리 쓰였을 뿐, 도대체 사본을 만들 '궁리'를 아무도 하지 않았던 까닭도 여기에 있다.

모들린 파피루스가 출현한 19세기 말은 물론 최근까지도 학자들은 기독교인들이 사본을 최초로 궁리해 만들어내었고, 이들이 '로마 제국의 호의'에 힘입어 이것을 필사소에서 제작해 체계적으로 보급했으리라고 생각했다. 그렇다면 이것이 가능했던 때가 언제쯤일까? 데시우스 황제가 죽은 뒤 기독교 박해가 소강 상태로 접어든 3세기 후반쯤, 그리고 기독교를 믿은 최초의 황제인 콘스탄틴 대제가 '밀라노 칙령'(313년)을 반포해 기독교를 허용함으로써 기독교인들이 용기와 활력을 되찾게 된 때일 것이다.

그 결과 사본이 3세기 이전에 만들어졌으리라고 생각할 겨를이 없었다. 이러저러한 정황으로 미루어 3세기 후반, 4세기 초반에야 사본이 비로소 등장할 수 있었다고 생각한 것이다. 이와 같은 접근은 사실과 가정을 혼동한 것이다. 앞서 3장에서 살펴본 것처럼 이 판단을 뒷받침해 주는 사실적 근거가 전혀 없기 때문이다.

### • '사본'의 최종 연대—마르티알의 풍자시

텍스트와 수기(手記)의 연대를 알아내는 방법에는 여러 가지가 있다. 그 중 하나가 역사적 관련 사건에 관한 신빙성 있는 정보를 활용하는 것이다. 지금으로부터 1,100년쯤 지난 3096년에 고고학자들이 '동·서독 사이를 가로지르는' 베를린 장벽에 관한 문서를 발견했다고 하자. 그들은 이 문서가 베를린 장벽이 세워진 1961년 이전에 기록되지 않았음을 즉각 알 수 있을 것이다. 베를린 장벽이 세워진 때가 1961년이기 때문이다. 또한 이 문서가 1989년 이후에 기록되지 않았으리라는 것도 알 수 있다. 베를린 장벽이 허물어지고 독일이 재통일된 때가 1989년이기 때문이다. 이것은 대수롭지 않게 보이지만 대단히 중요하다.

때로 이처럼 연대가 확정적인 경우가 있다. 고대 도시 폼페이와 헤르쿨라네움 유적의 경우가 그렇다. 이 두 고대 도시는 서기 79년 베수비우스 화산의 폭발로 파괴되었다. 그러므로 고고학자들이 두 도시에서 발견한 서자판, 파피루스 등은 당연히 서기 79년 이전의 것이다. 역으로, 모든 복음서 파피루스는 서기 30년 이후의 것이다. 복음서에 기록된 마지막 사건이 서기 30년에 일어났기 때문이다.

라틴 문학에 정통한 사람이라면 '사본'에도 이처럼 확실한 연대가 있었음을 알 것이다. 마르티알(스페인의 로마 풍자 시인:역주)의 풍자시들이 바로 그것이다.

스페인 태생의 마르티알은 청장년기의 대부분을 로마에서 보냈다. 그가 쓴 15권의 시는 세월의 변덕에도 불구하고 지금까지 살아 남아 있다. 당대의 로마 사회의 타락상을 신랄하게 질타하는 그의 풍자시들은 대부분 짤막하지만, 유베날의 풍자시와 마찬가지로, 그 의표를 찌르는 경구들 속에 로마 사회의 모습을 적나라하게 그려낸다. 그래서 1세기 말~2세기 초의 로마 사회를 알려면 많은 논문을 뒤적거리느니 그의 시를 읽는 편이 더 낫다. 그는 호머, 버질, 리비, 오비드 등의 고전 작품을 종이 표지 책으로 펴내자고 익살맞게 선전한다. 다음은 그의 〈풍자시 Ⅰ. 2〉인데, 청산 유수와 같은 달변으로 종이 표지 책에 찬사를 보낸다.


그대 먼 길 떠날 때
내 책을 벗 삼아 갖고 가시려거든
작은 종이 표지 책을 사시구려.

다른 건 서가를 독차지하지만

내 책은 손바닥만하다오.

어딜 가면 구할 수 있는지 일러 주리니,

로마를 죄다 뒤지는 헛수고일랑 마시오.

루센시스의 문하에서 일한

세쿤두스에게 바로 가시라.

팔라디안 시장의 팍스 신전 뒤에

그가 있을 것이오.


이것은 마르티알의 중기(서기 84~86년) 시이다. 여기서 종이 표지 책을 설명하는 라틴어 단어들을 보면 종이를 접어 그 안팎에 텍스트를 기록한 사본을 가리킨다는 것쯤은 금방 알 수 있다. 마르티알이 이 시를 쓴 때가 서기 80년대이니, 지금까지 고고학자들에 의해 기록이 갱신되어 온 '최초의' 사본보다 더 앞선 이 때, 즉 신약 시대에 이미 사본이 존재했음을 말해 주는 명백한 물증인 것이다.

그렇다면 마르티알이 기독교 쪽의 선구적인 사본들에 관해 알고 있었던 것일까? 이에 대해서는 그러려니 하고 짐작만 할 따름이다. 어떻든 이 시를 보아도 사본이 3세기 후반 또는 4세기 초반에야 등장했다고 말하기란 불가능하다. 그러나 실제 상황은 그렇지 못했다. 이 올가미를 못 피한 것은 그렌펠과 헌트도 매한가지였다.

1898년 그들이 옥시링커스*에서 발견된 라틴어 고급 피지 사본 조각을 편집할 때의 일이다.[151] 말로만 전해져 오던 〈마케도니아 전쟁사〉의 일부 텍스트가 이 사본에 실려 있었다. 이 흥미진진한 텍스트의 문자체를 분석한 결과 그 연대가 아주 일렀다. 1세기, 또는 베수비우스 산이 폭발한 서기 79년 이전이었다. 마르티알의 풍자시와 시기적으로 일치한다. 그러나 그들은 그 연대를 오히려 3세기 후반 또는 4세기로 늦춰 잡았다. 왜 그랬을까? 그 이유는 너무도 간단했다. 고급 피지 '사본'이라는 이유 때문이었다.

### • 시대의 문화적 총체성과 편견의 수레

편견이란 지식의 감옥이 되게 마련이다. 1972년 스페인의 파피루스 학자 호세 오칼라한이 사해 사본 가운데 마가 복음 텍스트가 있다고 말했을 때, 많은 비평가들은 그의 주장을 말도 안 되는 소리라고 몰아쳤다. 그들이 '알고 있는' 바로는 마가 복음이 쿰란*의 에세네파*와 제7동굴로 들어간다는 것은 상상할 수도 없는 일이었다. 그러나 마가 복음 파피루스 7Q5가 발견된 곳은 다른 곳도 아닌 쿰란*의 제7동굴이었다.

오늘날의 사정을 보자. 사해 사본이 나온 쿰란* 동굴들, 히브리어·아람어*·희랍어 사본 조각들은 물론 쿰란*의 에세네파*에 관한 정보가 70년대 당시보다 훨씬 많다. 그리고 기독교와 아무 인연도 없는 세마르야후 탈몬과 같은 유대인 학자도 쿰란* 동굴에서 복음서 사본 조각이 나오는 것은 논리적으로 불가능한 일이 아니라고 말한다.

여기까지 오는 데 20년이라는 세월이 걸렸다. 그러나 일부 기독교 신약학자들은 아직까지도 쿰란*에서 기독교 텍스트가 나온다는 것은 불가능하다고 우긴다. 다시 말해 그렌펠과 헌트가 범한 오류가 한갓 지난날의 일이 아님을 웅변해 준다.

오늘날 우리는 모들린 파피루스에 대해, 3세기 이후의 것임이 틀림없고 "4세기의 것일 가능성이 더 크다"[152]고 한 1901년의 헌트의 감정이 오류임을 알고 있다. 그러나, 이와 같은 오류를 낳은 신화는 우리의 주위에 변함없이 널려 있다. 이 대목에서 존 던(영국의 형이상학파 시인이며 목사:역주)의 저 유명한 〈열일곱 가지 기도〉는 많은 시사를 준다.

누구도 고독한 섬이 아니니
넓은 대륙의 한 조각,
본토의 일부일 뿐.

다른 사람이 문제를 제기할 때 우리는 이를 이처럼 최대한 넓은 시야로 볼 필요가 있다. 파피루스 문헌은 인류의 유산이라는 큰 덩치의 일부이다. 우리에게는 이것을 모든 의미에서 '안전하게' 다음 세대로 전수해 줄 의무가 있다. 과거의 평가를 번복할 수 없다고 교만해 하는 것보다 더 심각하게 우리가 유산으로 받은 의무를 게을리하는 일도 없다. 다음 예는 이와 같은 편견을 적나라하게 보여 준다.

카르스텐 티데가 모들린 파피루스와 그 자매 파피루스인 바르셀로나 파피루스의 연대를 서기 70년 이전으로 확정했을 때 주로 다음의 세 관점에서 반론이 제기되었다.

첫째, 서기 70년 당시에는 마태 복음이 세상에 존재하지도 않았는데 어떻게 마태 복음 파피루스의 연대가 서기 70년일 수 있느냐는 것이었다. 둘째, 이탈리아 학자 귀글리엘모 까발로가 성서 언셜체*에 관한 글에서 못박고 있듯이 언셜체*가 등장한 때

가 그보다 훨씬 늦은 서기 3세기인데, 어떻게 그와 같은 언셜체*
파피루스가 서기 70년의 것일 수 있느냐는 것이었다. 셋째, 모들
린 파피루스가 나온 이집트와 전혀 무관한 로마 제국 역내(域內)
자료를 어떻게 이 파피루스의 연대를 감정하는 비교 자료로 쓸
수 있느냐는 비판이었다.

이러한 주장들의 오류는 이미 밝힌 대로이지만, 터무니없는
반론은 비단 이것만이 아니었다. 모들린 파피루스의 출처가 이
집트 룩소르이므로 마땅히 이집트산(産)이 아니냐는 비판이 그
하나이다. 1세기의 이집트에 기독교 필사소가 한 군데도 없었는
데 어떻게 이 파피루스가 1세기에 기록될 수 있었겠느냐 하는
것이다.

준거가 없는 반론은 자가 당착을 면할 수 없다. 이 반론은 예
컨대 이렇게 말하는 것과 같다. "누군가가 런던에서 키안티 포
도주 한 병을 샀다면 그는 1996년에 샀을 리가 없다. 왜냐하면
당시 영국 남부에는 이탈리아 포도밭도, 포도주 양조장도 없었
기 때문이다."라고. 물론 영국 남부에 이탈리아 포도밭이 없을
수는 있지만 양조장은 영국에 얼마든지 널려 있고, 또 유럽의
여느 곳에서처럼 많은 이탈리아 포도주도 원산지 밖에서 병에
담긴다. 그러므로 우리는 포도주 한 병도 조목조목 따져 보아야
한다.

파피루스도 마찬가지이다. 파피루스학*의 측면에서 볼 때 모
들린 파피루스가 룩소르에서 나왔다고 해서 마땅히 룩소르(그
리고 나아가 이집트)에서 만들어졌다고 말할 수는 없다. 로마
제국, 심지어 그 경계 너머에서 기록된 것일 수도 있다. 그것이
수입되어 사용된 다음 보관되었다가 망각되고 폐기된 뒤 거의

2000년 만에 발견되어 팔렸을 수도 있기 때문이다.

### •《70인역》*의 땅 알렉산드리아—당대 학문의 최고 요람

그런데 그 양조장, 아니 필사소 문제는 어떤가? 많은 영국인들이 포도주 생산이나 영국의 포도밭에 별 관심이 없다고 해서 "영국에는 포도밭이 없다"고 말할 수 있을까? 아니다. 템즈 계곡, 켄트, 노어폭 등지에 포도밭이 있어 질 좋은 포도와 군침이 도는 백포도주가 생산된다.

일부 학자들이 서기 1세기의 이집트에 기독교 필사소가 없었다고 추측하는 이유는 꼭 한 가지이다. 그에 관한 지식과 정보가 없기 때문이다.

그렇다면 1세기 이집트의 기독교 필사소에 관해 어떻게 알 수 있을까? 그 곳에 직접 가 보았거나 이용해 본 적이 있는 사람의 글이 남아 있을 수 있다. 이것은 그와 같은 필사소에서 문서가 만들어졌음을 입증해 주는 증거가 된다.

기독교인들이 서기 1세기에 이집트, 예컨대 알렉산드리아(이집트 북부 나일 강 삼각주상의 이집트 최대의 항구 도시. 기원전 332년 알렉산더 대왕이 건설한 곳으로, 고대의 그리스·히브리학의 일대 중심지였다:역주)에 살고 있었음은 잘 알려진 사실이다. 당시 알렉산드리아는 지중해 유대주의의 중심지로 손꼽혔다. 한 유대교 회당은 규모가 얼마나 컸던지 다 함께 '아멘'을 해야 할 때 여기저기서 깃발을 흔들어 신호를 보낼 정도였다.

이곳의 유대인들은 점점 희랍어를 많이 사용했다. 급기야 기원전 3세기경에 이르러서는 대부분이 희랍어를 사용했고, 히브리어를 사용하는 사람은 소수에 지나지 않았다. 이렇게 되자 히브리어 성서를 희랍어로 번역하지 않을 수 없었다. 소위 《70인역》* 희랍어 구약 성서를 만든 실제 목적도 여기에 있었다. 《70인역》*은 곧 로마 제국 전역으로 퍼져나가 신약 성서가 등장할 무렵에는 팔레스타인의 유대인들까지 히브리어 성서 원전보다 희랍어 번역본을 자주 인용했다. 신약 성서에 인용된 많은 구약 성서 구절도 이 《70인역》*에서 따온 것이다. 사도행전 6장 9절에 등장하는 예루살렘에 와 있었던 알렉산드리아 회당 사람들도 희랍어를 썼으니, 그들의 성서가 《70인역》*이었음은 쉽게 짐작할 수 있다.

그러나 알렉산드리아는 단순히 번역과 필사의 중심지만이 아니었다. 수준급의 철학서들이 이곳에서 나왔다. 구약 성서 외경(外經)*에 들어 있는 《지혜서》가 그 중 하나이다. 또 제1세대 기독교인들과 같은 시기의 위대한 유대인 신학자·철학자 '필로'(기원전 15~서기 50년)도 이곳 알렉산드리아 사람이었다. 그는 희랍어로 글을 썼는데, 희랍 철학·우주론을 유대 경건주의에 접목시킨 그의 글은 기독교 사상가들에게 큰 영향을 미쳤다.

또 신약 성서에 등장하는 기독교인들 중 한 사람이 벌써 이곳에 있다. "구변이 좋고 성서에 정통한 사람"(사도행전 18장 24절)으로 뒷날 고린토(그리스를 말한다:역주)에 머무르며 바울의 선교 사업을 계속 밀고간(사도행전 18장 27절~19장 1절) '아폴로'가 그 사람이다. 대단한 설교자이며 선교사였던 그도 알렉산드리아 사람이었다.

또 2세기의 탁월한 기독교 저술가 클레멘트도 알렉산드리아 사람이었다. 그는 아테네 태생으로 알렉산드리아로 와 공부하고 가르쳤다. 그가 굳이 알렉산드리아로 온 사실에서 알렉산드리아의 유명세와 문화적 위치를 잘 읽을 수 있다.

역사적 배경이 이러할진대 1세기의 기독교인들이 사본을 만들어 보급할 수 없었다고 말하는 것은 당치 않은 주장이다. 그것은 얼마든지 가능했고 실제로도 그랬다. 따라서, "1세기의 이집트에는 기독교 필사소가 없었으므로 모들린 파피루스는 1세기에 기록될 수 없었다"는 주장은 학문 세계의 것이 아니라 다른 속내를 가진 희망 사항에 지나지 않는다.

설령 일백 보 양보해서 1세기의 이집트에 그와 같은 필사소가 없었다고 하더라도, 모들린 파피루스의 연대를 부정할 수는 없다. 왜냐하면 이 파피루스가 비단 이집트가 아니라도 로마든 고린토든 사람이 살았던 곳이라면 어디서든 제작될 수 있었기 때문이다.

### • 오늘날의 우편망보다 빨랐던 로마의 '타벨라리우스'

이 문제는 파피루스를 비롯한 제반 문서의 연대와 시기, 당대의 문화적 총체성을 사심 없이 포착하는 데 매우 중요하다. 생각이 미치는 한도 안에서 역사를 재구성할 필요성이 있다. 편지, 책, 복음서 등을 필사하고 배포하는 일은 특정한 사회적 상황 속에서 이루어지는 것으로, 결코 관념상의 일이 아니기 때문이다.

예를 들어 누가는 당시의 제도를 탁월하게 활용한 인물이었다. 그는 자신이 기록한 복음서(누가 복음)와 그 속편인 사도행전을 로마 제국의 고위급 문관이었던 '데오필로 각하'에게 헌정했다(누가 복음 1장 3절, 사도행전 1장 1절). 당시에는 저자에게서 책을 헌정받는 사람이 제작비, 배포비 등의 비용을 대는 것이 관례였다. 그래서 가난한 시인들은 부유한 후원자를 물색했다. 그들의 시가 완연히 달라지거나 낯간지럽게 아첨을 떤다면 이와 같은 관례 때문이라고 보면 된다.

누가 복음의 경우 데오필로 자신이 몹시 갖고 싶어 했다는 사실은, 누가가 "그러하오니 각하께서 이 글을 보시고 이미 듣고 배우신 것들이 틀림없는 사실이라는 것을 알아 주시기"(누가 복음 1장 4절) 바란다면서 상세히 설명하고 있는 데서 알 수 있다.

데오필로처럼 지체 높은 인물이라면 로마 제국의 문서 담당 관청의 필사실에 맘껏 드나들 수 있었고 개인 필사자도 쉽게 구해 쓸 수 있었다. 무엇보다도 중요한 것은 소위 '타벨라리우스'라는, 탁월한 속도를 자랑한 로마 제국의 우체부들을 이용할 수 있었다는 사실이다.

당시 누구든 부정기편 배달망을 이용해 먼 곳까지 서신을 신속히 보낼 수 있었다. 그러나 넓디넓은 로마 제국 영토를 최단 시간에 주파한 타벨라리우스를 이용하는 것은 일반 귀족이나 공직을 가진 귀족들의 특권이었다.

타벨라리우스와 부정기편 배달망은 '번개같이' 빨랐다. 날씨만 좋다면 고린토(그리스)에서 푸테올리(이탈리아)까지 닷새, 로마에서 알렉산드리아(이집트 북부)까지 통상 사흘, 데살로니카(그리스 동북부)에서 팔레스타인의 아스칼론까지 통상 12일밖에 걸리지 않았다. 오늘날에도 로마에서 알렉산드리아까지 사흘, 아스칼론에서 데살로니카까지 12일 만에 편지를 보내기가 어렵다. 가히 오늘날의 우편 서비스를 뺨치는 속도이다.

문서의 연대에 접근하고 상호 접촉과 영향을 이해하는 데 고려해야 할 중요 요소가, 신약 시대의 이러한 발군의 통신 수단들이다. 요컨대 사회적 진공 상태에서 일어날 수 있는 일이란 아무 것도 없다. 이렁 인식 없이 1세기의 생활상에 접근하기란 불가능하다.

예컨대 학자들은 최근까지도 사해 사본을 기록하고 보관한 사람들이 에세네파*라는 반체제적 근본주의자들이라고 생각했다. 예루살렘 성전의 자유주의적 경향에 반대해 유대 사막의 수도원으로 물러나 금욕주의적인 생활을 영위한 이들이 구약 성서와 난해한 주석, 에세네파* 특유의 신학을 수많은 두루마리에 기록해 동굴에 보관했다는 것이다. 그리고 당시 에세네파*의 가르침은 요한을 통해 초기 기독교인들에게 전파되었고, 이로써 쿰란*적 요소가 기독교 신앙에 스며들었다고 그들은 주장했다.

이와 같은 낭만적인 상은 이제는 보다 사실에 가까운 전체상으로 대체되었다. 쿰란* 관련 도서들 중에는 예수가 쿰란*에서 십자가형을 당해 쿰란* 제7동굴에 생매장되었다느니, 사도 바울은 로마의 비밀 정보원이었을 뿐이며, '의인' 야고보(요한 복음의 저자인 요한의 형:역주)야말로 공의로운 스승이라는 기록이 사해 사본에 암호로 적혀 있다느니, 쿰란*은 중무장한 유대 열혈당*원들이 진을 치고 있었던 요새였다느니 하는 등의 궤변도 없지 않다. 그러나 쿰란*과 쿰란*의 에세네파*, 그들의 동굴과 외부 세계와의 관계의 실상은 그동안 수준 높은 연구 작업들을 통해 상당히 밝혀졌다.

### • 마사다에서 이탈리아 포도주를 주문한 헤롯

당시 쿰란* 사람들은 필요한 정보를 손쉽게 그리고 신속하게 얻었다. 그들은 예루살렘은 물론 다마스커스와 로마에서도 두루마리를 들여왔다. 쿰란* 제7동굴에서 발견된 한 항아리 목에 히브리어로 '로마'가 두 군데 새겨져 있다. 즉, 그 속의 두루마리가 로마에서 만들어졌음을 말해 주는 것이다.

최근의 일로, 1995년 마사다에서도 문자가 새겨진 항아리 조각들이 발견되었다. 서기 73년 로마인들에게 정복된 이곳은 사해를 굽어보는 요새로, 헤롯 왕의 궁전이 있었다. 이 항아리들 속에는 두루마리라곤 없었다. 단순한 포도주 병이었다. 헤롯 대왕은 자신이 좋아한 포도주를 이탈리아에 주문했다. 로마 주위의 넓은 평야에서 만들어진 저 유명한 팔레르노 포도주였으리라. 누가 만들었는지, 누구에게 보내는 것인지가 라틴어로 또박또박 적혀 있다. 당시 마사다 사람들이 이것을 해독할 수 있었음은 물론이다. 헤롯의 이름이 라틴어로 기록되어 있는 유일한 사료가 이 항아리 조각들이다.

이러한 수입품들은 지배 계급의 특권을 보여 주는 한편으로, 당시의 통신에 관해 많은 정보를 일러 준다. 즉 불모지인 사해를 내려다 보며 사막의 한가운데 우뚝 서 있는 산중 요새에서 자신이 좋아하는 유명 포도주를 이탈리아 포도원으로부터 직접 주문해 마실 수 있었던 것이다.


### • 1세기판 '인터넷'

이 1세기판 '인터넷'은 온 사방에 거미줄처럼 널려 있었다. 어디를 둘러봐도 이를 쉽게 목격할 수 있다. 쿰란* 동굴에서 기독교 파피루스가 나오고, 마사다를 정복한 로마인이 무엇보다도 먼저 현존하는 가장 오래된 버질 파피루스를 기록했다는 사실이 놀라운 일일까?[153]

또 쿰란*에서 다시 발견된 수많은 히브리어 · 아람어* 텍스트들 가운데 당시 사회가 다(多)언어 사회였음을 말해 주는, 스물다섯 개(제4동굴 6개, 제7동굴 19개)의 희랍어 파피루스가 들어 있다는 사실이 정말 놀라운 일일까?

또 로마 제10군단에 끝까지 저항한 마사다의 유대 민족주의자들이 히브리어 · 아람어*만큼이나 희랍어에 능숙했다는 사실이 그토록 놀라울까?

이 파피루스들과 라틴어가 새겨진 항아리들, 그리고 아바스칸토가 에인 게디 오아시스의 벗 유다에게 보낸 희랍어 편지 등은 지배자인 로마인의 문화어인 라틴어가 피지배자인 유대인의 일상 생활 속으로 급속하게 침투해 어느덧 기본 외국어로 정착했음을 보여 준다. 로마에서 헤롯에게 보낸 항아리들만 보아도 서양의 공식어였던 라틴어가 팔레스타인 지역 주민들에게 도통 뜻 모를 생소한 언어가 아니었음을 알 수 있다.

마태 복음과 현존하는 가장 오래된 마태 복음 파피루스인 모들린 파피루스도 이 맥락에서 생각해야 한다. 1세기 로마 제국의 사회 발전과 기술 발전 덕택에 사람들은 신속히 통신을 주고받을 수 있었고, 이에 발맞추어 텍스트도 빨리 발전할 수 있었던 것이다.

많은 학자들의 견해를 받아들여 마태 복음이 안티옥(로마 제국 당시 고대 시리아 왕국:역주) 등지에서 기록되었다고 가정해 보자. 안티옥은 오늘날 터키 동남부 끝의 안타키야의 옛 지명으로, 예루살렘 북쪽 약 500㎞ 지점에 있다. 비기독교인들과 마찬가지로 기독교인들도 두 도시를 늘 오갔다. 비단 장사치나 우편물만 오간 길이 아니라, 평범한 사람들이 발이 닳도록 왕래하던 길이다.

예루살렘 사람들을 위해 안티옥에서 기록한 복음서를 예루살렘으로 보내는 데는 1주일이면 충분했다. 로마나 알렉산드리아로 소포를 부칠 경우, 배편을 이용할 수 있을 때는 배편으로 보냈을 것이다. 더러 배편이 여의찮아 육로로 우회할 때도 지역 공동체까지 닿는 데 얼마 걸리지 않았다.

복음서가 어디에서 기록되었는가 하는 것은 독자의 손에 전달되는 시간에 별 영향을 주지 않았다. 그렇다면 이집트 룩소르에서 발견된 마태 복음 파피루스가 사방으로 전파되는 데 얼마나 걸렸을까? 마태 복음 원본이 완성된 뒤로부터 몇 주일이면 족했다. 쿰란* 제7동굴에서 발견된 마가 복음 두루마리가 로마까지 가는 데 얼마나 걸렸을까? 예루살렘을 거쳐 가든 야포, 가이사리아 마리티마 항구에서 로마행 선박으로 직행하든 2주일이면 족했다.

당대의 사회 조건을 이처럼 꼼꼼히 살펴보면 평범한 사람들도 이런저런 그럴 듯한 용어의 함정에 빠지지 않을 수 있다.

초기 기독교인들은 이러한 신속한 통신 수단을 어떻게 받아들였을까? 그들은 너무도 자연스럽게 받아들였다. 예컨대 바울은 골로사이(소아시아 서남쪽의 고대 도시:역주) 인들에게 보내는 편지(골로사이서)에서 "여러분이 이 편지를 읽고 나서는 라오디게이아 교회도 읽게 해 주시고, 또 라오디게이아 교회를 거쳐서 가는 내 편지도 꼭 읽어 주십시오."(골로사이 4장 16절)라고 말한다.

그의 편지를 받은 골로사이의 기독교인들이 그의 말대로 하려면 어떻게 해야 할는지 몰라 쩔쩔매며 위원회라도 소집했을까? 물론 그렇지 않다. 그들은 바울의 편지를 필사하는 방법을 정확히 알고 있었다. 게다가 '이 편지를 라오디게이아 교우들에게 보낸다'는 내용의 겉장까지 이 필사본에 붙여 인편이나 우편을 통해 보낼 줄도 알았다.

가이사리아 마리티마의 주교였던 저명한 기독교 역사가 유세비우스(서기 260?~340년)가 전해 주는 흥미로운 정보 한 가지가 있다. 그는 베드로가 로마를 떠난 뒤 마가 복음이 기록된 로마의 한 소식통의 말을 이렇게 인용하고 있다.[154] "그들(로마 사람들)에 따르면 성령이 일러 주심에 따라 그 동안 일어난 일을 익히 알고 있었던 사도께서는 그들의 열의를 기뻐하시고 많은 교회에서 공부할 수 있도록 성서를 인준해 주셨다 한다."[155]

다시 말해, 복음서를 곳곳에 보급하는 데 배송 기간 따위는 문제될 게 전혀 없었다. 마가 복음처럼 짧은 복음서의 경우 아마추어 필사자라도 열 부 정도는 신속하게 제작해 로마에서 고린토, 예루살렘, 알렉산드리아 등 동서남북 어디로든 거뜬히 보낼 수 있었고, 이들 지역의 필사자들이 다시 이것을 필사해 배포할 수 있었던 것이다.

## 비교 수단의 활용

### • 고문서학적 비교 방법—'비교 자료'의 선택

문서를 필사해 어떻게 로마 전역으로 신속히 보급할 수 있었는지에 대해 살펴보았으므로, 이제 파피루스의 연대 감정에 필요한 '비교 자료' 라는 핵심 문제로 눈길을 돌려 보자. 먼저 이와 관련해 파피루스 학자가 명심해야 할 기본 절차가 있다.

첫째, 연대 미상의 문서를 만나면 그 문자체 또는 문자의 흔적들과 지문과 같은 필사자의 특징을 말해 주는 정보, 즉 '전반적인 외양' 을 기술하는 단계이다. 문자 획의 평균 길이와 높이, 구두점 따위의 행(行)의 유형, 전형적인 문자 및 자간 등이 여기에 포함된다. 이 단계에서 우리는 특정 파피루스 문서에 대해 매우 포괄적인 정보를 얻을 수 있다.

둘째, 이 파피루스와 '비교 자료' 로 선택된 다른 문서를 상호 비교하는 단계이다. 고문서학적 비교 방법에 따라 연대 감정의 준거를 확보하기 위한 것으로서, 양자가 엇비슷한 정도인지 아니면 똑같은지를 감정한다. 그런데 이 과정에서 두 가지 위험이 상존한다.

첫째 위험은, '비교 자료' 의 선택과 그 양의 문제이다. 1994년 이집트 룩소르에서 발견된 모들린 파피루스의 연대를 1세기 후반으로 확정할 때 티데는 쿰란*, 나할 헤버 계곡, 헤르쿨라네움 등의 세 곳에서 나온 문서들을 비교 자료로 활용했다. 쿰란*에서 발견된 모든 문서의 최종 연대는 68년이며, 헤르쿨라네움은 79년이라는 것이 그의 요지였다.

그러자 즉각 "뿔뿔이 흩어져 산 유대인 필사자들이 어떻게 똑같은 필체로 기록할 수 있었단 말인가?" 하는 비난이 봇물처럼 쏟아졌다.[156]

일반적으로 말하자면 그렇지 않았을 수도 있다. 그러나 티데의 감정은 당시의 신속 간편했던 통신과 교류, 텍스트의 발전을 고려하는 한편으로, 옥스퍼드 대학의 손꼽히는 파피루스 학자 피터 파슨즈의 기억할 만한 주장을 재확인한 것일 뿐이었다. 새로운 사고와 인식틀에 거부감을 보이는 구(舊)학파의 거장 파슨즈가 1991년 이탈리아의 몰라 디 몽트 젤라토 유적지에서 발견된 한 꽃병에 적힌 글귀의 연대 감정을 부탁받았을 때, 그는 이렇게 썼다.

> 고문서 학자들은 서로 다른 지역에서 과연 서로 다른 문자체를 썼는지를 놓고 논쟁한다. 문서의 경우 지역적으로 어느 정도 문자체상의 차이가 보인다. … 문학 작품의 경우 이것이 … 아주 희박하다. 흥미롭게도 몽트 젤라토의 이 텍스트는 이러한 견해에 힘을 실어 준다. 문자체상의 차이가 없기 때문이다. 이 문자체를 그리스—이집트 문헌에 그대로 옮겨놓는다 해도 전혀 낯설지 않을 정도이다.[157]

그는 이 꽃병처럼 이탈리아 중부에서 나온 자료만이 아니라 "지중해 반대쪽에서 나온 비슷한 것들"[158]까지 비교 자료로 삼음으로써 이렇게 못박아 말할 수 있었다. 모들린 파피루스의 연대를 재확정하면서 티데가 사용한 방법도 이것이었다.

**· 지뢰밭**

둘째 위험은, 훌륭한 파피루스 학자라면 누구든 자신 또는 다른 파피루스 학자가 감정한 파피루스들을 수천, 수백 개나 알고 있다는 사실과 관계가 있다. 이렇게 많은 파피루스들이 파피루스 학자들의 서랍 속에서 이를테면 성서 언셜체* 등의 범주로 차곡차곡 분류되어 있다. 그런데 파피루스 학자가 특정한 범주에 속하는 어떤 파피루스와 어울림직한 새로운 파피루스를 접했다고 하자. 이 때 그는 일단 그 특정 범주의 연대만 타당하다면 의심을 해 보지도 않은 채, 학문의 서랍장을 열고 특정 범주의 파피루스 옆에 이 새로운 파피루스를 나란히 배치하려는 유혹에 빠진다.

티데의 연대에 반론을 제기한 학자들이 모들린 파피루스에 대해 '성서 언셜체*'의 범주를 적용한 것은 아주 그럴 듯하다. 그 텍스트가 복음서인데다 문자체도 굴곡·경사 등의 특징을 일정하게 보여 주는 대문자이기 때문에 이 파피루스가 언셜체*의 유형에 속한다는 사실을 부인할 사람은 아무도 없다. 그러므로 그들이 성서 언셜체*와 까발로의 성서 대문자에 관한 지침서[159]에 눈길을 돌릴 만도 하다.

그러나 티데의 연대는 까발로의 견해나 성서 언셜체*를 무시한 것이 아니라 객관적 분석에 근거한 것이다. 종래의 모들린 파피루스의 연대(콜린 로버츠의 연대, 즉 2세기 후반을 말한다:역주)에는 분명한 약점이 있었다. 논리적 근거를 중시하지 않고 전통을 고집했기 때문이다.[160] 즉 '무엇과 가장 가까운가' 하는 문제 설정 자체가 문제였다. 과연 이것이 비교 분석 내지 그토록 매력적이고도 익숙한 범주화로 입증될 수 있을까?

1953년 모들린 파피루스의 1차 편집본을 발표할 당시 영국의 파피루스 학자 콜린 로버츠는, 예전에 이 파피루스를 본 사람들이 있고 두 가지 비공식적인 연대가 있음도 알고 있었다. 횰렛의 연대(약 3세기)와 헌트의 연대가 그것이다. 헌트의 연대는 그가 1901년 모들린 칼리지 측에 구두로 표명한 것으로, 그 해 모들린 도서관의 사서 H. A. 윌슨이 자신의 보고서에 기록해 둔 연대이다.

윌슨의 보고서에 따르면 헌트는 휼렛의 견해에 잠정 동의하면서도 '4세기의 것일 가능성이 더 높다'고 첨언했다. 헌트의 이 견해는 앞서 살펴본 것처럼, 사본이라는 형태는 3세기, 아니 4세기 이후에나 존재할 수 있었다는 그릇된 가정에 근거한 것이었다. 그는 그 이태 전에도 같은 이유로 오류를 범했었다. 그가 그렌펠과 함께 1세기의 '마케도니아사(史)' 파피루스 사본을 편집하면서 오직 사본이라는 이유만으로 그 연대를 하향 조정한 사실은 이미 3장에서 언급한 바 있다.

콜린 로버츠는 이러한 족쇄들을 벗어던졌다. 3세기 후반~4세기 초반의 한 파피루스를 본 순간 모들린 파피루스가 이보다 훨씬 오래 전의 것임을 직감했던 것이다. 그는 헌트와 달리 일부 베를린 · 옥시링커스* 파피루스의 일반적 특징과 개별 문자를 감정하면서 축적해 둔 자료를 근거로 모들린 파피루스의 연대를 2세기 후반으로 확정했다. 다음은 그 과정을 잘 보여 준다.

> 모들린 파피루스에는 3세기의 문자체에 흔히 나타나는 작은 오미크론($O$)과 앉은뱅이처럼 납작한 오메가($\Omega$)가 없다.[161]

이러한 방법은 헌트의 오류를 수정하는 데 도움이 되었다. 그러나 그 역시 상대주의라는 낯설지 않은 문제에 봉착했다. 그가 '비교 자료'로 선택한 파피루스들의 연대가 한결같이 확실하지도 확정할 수 있는 것도 아니었기 때문이다. 칼리마쿠스의 서정

시 텍스트가 기록되어 있는 옥시링커스* 파피루스 661의 경우,
연대는 물론 구체적인 시기까지 판정할 수 있었지만 그는 '2세
기 후반'의 것으로 뚝딱 처리하고 말았다. 그 자신이 똑같이 '2
세기 후반'으로 감정한 모들린 파피루스보다 뒤늦은 것임이 확
연한데도 말이다.

1953년 로버츠의 연대 확정과 더불어 모들린 파피루스는 '현
존하는 가장 오래된 마태 복음 파피루스'로서 그 중요성이 새로
이 부각된다. 그러나 1935년 그가 현존하는 가장 오래된 요한 복
음 파피루스 $P^{52}$를 편집했을 때와 달리 제대로 뉴스거리가 되지
못했다.

$P^{52}$(또는 이것이 소장되어 있는 영국 맨체스터의 존 라이랜즈
대학 도서관의 발견 번호를 따서 '존 라이랜즈 희랍어 $P^{457}$'이라
고도 부른다)는 그 때로부터 현존하는 가장 오래된 신약 성서
파피루스로 통하게 되었다. 그 때 그가 감정한 $P^{52}$의 연대는 서
기 100~125년이었다. 그러니까 1953년 그가 확정한 모들린 파
피루스의 연대는 2세기 후반이었으니 $P^{52}$의 언저리에도 미치지
못했다.

3년이 지난 1956년, 스페인의 파피루스 학자 라몽 로카 퓌가
여기에 힘을 보태 주었다. 그가 스페인 '성 누가 복음 재단'에
소장된 두 개의 바르셀로나 파피루스 조각(마태 복음)을 편집해
발표할 때의 일이다. 로버츠는 이 파피루스가 세 개의 모들린
파피루스 조각과 같은 사본이었을 것으로 보았다. 그는 로카 퓌
의 바르셀로나 파피루스($P^{67}$) 2차 편집본에 실은 〈주해〉에서 그
이유를 밝혔다.[162]

두 사람은 이 다섯 개의 마태 복음 파피루스 조각의 연대가 2

세기 후반이라는 데 의견의 일치를 보았다. 현재 가장 널리 보급된 두 권의 희랍어판 신약 성서 역시 이들의 견해를 거의 전폭적으로 받아들여 성서공회 판은 'About 200', 소위 네슬레-알란트 판은 'ca. 200' 등으로 똑같이 '약 200년'으로 표기하고 있다.

### • 티데의 출발점

티데가 모들린 파피루스 2차 편집본에서 일차적 관심을 기울인 문제는, 모들린 파피루스의 기존 연대들이나 연대 재확정의 문제가 아니라 그 텍스트를 제대로 손보자는 것이었다. 바르셀로나 파피루스와 달리 모들린 파피루스는 손볼 필요가 있었다. 그의 2차 편집본이 바르셀로나 파피루스에 대해 거의 언급하지 않은 까닭이 여기에 있다. 그러나 이 두 파피루스가 과거에 한 사본이었음은 의심의 여지가 없었으므로, 어느 하나에 대한 말은 다른 하나에 대해서도 그렇게 말하는 것일 수밖에 없다.

그리고 텍스트 편집본이라면 연대를 언급하게 마련이다. 그래서 그는 다음과 같은 의문을 제기하게 되었다. 로버츠의 연대는 타당한가? 헌트의 연대를 지나치게 당겨잡은 것인가 아니면 지나치게 움츠린 것인가? 분석 기술이 향상되고 비교 자료로 활용할 수 있는 파피루스의 수도 늘어난 마당에 그의 연대를 확증 또는 수정할 수 없을까?

이 대목에서 가장 흥미로운 고대 문헌은 사해 사본일 것이다. 1947~1955년 사이에 쿰란* 동굴에서 발견된 사해 사본에 대해서는 지금까지 숱하게 조사가 행해졌고, 방사능 동위 원소를 이용한 연대 측정도 수없이 행해졌다. 그러나 사해 사본의 최종

연대가 서기 68년[163] 즉 로마 제10군단이 당도하기 직전 쿰란*
사람들이 마을과 동굴을 버리고 떠난 해임에도 불구하고, 연대
가 확실한 이 사해 사본 중의 희랍어 사본을 다른 희랍 문학의
연대 감정에 활용한 사람은 그 때까지 아무도 없었다. 서기 68년
이라는 확실한 최종 연대를 갖고 있는 쿰란*의 희랍어 텍스트들
은 '연대 측정이 가능해야 한다'는 고문서학의 비교 방법의 중
요 조건을 만족시킨다. 이로써 모들린 파피루스의 연대 재확정
을 위한 이상적인 출발점이 마련되었다.

### • '확정 연대' 와 '측정 가능한 연대'

'연대 측정이 가능한' 파피루스가 드물지만은 않다. 텍스트가
발견된 장소에 관한 고고학적 사료와 텍스트 자체에 들어 있는
연대에 관한 실마리 중 어느 하나만 있으면 되기 때문이다. 예
컨대 쿰란* 사본이 서기 68년 이전의 것이고 헤르쿨라네움과 폼
페이 유적이 베수비우스 산이 폭발한 서기 79년 이전의 것일 수
밖에 없는 것처럼, 도미티안 황제의 통치에 대해 언급하는 파피
루스가 있다면 그 연대는 서기 81~96년인 것이다.

콜린 로버츠는 요한 복음 파피루스 P$^{52}$의 연대를 감정할 때
'최고 연대'가 언제인지를 추적하기 위해 사신(私信) 파피루스
인 '런던 2078'을 이용한 적이 있었다. 이 파피루스는 쿰란*이나
베수비우스 유적의 고고학적 연대에 비해 한 가지 장점을 더 갖
고 있었다. 정확히 어느 해라고 꼬집어 말할 수 있는 확정 연대
는 없지만 '최고 연도'와 '최종 연도'가 있는 것이다. 이와 같은
경우 '확정 연대'와 구별해 '측정 가능한 연대'라고 일컬을 수
있다.

이처럼 '측정 가능한 연대'는 고고학에서 나온다. 고고학자들이 폼페이에서 은행가 시실리우스 이우쿤두스의 집을 발견했을 때 계산서와 계좌가 적힌 서책(書冊) 보관소가 나왔는데, 서기 15~62년의 것들이었다.

특정한 해, 심지어 월일(月日)까지 일러주는 '확정 연대'를 가진 문서들은 보다 희귀하다. 문서, 소설, 시, 희곡 따위는 물론 역사 기록에서도 이와 같은 정보를 찾기란 쉽지 않다. 사실 최고 연대의 희랍어 신약 성서 필사본은 '미너스큘 461'(미너스큘은 7세기에 발달하기 시작해 언셜체* 대신 쓰이게 된 행서체 소문자이다:역주)로, 서기 835년의 복음서 사본이다.

그리고 구약·신약 성서 텍스트 가운데 최고 연대의 것은, 양피지에 기록한 '페시타본'(고대 시리아어 구약·신약 성서 표준 번역판:역주) 창세기·출애굽기이다. 희랍 역법으로 775년, 그러니까 오늘날의 역법으로 환산하면 서기 463~464년도의 것이다. 비성서 계열의 경우에도 '확정 연대'를 가진 1세기 문서들이 있다. 이들 역시 비교 자료로서 활용할 수 있다.

### • '노미나 사크라'가 시사하는 것

이제 한 걸음 더 나아가 모들린 파피루스의 종래의 연대 즉 '2세기 후반'을 징검다리로 삼아 보자. 이론적으로 말하자면 로버츠의 이 연대는, 이보다 더 뒤로 끌어내리는 데 동원될 수 있는 모든 준거를 배제함으로써 도달한 연대이다. 서기 1세기와 3세기의 텍스트들을 두루 훑어보면 로버츠와 로카 퓌의 견해가 그럴 듯하다는 것을 알 수 있다.

즉, 모들린 파피루스의 최고 연대가 언제이든 그 '최종 연대'

는 서기 2세기 후반이라는 것이다. 그런데 왜 하필 서기 2세기일까? 서기 2세기의 파피루스들 중에 모들린 파피루스와 문자체가 유사한 것들이 많은 것은 사실이다. 그러나 너나없이 연대 근거가 박약하거나 그와 동떨어진 것 또한 사실이다. 그래서 차라리 이와 같은 파피루스들은 한 세기 전에 풍미한 문자체가 '잦아든' 것으로 보고 아예 한참 뒤로 끌어내리는 편이 더 낫다.

더욱 중요한 사실은, 얼핏 보기에 모들린 파피루스와 비슷해 보이는 이 파피루스들의 연대가 간접 추정되었다는 것이다. 연대를 뒷받침해 주는 고고학적 정보 자체가 없는 것이다. 이렇게 답답한 궁지에 이르게 되면 막다른 수로, 로버츠처럼 문제의 소지나 구설수를 슬쩍 비켜갈 수도 있다. 그런데, 이들 파피루스의 연대가 간접 추정일 뿐이므로 여기서 한 걸음 더 나아가야 한다고 말한 사람은 바로 로버츠 자신이었다.

모들린 파피루스의 특징 가운데 하나는 '주님', '예수' 등을 가리키는 희랍어 축약형, 소위 '노미나 사크라*'가 등장한다는 데 있다. 노미나 사크라*는 초기 기독교 사회에 널리 쓰였고 '하느님', '성령'을 비롯해 성부·성자·성령의 삼위일체와 관련된 많은 용어로 그 쓰임새가 확대되었다. '주님'을 $K\Sigma$, '예수'를 $I\Sigma$로 나타내는 식으로 대개 처음과 마지막 철자를 따서 썼다. 오늘날 미스터를 Mr.로, 닥터를 Dr.로 줄여 쓰는 것과 같다. 다만 노미나 사크라*와 달리 거룩한 의미가 없을 뿐이다. 노미나 사크라*가 거의 순식간에 광범위하게 사용된 것은 신의 이름을 줄여서 쓴 유대인의 관습을 의도적으로 본떴기 때문일 것이다.

노미나 사크라*의 도입은 매우 중대한 결정이었다. 예수의 존재와 역할을 신학적으로 자리매김한 것이기 때문이다. 로버츠도 이미 1979년에 이처럼 파급 효과가 큰 표현 방식이 어느 한 필사자의 머리에서 자연스럽게 나왔을 리가 없다고 단언한 바 있다.

> 이와 같은 표기 방식은, 아무런 규칙도 권위 있는 모델도 없이 평범한 한 필사자가 꾸려가기에는 너무 복잡하다.[164]

그는 노미나 사크라*가 상당한 권위를 갖고 있었던 초기 기독교의 두 공동체, 즉 예수의 추종자들이 최초로 '그리스도인'이라고 불리던(사도행전 11장 26절) 예루살렘 교회와 안티옥 교회 중 어느 한 곳에서 결정해 널리 쓰이게 되었으리라고 보았다. 그는 그 중에서도 베드로와 야고보가 이끈 공동체로서 전통적인 권위를 누린 예루살렘 교회를 지목했다.

그렇다면 그 연대는 서기 70년 예루살렘과 성전이 파괴되기 이전이 된다. 실제로 기독교인들은 유대인의 대(對)로마 항전이 시작된 서기 66년[165] 이전에 예루살렘을 떠났다. 그러므로 예루살렘 공동체의 결정이 있었다면 이 해가 '최종 연대'일 가능성이 크다.

그러나 비단 로버츠의 주장 때문이 아니더라도, 이 '고대'의 파피루스를 면밀히 조사하지 않으면 안 될 이유가 또 있다. 모두 모들린 파피루스가 사본이라는 데 귀결된다. 그런데 이탈리아의 파피루스 학자 이탈로 갈로가 상기시켜 주듯이, 지금까지 파피루스 학자들은 모들린 파피루스의 연대가 '서기 1세기', 그것도 '서기 70년 이전'이라는 입장을 견지해 왔다.[166] 신학자나 신약학자들은 그럴 리 없다고 펄쩍 뛰겠지만, 파피루스 학자들로서는 엄밀한 파피루스학*적 근거 때문에 그렇게 말하지 않을 수 없다.

그렇다면 파피루스 학자는 '거룩한 이름'이 들어 있는 모들린 파피루스의 연대를 감정하기 위해 '1세기'의 비교 자료를 제시하지 않으면 안 된다.

### • '1세기'의 비교 자료를 찾아서

그래서 다시 쿰란*이다. 쿰란* 동굴에서 나온 사해 사본 중에 '최고 연대'가 기원전 1세기이고 '최종 연대'가 서기 68년인 희랍어 텍스트들이 있기 때문이다. 이 희랍어 텍스트들로부터 어떤 정보를 얻을 수 있을까? 먼저 쿰란* 제4동굴에서 발견된 6개의 꽤 커다란 텍스트, 즉 4개의 가죽 사본과 2개의 파피루스 사본 조각의 '전반적인 외양'을 면밀히 관찰할 필요가 있다.[167]

이들 중에서도 가죽 사본 하나, 파피루스 사본 하나는 좀더 면밀히 관찰할 만한 가치가 있다. 둘 다 '레위기(記)'(구약 성서 중 세 번째의 책으로 사제와 레위족*에 관한 율법서:역주) 텍스트로서 공식 목록명은 각각 4QLXXLev$^a$, pap4QLXXLeviticus$^b$이다.

먼저 레위기 파피루스 사본(pap4QLXXLeviticus$^b$)을 살펴보자. 이 파피루스는 조각이 무려 95개에 이른다. 피터 파슨즈가 이 파피루스의 편집진을 대표해 말한 것처럼, 이 파피루스 조각들은 문자체는 서로 다르지만[168] 그 연대는 1세기 중엽(서기 50년)이고, 전반적인 외양이 모들린 파피루스와 닮은 꼴이다. 특히 같은 문자체의 조각⟨24⟩와 조각⟨25⟩(레위기 5장 8~10절)가 모들린 파피루스와 닮았다. $A, B, \Gamma, E, O$ 등의 일부 문자는 모들린 파피루스를 그대로 옮겨놓은 양 빼어닮았다. 흥미로운 정보이다. 그러나 이것만으로는 모들린 파피루스의 연대에 대한 신빙성 있는 근거가 되기에는 충분하지 않다.

### • 레위기 가죽 사본 4QLXXLev[a]

그렇다면 이제 레위기 가죽 사본을 살펴보자. 전반적인 외양과 문자가 모두 모들린 파피루스와 흡사하다. 피터 파슨즈는 이 가죽 사본의 문자들을 그림으로 나타내 그 특징을 부각시켜 준다. 흥미롭게도 그의 그림은 이 가죽 사본의 텍스트가 모들린 파피루스와 판박이처럼 닮았음을 보여 준다. 파슨즈 자신이 전혀 감 잡지 못한 사실이어서 객관적인 무게도 있다. 문자체는 모들린 파피루스와 같지만, 연대는 약간 앞선다.

예컨대 문자가 서로 붙어 있거나 거의 붙어 있는 양상이, 모들린 파피루스나 베르셀로나 파피루스보다 규칙성이 있다. 놀라운 사실은, 2~3세기의 성서 문서에서는 거의 완전히 사라진 이와 같은 현상이 모들린 파피루스 조각에도 심심찮게 나타난다는 것이다. $E-T$, $Y-T$, $N-T$, $A-I$, $N-A$ 사이가 그러하다.

| 정상적인 자간 | 4QLXXLev[a]의 자간 |
|---|---|
| $E\ T$ | $ET$ (조각〈2〉, 뒷면 2행) |
| $Y\ T$ | $YT$ (조각〈1〉, 뒷면 4행과 앞면 2행) |
| $N\ T$ | $NT$ (조각〈1〉, 뒷면 3행과 앞면 3행) |
| $A\ I$ | $AI$ (조각〈2〉, 뒷면 2행) |
| $N\ A$ | $NA$ (조각〈2〉, 앞면 3행) |

이것이 모들린 파피루스의 두드러진 특징은 아닐지라도 현실적으로 존재하는 현상이니만큼 주의를 기울일 필요가 있다.

마태 복음 텍스트가 기록된 모들린 파피루스와 바르셀로나 파피루스 사이의 유사성만큼이나 모들린 파피루스와 이 레위기 가죽 사본 사이에도 주목할 만한 유사성이 한 가지 더 있다. 모들린 · 바르셀로나 파피루스의 경우 문자의 수평획과 수직획이 2~4세기의 전형적인 성서 언셜체*와 달리, 똑같은 '두께'로 고르게 기록되어 있다. 쿰란*의 이 레위기 가죽 사본에도 성서 언셜체* 이전의 이와 같은 문자체 특성이 있다.

피터 파슨즈의 견해에 따르면 이 레위기 가죽 사본의 연대는 기원전 1세기 후반이다. 그렇다면 근처에서 발견된 레위기 파피루스 사본(pap4QLXXLeviticus[b])보다 약 50여 년 정도 이르다. 이것은 간접 추정이어서 확정 연대가 아닌 최종 연대일 따름이지만, 복음서의 최고 연대와 관련해 나름대로 의미가 있다.

복음서 파피루스의 최고 연대는 복음서에 언급된 마지막 사건 즉 예수의 십자가 처형과 부활, 승천이 이루어진 해로, 대부분의 학자들은 이 해를 서기 30년으로 본다.[169] 즉 쿰란* 제4동굴에서 나온 이 레위기 가죽 사본(4QLXXLev[a])의 문자체는 모들린 파피루스의 연대가 1세기 중반임을 말해 준다.

이제 쿰란* 제4동굴의 바로 밑에 위치한, 쿰란* 계곡을 내려다 보는 제7동굴로 발길을 옮겨 보자. 1955년 이곳에서 열여덟 개의 희랍어 파피루스 조각과 단단한 진흙에 뒤집혀 찍힌 한 개의 희랍어 파피루스 흔적이 발견되었다.[170] 제7동굴에서 나온 이 텍스트들의 중요성은 3장에서 이미 거론한 바 있으므로 여기서는 그 문자체만 살펴보자. 그 문자체가 다채롭다는 데 새삼 놀랄 것은 없다. 여기에도 모들린 파피루스와 비슷한 문자체가 있다. 예컨대 7Q6[1], 그리고 여기에 못 미치기는 해도 7Q1, 7Q2에도 비슷한 문자체가 있다.

### • 1952년의 대발견—나할 헤버 계곡의 두루마리

그러나 사해 두루마리의 희랍어 텍스트가 비단 이 두 동굴에만 은닉되어 있었던 것은 아니다. 쿰란* 남쪽에 나할 헤버 계곡이 있다. 1952년 이 곳에서 대단한 발견이 있었다. 베두인족(시리아, 아라비아, 사하라 등지 사막 지역의 아랍 유목민. 이슬람교를 신봉하면서도 이슬람 이전 시기의 신앙을 간직하고 있다:역주)들이 놀랍게도 희랍어로 기록된 소(小)예언서(구약 성서의 12예언자의 예언서:역주) 두루마리가 숨겨져 있는 동굴을 발견한 것이다. 그로부터 수년 뒤에는 이스라엘 고고학자들이 이른바 '공포의 동굴'에서 아홉 개의 소예언서 두루마리 조각을 더 찾아냈다.

소예언자 두루마리는 문자체가 서로 다른 두 필사자에 의해 기록되었다. 한 필사자의 문자체는, 개별 문자는 물론 전반적인 외양까지 모들린 파피루스와 흡사하다. 다른 한 필사자의 문자체도 흡사한 점이 수두룩하다. 전자의 에타($H$), 무($M$)가 모들린 파피루스와 덜 닮은 데 비해, 후자의 경우 오히려 이 문자들이 모들린 파피루스와 흡사한 것이 이채롭다. 또 작은 점이나 갈고리 모양으로 멋을 부리거나 길게 늘여 쓴 기원전 1세기~서기 1세기의 이른바 장식체*와 갈고리체*가 두 필사자에게서 공통적으로 나타난다. 모들린 파피루스에서도 그만큼 흔하지는 않지만 $A, \varGamma, \varDelta, \varLambda$ 등의 문자에서 이것을 엿볼 수 있다.

두 번째 필사자는, 주로 헤르쿨라네움을 발굴할 당시에 무더기로 쏟아져나와 헤르쿨라네안 체(體)라고 불리는 문체를 떠올리게 한다. 쬐끄만 조각에 불과한 쿰란*의 7Q6[1]도 헤르쿨라네안

체의 전형으로 꼽힌다. 헤르쿨라네움에서 나온 모든 텍스트의 최종 연대는 서기 79년이다. 물론 헤르쿨라네움을 지칭하는 말은 들어 있지 않지만, 나할 헤버의 소예언서 두루마리의 연대는 서기 1세기 중엽으로 확정되었다.[171]

사해 두루마리에서 확보한 이차 증거를 종합하면, 모들린 파피루스가 서기 2~3세기의 파피루스들보다 서기 1세기 중엽 또는 그 수십 년 전의 사해 두루마리 희랍어 텍스트와 더 가깝다는 만족스러운 정보를 얻을 수 있다. 이것은 모들린 파피루스의 연대가 서기 70년 또는 그 이전임을 강력히 말해 준다. 그리고 비교 자료로 선택한 사해 두루마리가 다른 희랍어 텍스트의 연대 감정에 활용된 선례가 없기 때문에 한층 의미가 있다. 이 의미에서 사해 두루마리는 매우 중요하다. 이로써 우리는 사해 두루마리를 수집한 사해 공동체들이 로마와 헤르쿨라네움, 알렉산드리아, 룩소르를 망라하는 희랍어권에서 매우 적극적으로 활약했음을 다시 한번 확인하게 된다.

### • 마사다의 비교 자료

그리고 사해의 또 한 지역, 마사다를 간과할 수 없다. 쿰란*에서 도망쳐 온 많은 사람들은 서기 73~74년 이 요새가 로마인들에게 정복될 때까지 한동안 이곳에서 몸을 피했다. 그들은 어떤 영문에서인지 '안식일의 노래'와 같은 쿰란* 두루마리들을 갖고 와 다른 주민들과 마찬가지로 다언어적 생활을 계속 영위했다.

이 곳에서 많은 히브리어·아람어* 텍스트들, 그리고 물과 식량의 공급과 배분에 관한 정보가 담긴 메모와 서신을 비롯한 희랍어 문서들이 무더기로 발견되었다. 도편(陶片, 오스트라카*)에 기록된 시와 짤막한 전갈들도 나왔다. 이 도편 가운데 낯익은 것들이 보인다. 바로 모들린 파피루스의 문자체와 닮은 것들이다.

'레아', '암(또는 아미아스)'이라는 사람 이름이 기록되어 있는 '도편 784'는 정말 깜짝 놀랄 정도로 모들린 파피루스를 닮았다. 역사학적 근거와 고고학적 근거에 따른 이 도편의 최종 연대도 서기 73~74년 이전이다.[172]

### • 이집트의 비교 자료―〈에쿠이테스〉

이러한 비교 작업에 비판적인 이들, 특히 고문서학에 약해 성급하게 판단을 내리는 학자들은[173] 나일강 상류의 룩소르에서 나온 파피루스를 감정하는 데 사해 두루마리가 어떻게 충분한 비교 자료가 될 수 있는가 하고 계속 반론을 제기한다. 이러한 반론의 약점은 이미 언급한 것처럼 사해의 희랍어 두루마리든 모들린 파피루스든 로마 제국 어디에서나 만들어질 수 있었음을 간과한 데 있다.

그리고 이론적으로는 둘 다 한 곳에서 만들어졌을 수도 있다. 유대인과 기독교인들이 집필과 필사 작업을 왕성하게 벌였던 알렉산드리아와 같은 도시가 그 후보지가 될 수 있다. 그러나 지금으로서는 모들린 파피루스처럼 이집트에서 발견되거나 입수된 희랍어 파피루스들을 꼼꼼히 관찰하는 것이 유용하다. 이것이 탐색의 다음 단계이다.

앞서 3, 4장에서 살펴본 것처럼 이집트는 장구한 세월을 견디고 살아 남은 희랍어 문서의 최대 보고이다. 그 중에서도 가장 유명한 곳은 나일강 상류 룩소르 북방 400㎞ 지점에 위치한 고대 취락 옥시링커스*이다. 서기 1세기의 파피루스들이 즐비한 옥시링커스* 파피루스 편집본을 면밀히 관찰하면 곧 놀라운 문서를 하나 만나게 된다. 그리스의 희극 작가 아리스토파네스의 〈에쿠이테스(기사들)〉 파피루스가 그것이다. 이것은 현존하는 가장 오래된 문학 작품 파피루스로, 작은 크기에서 중간 크기의 문자들이 둥그스름하게 정성스레 적혀 있는데, 특이하게도 위아래로 가상의 두 행을 두고 그 사이에 꼭 맞추어 문자를 기록하고 있다. 길게 늘여 쓴 $\Phi$와 $\Psi$ 두 자만 예외이다.

전반적인 외양이나 개별 문자 못지 않게 이와 같은 기록 방식은 모들린 파피루스와 닮았다. 모들린 파피루스에서 이 방식을 벗어난 '예외적인' 문자는 $P$와 $T$의 두 개이다. 이 독특한 아리스토파네스 파피루스의 확정 연대는 '기원전 1세기 초반 또는 서기 1세기 초반'이므로 시기적으로는 많은 점에서 모들린 파피루스보다 앞서지만, 문자체는 같은 유형에 속한다.

### • 연대 확정에 꼬리를 물고 따라다니는 위험

쿰란* 동굴의 텍스트들은 역사학적, 고고학적 시간대에 따라 연대를 무리 없이 확정할 수 있다. 그러나 이와 달리 소예언서 가죽 두루마리나 아리스토파네스의 〈에쿠이테스〉 파피루스의 경우 연대가 확정되지도 측정이 가능하지도 않으므로, 비교 방법으로 그 연대를 확정할 수밖에 없었다.

연대 확정 과정에서 꼬리를 물고 따라다니는 한 가지 위험이 여기에 있다. 문서에만 의존하게 될 때 마치 모래 위에 집을 짓는 꼴이 될 수 있다는 것이다. 파피루스의 연대 확정이 아닌 신약 성서 기록의 연대 확정과 관련한 것이지만, 영국의 저명한 신학자 오스틴 파러의 말에 이런 대목이 있다.

> 신약 성서에 들어 있는 이 모든 기록의 연대는 마치 취객들이 한 줄로 늘어서서 어깨동무를 하고 뒤뚱거리며 집으로 돌아가는 모습과도 같다. 서로 어깨를 기대고 있기 때문에 몸을 지탱할 뿐, 땅을 제대로 밟고 있는 사람은 아무도 없는 것이다. 이들의 연대는 이런 식으로 5년쯤은 더 버틸 것이다. 아직은 단단한 장애물에 부딪히지 않았으니까.[174]

이와 마찬가지로 언셜체*든 장식체*든 다른 무엇이든 특정 문체의 시기에만 얽매일 때 일일이 시비곡직을 따져가며 볼 수 없게 된다. '정확한 연대 감정'이 언제나 어려운 것은 사실이지만, 그것은 규칙을 못박으려 들기보다 열린 마음으로 그 예외까지 수용하려는 자세에 달려 있다. 케임브리지 대학의 위대한 라틴어 학자이며 시인인 하우스먼은 텍스트 비평에 관한 한 글에서 이것을 다음과 같이 요약했다. 고문서학에 그대로 적용할 수 있는 말이다.

> 텍스트 비평에서… 빈틈 없는 규칙은 가능하지 않다. 만약 이것이 가능하다면 오히려 손쉬울 것이다. 흔히 이것이 가능한 것처럼 말하거나 내놓고 말하지는 않아도 실제로는 그렇게 생각하는 까닭도 모두 여기에 있다. 물론 빈틈 없는 규칙을 만들려면 만들 수는 있겠지만, 그릇된 것이 되기 쉽상이어서 그릇된 판단을 낳을 뿐이다. 어느 텍스트든 개성이 있어 복잡하게 마련이다. 이를 단순한 잣대로 재단한다는 것은 불가능한 일이다.

텍스트를 다루는 텍스트 비평가는 행성의 운동을 연구하는 뉴턴이 아니라 벼룩을 잡는 개와 같다. 만약 개가 지역 통계와 인구 통계에 입각해 수학적 원리로 벼룩을 잡는다고 하자. 그러나 이렇게 해서 벼룩을 잡는다 해도 어디까지나 우연일 따름이다. 그러므로 벼룩을 한마리 한마리의 독립 개체로 다뤄야 하는 것이다. 텍스트를 다룰 때도 텍스트 비평가는 마땅히 문제의 텍스트를 둘도 없는 거의 유일한 텍스트라고 생각해야 한다.[175]

### • 이집트 농부가 옥시링커스의 관리에게 보낸 편지

그렇다면 이제 우리는 지금까지 도달한 결과를 뒷받침해 주는 '확정 연대를 가진 거의 유일한 문서'를 찾아내야 한다. 그런데, 우연의 일치라고나 할까. 전반적인 외양이나 개별 문자의 생김새와 구조가 모들린 파피루스와 마치 쌍둥이처럼 닮은 확정 연대를 가진 파피루스가 실제로 존재한다. 이 파피루스는 옥시링커스*에서 나온 것으로, 1899년 옥시링커스* 파피루스집 제2권에 편집되었다. 모들린 파피루스의 연대를 꼬집어 말할 수 있게 해 주는 이 파피루스는 모들린 파피루스가 옥스퍼드 대학으로 건너오기 2년 전, 런던의 '이집트 발굴 기금'의 지원으로 그렌펠과 아서 헌트에 의해 편집되었다.[176]

내용 자체만으로도 흥미진진하기 짝이 없는 이 파피루스는, 이집트 농부 하르미시스—또는 그를 대신한 다른 누구—가 옥시링커스*의 관리 파피스코스와 그의 동료 관리들에게 보낸 편지이다. 하르미시스는 얼마 전까지 새끼 양 열두 마리를 갖고 있었는데, 이제 일곱 마리를 더 갖고 싶다는 의사를 파피스코스에게 전하고 있다. 분명한 언셜체*로 꼼꼼히 적은 글이다. 옥시링커스*에서는 세 사람의 관리가 특유의 날림체로 편지에 승인 서명을 했다. 농부 하르미시스와 옥시링커스*의 세 관리는 이 문서의 확정 연대를 말해 준다. 농부 하르미시스는 당시에 널리 쓰인 이 화려한 문체로 이렇게 말한다.

네로 클라우디오스 카이사르 세바스토스 게르마니토스 12년 현재 위의 프토키스 마을에 살고 있는 본인은 가축 중 열두 마리의 새끼 양을 소유하고 있음을 신고합니다.

네로 집권 12년은 오늘날의 연대로 서기 65~66년이다.

세 관리는 관료적인 냄새를 좀 풍기면서 새끼 양 일곱 마리에 대해 승인해 주는데, 그 날짜가 '주님(kyrios) 네로 12년, 에페이프 30'이다. 이 날은 오늘날의 달력으로 환산하면 서기 66년 7월 24일이다.

이렇게 해서 우리는 정확한 날짜를 확보했을 뿐만 아니라, 네로를 '주님' 즉 희랍어로 '키리오스'라고 일컫은 정보도 확보했다.

이 말은 물론 구약 성서에서 하느님을, 신약 성서에서 하느님과 예수를 일컫는 말이다. 세 사람의 관리가 한 번씩 사용한 뒤로 계속 공식적으로 쓰였을 이와 같은 로마 시대의 공식 용어는, 유대인들이나 기독교인들에게는 한결같이 혐오스런 것이었다. 모들린 파피루스를 읽어 본 사람이라면 제자들이 예수를 주님(kyrios)이라고 일컫고 이것을 노미나 사크라*로 축약해 $I\Sigma$ 라고 적고 있는 조각〈3〉 앞면의 의미가 한눈에 들어올 것이다.

이제 콜린 로버츠와 이탈리오 갈로가 주장한 모들린 파피루스의 연대에 해당하는 시기의 간접 추정된 연대, 측정 가능한 연대, 확정 연대의 파피루스들을 한바퀴 두루 훑어본 결과는 한마디로 결정적이다. 모들린 파피루스가 서기 약 66년 또는 이보다 약간 앞선 시기의 것이라는 결론이 나온 것이다.

이보다 늦은 시기의 자료들에서는 이만큼 결정적인 비교 자료가 전혀 없다.

그러므로 고문서학적 의미에서 통상적인 '오류의 여지'가 있다면, 그것은 오직 연대를 얼마나 더 끌어올릴 수 있는가의 문제일 따름이다. 즉, 모들린 파피루스와 바르셀로나 파피루스는 서기 1세기 초에 나타나 1세기 중엽에 꽃을 피운 독특한 언설체*에 속한다. 그리고 이 텍스트가 3장에서 살펴본 것처럼 복음서 이전 단계에 여기저기 흩어져 있었을 수 있는 〈예수의 말씀집〉이나 〈예수의 수난기〉가 아닌 완전한 복음서이므로, 그 최고 연대도 서기 30년 이전으로 거슬러 올라가지 않음을 알 수 있다.

다시 말해, 소예언서 가죽 두루마리나 아리스토파네스의 〈에쿠이테스〉 파피루스와의 비교를 통해 살펴본 것처럼, 모들린 파피루스는 이 문자체의 최종 단계를 보여 준다.

 ## 남은 문제들


모들린 파피루스 조각 세 개와 바르셀로나 파피루스 조각 두 개는 본디 한 사본이었다. 3장에서 살펴본 바처럼 기독교 파피

루스 사본은 그 파피루스 두루마리를 전제조건으로 한다. 마태 복음 원본, 그러니까 '잃어버린 최초의 두루마리'는 필연적으로 서기 약 66년이라는 확정 연대보다 시기적으로 상당히 앞설 수밖에 없다.

서기 80년대에 이르러 기독교 공동체가 교회 의식의 필요 때문에 예수를 뒤늦게 기적을 행하는 사람, 신학 사상가, 예언자로 치밀하게 그려내면서 마태 복음을 만들었다고 주장하는 신약학자들에게 이것은 아닌 밤중의 홍두깨 같은 소리처럼 들릴 것이다. 그들에게는 눈곱만큼도 먹혀들지 않는다. 반면, 복음서가 예수의 열두 제자가 예수를 따라다닐 당시의 신빙성 있는 목격담으로 구성되어 있다고 확신하는 그 밖의 많은 사람들에게는 결코 놀라운 이야기가 아니다.

파피루스 학자는 시끌벅적한 논쟁에 가담하지 않음으로써 비로소 자신의 발견을 제출할 수 있다. 고대 문서를 편집하고 그 연대를 확정하는 파피루스학*은 신학, 교리 따위와 일정한 거리를 유지해야 한다. 그러나 설령 다른 학문에 영향을 주게 될지라도 파피루스학*과 고문서학의 분석 결과를 내놓지 않을 수 없다. 이것은 정당한 일이다. 모들린 파피루스의 연대가 세계적으로 크게 이목을 끈 사실은 초기 교회와 인간으로서의 예수, 복음서의 기원에 이르는 기존의 정설에 광범위한 영향을 끼쳤음을 말해 준다. 이 문제는 마지막 장에서 다루기로 한다.

우리의 탐색은 여기에서 끝나지 않는다. 두 가지 간단한 질문을 던져 보자. 마태 복음 텍스트가 기록되어 있는 모들린 파피루스와 바르셀로나 파피루스, 그리고 마가 복음 파피루스 7Q5의 연대를 1세기로, 그리고 헤르베르트 홍거와 김영규의 주장대로 요한 복음 사본 **P**⁶⁶과 바울 서신 사본 **P**⁴⁶의 연대를 1세기, 2세기 초로 각각 재확정하는 것으로 족할까? 이 밖의 다른 파피루스들의 연대를 계속 살펴볼 필요성이 없을까?

그리고 누누이 확인한 대로 성서 언설체*의 범주가 잘못 설정되었다고 해서 우리의 전제들을 재검토해 볼 필요성이나, 생각보다 더 오래된 다른 고대 파피루스가 없는지 확인할 필요성이 없을까?

그렇지 않다. 많은 후보가 줄을 서서 기다리고 있다. 먼저 마태 복음 파피루스를 살펴보자. 옥시링커스*에서 발견된 작은 파피루스 사본 조각 **P**⁷⁷(P. Oxy. 2683:마태 복음 23장 30~39절)이 있다. 존 리와 피터 파슨즈가 편집자로 참가한 이 파피루스의 편집진은 그 연대를 2세기 말~3세기 초로 감정했고, 필립 W. 컴퍼트는 1세기 중엽설을 내놓았다.[177]

보다 오래된 것일 가능성이 큰, 이 엉성한 문자체의 파피루스는 2세기 초반으로 감정된 맨체스터 대학의 요한 복음 파피루스 **P**⁵²(Gr.P. 457)와 같은 범주에 속한다. 모들린 파피루스보다는 연대가 늦다. 또 신약 성서 파피루스 목록 1번에 등재된 **P**¹(P. Oxy. 2:마태 복음 1장 1~9절, 14~20절)이 있다. 현재 필라델피아의 펜실베니아 대학에 소장되어 있는 이 파피루스는 정교한 문자체를 보여 준다. 대개 3세기로 잡고 있는 이 파피루스의 연대도 너무 늦춰 잡은 것이다. 그러나 모들린 파피루스나 바르셀로나 파피루스는 물론 파리 사본(**P**⁴:누가 복음)보다 연대가 늦지만, 그렇다고 한참 뒤늦은 것은 아니다.[178]

마태 복음 이외의 다른 복음서 파피루스 조각들도 통념과 달리 연대가 이르다. 런던 대학의 브리티시 도서관에 소장되어 있는 $P^5$(P. Oxy. 208:요한 복음 1장 16~20절)를 예로 들어 보자. 흔히 그 연대가 '3세기'라고들 하지만, 눈장난으로 받아들여지고 있는 형편이다.[179]

옥스퍼드 대학의 애쉬몰린 박물관에 소장되어 있는 $P^{69}$(P. Oxy. 2383:누가 복음 22장 41절, 45~48절, 58~61절)도 마찬가지이다. '성서 언셜체*'에 미치지 않은 다음에야 그 연대를 우격다짐하듯 3세기로 끌어내릴 수는 없다. 1957년 이 파피루스가 최초로 편집될 때[180] 편집에 참여한 에드거 로벌, 콜린 로버츠 등은 당시의 학문적 통설에 발목이 잡혀 있었다. 그래서 로버츠도 4세기라는 헌트의 연대가 옳지 않다는 것은 알았지만, 파리 사본($P^4$)의 연대를 확정할 때와 마찬가지로, 더 깊이 파고들 재간이 없었다. 이 파피루스를 면밀히 재검토해 보면 파리 사본($P^4$)과 흡사하다는 사실이 밝혀질 것이고, 그 연대도 1세기 말~2세기 초로 재확정될 것이다.

한 가지 예를 더 들어 보자. 옥스퍼드 대학의 애쉬몰린 박물관과 이탈리아 플로렌스의 비텔리 파피루스학* 연구소의 두 군데에 흩어져 있는 $P^{70}$(P. Oxy. 2384:마태 복음 2, 3, 11, 12, 24장)의 연대도 통설로는 3세기이다. 그러나 이 역시 억지춘향격이다. 고정 관념의 산물일 뿐이다.

그런데 거꾸로 최근의 한 신약 성서 파피루스 편집본은 무리하게 연대를 끌어올리는 모험을 감행했다. T. C. 스킷이 애쉬몰린 박물관에 소장되어 있는 $P^{90}$(P. Oxy. 3523:요한 복음 18장 36절~19장 7절)의 연대를 2세기 후반으로 감정한 것이다.[181] 그의 용기에 화살이 빗발치듯한 것은 물론이다. 그러나 조금 더 세심했더라면 그의 판단은 옳다.

앞에서 거론했던 여러 가지 새로운 비교 자료에 따르면 이 연대는 오히려 2세기 초중반일 가능성이 크다. 여하튼 스킷의 공로는 전통적인 인식틀 속에서도 진보가 가능함을 보여 준 데 있다. 그가 전통적 사고의 대변자이기 때문이다. 비록 다른 영역에서는 퍽 인색하지만, 그는 여기서 연대 감정에는 고문서학적 근거가 뒤따라야 함을 재확인시켜 준다.

이 모든 사실은 신약 성서의 기원과 관련해 이미 이루어졌거나 앞으로 해야 할 일의 일부일 뿐이다. 모들린 파피루스의 연대가 전세계에 끼친 충격은 이제 시작일 따름이기 때문이다.

# 제6장
# 필사자와 기독교

손으로 말씀을 전파하고, 손가락으로 말을 풀어내고, 뭇 사람에게 고요한 안식처를 마련해 주고, 펜과 잉크로 악마의 간계에 맞서 싸우려 애씀이여. 필사자가 기록한 하느님의 말씀 하나하나가 사탄에게 상처가 됨이니, 이 얼마나 복되고 영광스러운가! 그의 몸은 묶여 있을지라도 그의 글은 온 누리를 누비나니.
—카시오도루스, 〈사회 관습〉(약 536년)

통념이 앞길을 가로막아도 고전 연구는 빠르게 진보한다.
—L. D. 레이놀즈, N. G. 윌슨
〈필사자와 학자: 희랍 라틴 문학의 전파〉(1991년)

1900여 년 전 모들린 파피루스를 맨 처음 사용한 사람들은 어떤 사람들일까? 그들의 학식과 재주는 어느 수준이었을까? 그리고 이 세 개의 작은 파피루스 조각을 통해 알 수 있는 초기 기독교의 교리 발전에 관한 정보는 무엇일까? 앞 장에서 살펴본 것처럼, 그리고 고고학·역사학이 말해 주듯 1세기경 팔레스타인의 예루살렘은 히브리어, 아람어*, 희랍어의 3개어가 통용된 다언어 사회였다.

히브리어는 유대교 회당과 예루살렘 성전에서 사용되었고, 아람어*는 전통적인 일상어였으며, 희랍어는 지중해 동쪽 나라들이 그리스인들에 의해 정복된 이래 사용해 온 문화어였다. 이 세 언어는 말로든 글로든 사방 어디서나 접할 수 있었다. 그리고 일부 사람들, 특히 로마 관청을 들락날락한 사람들은 실용 라틴어도 알았을 것이다.

그리고 희랍어에 능통했던 팔레스타인의 로마인들이 라틴어도 썼다는 사실은 '본디오 빌라도 라틴어 비문(碑文)'에서 확인할 수 있다. 이 비문은 티베리우스 황제의 공덕을 칭송해 세운 건축물 '티베리에움'의 빗돌에 새겨진 글의 일부로, 가이사리아 마리티마에서 발견되었다. 로마 총독 빌라도(서기 26~36년경 유다, 사마리아, 이두매 등 팔레스타인 중남부 지역을 다스린 로마 총독. 복음서는 그가 세 번씩이나 예수를 석방하려고 했으나 유대인 군중에게 굴복해 예수를 처형했다고 전한다. 유세비우스는 그가 서기 36~37년 로마 제국의 2대 황제인 티베리우스의 소환령을 받고 온갖 고생과 옥고를 겪다 서기 41년경 칼리굴라 황제로부터 사형을 언도받고 자살했다:역주)의 이름이 등장하는 현존하는 유일한 비문이다.

이 사실은 요한 복음에서도 엿볼 수 있다. 빌라도는 예수의 십자가 위에 '유대인의 왕 나사렛 예수'라는 명패를 써 붙였다. "그 명패는 히브리말과 라틴말과 그리스말로 적혀 있었다. 예수께서 십자가에 달리신 곳이 예루살렘에서 가깝기 때문에 많은 유다인들이 와서 그것을 읽어보았다."(요한 복음 19장 20절)

#  다언어 사회

### • 베싸이다

사람의 재능은 천차만별이다. 유대인 사학자 플라비우스 요세푸스는 유별나게 총명한 사람이었다. 그런 요세푸스가 희랍어로 술술 말하기가 쉽잖고, 사투리 딱지를 떼기가 어렵다고 털어 놓은 적이 있다. 겸손의 말이었을 것이다. 당시 팔레스타인의 유대인들은 희랍어와 헬레니즘* 문화를 잘 알고 있었다. 이를 말해 주는 증거는 신약 성서 곳곳에 널브러져 있다.

뒷날 베드로라는 이름을 얻은 예수의 제자 시몬과 그의 형제 안드레의 고향인 베싸이다는 영주 헤롯 필립비의 영토에 속해 있었다. 헤롯 필립비는 이 지역을 헬레니즘*화하는 데 공을 들였다. 이것은 사람들의 이름만 보아도 쉽게 알 수 있다. 예컨대 안드레는 완전한 희랍식 이름이다. 시몬도 희랍식 이름인데, 시몬이라는 이름이 맨 처음 등장하는 곳은, 희극의 아버지로 불리는 아리스토파네스가 기원전 423년에 쓴 〈구름〉 351행이다.

베싸이다 출신의 제자 필립비(요한 복음 1장 44절)도 희랍식 이름이다. 이 곳은 성 베네딕토 수도회 수사이며 고고학자인 바길 픽스너에 의해 발굴되었다. 어부의 집, 닻, 낚시용 갈고리, 그물 꿰는 바늘, 포도주 저장고, 화덕, 현무암 맷돌 등등이 나왔다. 최근 미국 신학자 엘리자베스 맥너머는 기독교적 관점에서 이곳이 '예루살렘 이후 가장 중요한 마을'이라고 말했다.[182]

다음은 맥너머가 들려 주는 일화이다.

"내가 가르치는 한 여학생에게 그 맷돌을 돌려 보라고 했더니 맷돌이 돌지 않았다. 두 사람에게 한번 해보라고 했더니 그제서야 맷돌이 움직였다. 그래서 예수도 '두 여자가 맷돌을 갈고 있다면'(마태 복음 24장 41절)이라고 말한 것이 아닐까?"

### •5,000석의 세포리 희랍 극장

예수는 나사렛에서 자랐다. 나사렛은 그의 청년기에 한창 갈릴리의 수도로 재건중이던 세포리에서 겨우 6㎞, 걸어서 한 시간 반 거리였다. 일부 학자들은 예수와 그의 아버지 요셉의 직업은 건축공이었으며, 세포리 건설에 열심히 참여했다는 견해를 제시한다. 사실 대부분의 성서가 '목수'로 오역하고 있는 마태 복음 13장 55절의 희랍어 '택톤(tecton)'은 '건축공'을 가리킨다. 지금도 영어의 아키텍트(architect;건축가)와 같은 단어에 그 흔적이 남아 있다.

당시의 비문 등에 잘 나타나듯 세포리 역시 뿌리 깊게 헬레니즘*화된 곳이었다. 예수가 청년이 되었을 무렵에는 대형 극장도 세워졌다. 희랍 연극이 희랍어를 구사하는 사람들을 위해 희랍어로 상연된 것은 팔레스타인도 예외가 아니었다. 세포리의 극장은 25,000명의 주민 중 5,000명이 앉아 관람할 수 있는 규모였다. 이 비율을 보면 1세기 당시 예수와 제자들의 고향인 갈릴리에서 희랍 연극을 볼 수 있을 정도의 희랍어 실력을 가진 사람들이 비단 상층 계급에 한정되지 않았음을 알 수 있다.

### •아람어, 히브리어, 희랍어를 구사한 예수

신약 성서는 이것을 어떻게 기록하고 있을까? 예수의 토박이 말이 아람어*이며, 그가 히브리어를 읽을 줄 알았다는 데 이의를 달 사람은 없을 것이다. 예수가 히브리어를 읽을 줄 알았다는 증거는 누가 복음 4장 16~30절에 나온다. 안식일을 맞아 회당에 들어가 이사야 예언서의 두루마리를 펼쳐 그 내용을 읽고 사람들에게 해석해 주는 장면이다.

그가 희랍어를 구사했음을 말해 주는 증거도 많다. 적어도 한 개의 직접적인 증거와 간접적인 증거들이 있다. 우선 마가 복음 7장 24~30절에 '띠로 지방'에서 예수가 시로페니키아 출신의 이방인 여자와 만나는 대목이 나온다. 더러 라틴어, 희랍어, 아람어* 용어에 번역까지 달아가며 다른 복음서 저자들보다 세련된 용어를 구사하는 마가는 7장 26절에서 "헤 데 기네 엔 헬레니스(He de gyne en Hellenís)"라고 함으로써 우리에게 한 가지 사실을 일깨워 준다. 이 말은 "그리고 이 여자는 희랍어를 썼다."는 의미이다.[183] 예수와 이 여자의 대화가 희랍어로 이루어졌음을 이렇게 슬쩍 일러 준다.

또 마가 복음 12장 13~17절의, 예수와 바리사이파 사람들이 카이사르(로마 황제를 일컫는 칭호:역주)에게 세금을 바치는 문제로 논쟁하는 대목에도 이와 비슷한 표현이 나온다. 얼마 전 독일의 고고학자이며 신약학자인 베네딕트 슈방크는 이 대목에서 예수가 바리사이파 사람들과 희랍어로 대화했음이 틀림없다는 견해를 제기했다.[184]

기원전 37년~서기 67년에는 히브리어, 아람어* 문자가 들어 있는 동전은 팔레스타인에서 주조되지 않았을 뿐만 아니라 팔레스타인으로는 단 한 개도 들여올 수 없었다. 그러므로 당시 동전에 새겨진 글자는 희랍어였다. 혹 저 멀리 프랑스 리옹을 거쳐서 온 동전이 있었다 하더라도 라틴어가 새겨져 있었을 것이기 때문이다.

그러나 이 장면에서 핵심은 예수가 말한 동전에 새겨진 글 자체에 있다. "카이사르의 것은 카이사르에게 돌리고 하느님의 것은 하느님께 돌려라."는 말은 아람어*로는 그처럼 효과적으로 전달되지 않는다.

사실 티베리우스 황제의 초상이 새겨진 그와 같은 동전은 유대인들에게는 대단히 꺼림칙한 것이었다. 황제의 초상 자체가 십계명의 제2계명(너희는 위로 하늘에 있는 것이나 아래로 땅 위에 있는 것이나, 땅 아래 물 속에 있는 어떤 것이든지 그 모양을 본떠 새긴 우상을 섬기지 못한다, 출애굽기 20장 4절:역주)을 어기는 것일 뿐만 아니라, 황제를 '디부스 아우구스투스(DIVUS AUGUS-TUS)' 즉 '신(과 같은) 아우구스투스'로 칭했기 때문이다. 그들에게는 이것은 신성모독 그 자체였다. 그래서 예수도 '카이사르의 것은 카이사르에게, 하느님의 것은 하느님께'라고 매듭을 짓는다. 그리고 이를 희랍어로 말했기 때문에 그들도 충분히 납득할 수 있었던 것이다.

내친 김에 한 가지 사실을 더 언급하고 넘어가자. 바로 이 대목에서 예수는 희랍 극장의 용어를 사용한다. 바리사이파 사람들을 향해 '위선자들'이라고 말한 것이다. 마가 복음 12장 15절은 "예수께서 그들의 히포크리시스(hypókrisis;위선, 교활한 속셈)를 알아 채시고"라고 이 말을 간접적으로 사용하고 있다. 그리고 마태 복음 22장 18절에서는 "이 히포크리타이 (hypokritai;위선자들)! 어찌하여 나의 속을 떠보느냐?"라는 웅변조의 말에서 이 말을 직접적으로 사용하고 있다. 희랍어에서 이 말은 '배우들' 즉 가장하는 사람들, 연기하는 사람들을 의미한다. 비유적인 의미로는 좀처럼 사용되지 않은 이 말을 예수

가 사용할 수 있었던 것은 그가 세포리의 대형 희랍 극장에 가
본 적이 있었기 때문이라고 짐작할 수 있다.

예수가 희랍어를 구사했음직한 상황은 이 밖에도 더 있다. 빌
라도의 심문, 그리고 부활한 예수가 막달라 마리아와 동산에서
만나는 장면이 그것이다. 부활한 예수가 동산에서 막달라 마리
아와 만났을 때(요한 복음 20장 11~28절. 골고타 언덕에서 예수가
십자가형에 처해진 뒤 안식일이 지난 다음날 이른 새벽 막달라 마리아
가 예수의 무덤을 찾는다. 그러나 무덤은 텅비어 있는 것을 보고 그녀
가 무덤 밖에 서서 흐느껴 울고 있을 때, 예수가 나타나 "왜 울고 있느
냐? 누구를 찾고 있느냐?"고 묻는다. 그러나 마리아는 그가 동산지기
인 줄 알고 "여보세요, 당신이 그분을 옮겨갔거든 어디에다 모셨는지
알려 주세요. 내가 모셔 가겠습니다." 하고 애원한다. 그 때 예수가
"마리아야" 하고 부른다:역주), 예수를 동산지기로 착각한 막달라
마리아와 예수의 대화는 분명 희랍어로 되어 있다(동산지기와
희랍어로 대화한다는 것은 허무맹랑한 소리가 아니다). 마침내
예수가 마리아의 이름을 부르자 마리아는 그제서야 그에게로 고
개를 돌려 아람어*로 "라뽀니(선생님)"라고 말한다. 극적인 언
어 전환이라고 하지 않을 수 없다. 요한이 치밀하게 묘사하는
이 극적인 장면 속에 1세기 팔레스타인의 언어에 관한 사회학적
정보가 잘 담겨 있는 것은 아닐까? 어떻든 이 대목에 관한 해석
에는 논쟁의 여지가 있을 수 있다.


### • 신약 성서 속의 희랍 희곡 대사

초기 기독교인들이 너무도 자연스럽게 받아들인 이 다문화적
사회의 모습은 사도행전에도 풍부하게 나타난다. 상류 바리사이

파 가문 출신인 바울은 매우 박학 다식한 인물이었다. 그는 희랍 작가들의 글을 적당한 대목에서 술술 인용한다. 세 가지만 예로 들어 보자.

"우리는 그분 안에서 숨쉬고 움직이며 살아간다."(사도행전 17장 28절)—아라투스

"나쁜 친구를 사귀면 품행이 나빠집니다."(고린토 전서 15장 33절)—메난더

"우리 그레데 사람들은 언제나 거짓말쟁이고 몹쓸 짐승이고 먹는 것밖에 모르는 게으름뱅이다."(디도서 1장 12절)—에피메니데스

그는 대사제에게서 다마스커스의 기독교인을 체포하는 권한을 위임받아 다마스커스로 가던 중 인생이 반전되는 사건을 겪는다. 사도행전은 바울이 다마스커스로 가는 길에 하늘에서 갑자기 번쩍인 빛에 눈이 멀게 되면서 예수를 만나 개종하게 된 이야기를 들려 준다.

사도행전을 기록한 누가는 서술상의 중요 전환점에서 이 사건을 세 번 언급하면서 중요하게 다룬다. 그는 먼저 사도행전 9장 1~9절에서 자연스럽게 이 사건을 언급한 뒤, 사도행전 22장 5~11절에서는 사건의 주인공인 바울의 입을 빌어 이 사건을 두 번째로 언급한다. 이방인과 함께 성전에 들어가려 한다는 이유로 예루살렘 성 안에서 유대인들에게 붙잡혀 죽을 뻔한 바울이 로마 군인들에 의해 로마군 병영으로 끌려가 병영 앞에서 유대인 동포들을 향해 연설하는 대목에서이다.

흥미롭게도 그는 로마에 저항해 반란을 일으킨 이집트 반란군의 우두머리로 오인받아 로마 군인들에게 끌려갔는데, 희랍어를 구사해 그들을 놀라게 한다. 로마군 파견대장이 "그럼 당신은 희랍어를 할 줄 아시오?"(사도행전 22장 2절) 하고 물을 만도 했다.

그는 유대인들에게 한마디 할 수 있도록 허락을 받은 뒤 유대인들을 향해 이제 아람어*로 일장 연설한다. 유대인들은 적이 놀라면서 태도도 한층 누그러진다. "군중은 바울로가 아람어*로 연설하는 것을 듣고는 더 조용해졌다."(사도행전 22장 2절) 그는 그들에게 다마스커스 도상(途上)의 사건을 들려 준다. 그의 연설의 서두는 '우리의 조상이 전해 준 율법'(사도행전 22장 3절)이었다. 그들과의 공감대를 위해서였다.

누가는 사도행전 26장 12~20절에서 바울의 입을 빌어 이 사건을 한 번 더 들려 준다. 바울은 다시 로마인들에게 체포되어 가이사리아 마리티마의 법정에 섰다. 가이사리아의 권력자들과 명사들이 그의 앞에 있다. 이윽고 왕 헤롯 아그리파 2세와 갓 부임한 로마 총독 페스도가 그를 심문한다.

헤롯 아그리파 2세와 페스도는 로마의 제도 교육을 받으며 성장했으므로 로마의 문학·철학에 밝았고 희랍어에도 능통했다. 그들과 마찬가지로 박식한 로마 시민이었던 바울은 그들에게 희랍어로 말한다. 이 때는 '우리의 조상이 전해 준 율법'은 입 밖에도 꺼내지 않는다. '표적 대상'이 다르기 때문이다. 그는 이 자리에서, 그리고 여기서 꼭 한 번, 예수가 다마스커스 도상에서 바울에게 "사울아, 사울아, 왜 나를 박해하느냐?"라고 하면서 한 말을 슬쩍 덧붙인다. "스클레론 소이 프로스 켄트라 락티

제인(sklerón soi pròs kéntra laktízein)" 즉,

가시 돋친 채찍에다 발길질을 하다가는 너만 다칠 뿐이다.

(사도행전 26장 14절)

라는 말이다. 이 말은 분명 그들에게 친숙한 말이었다. 아에스킬루스의 비극 3부작 〈오레스테이아〉(아가멤논이 아내 클리넴네스트라에게 죽음을 당하고 그들 사이에 태어난 아들 오레스테스가 어머니에게 복수를 하는 내용의 비극:역주)의 한 구절이기 때문이다.[185] 오늘날에도 자주 무대에 오르는 유명한 희랍 비극이다. 〈오레스테이아〉의 제1부 〈아가멤논〉에서 아에기스투스는 코러스에게 이렇게 말한다.

이걸 보고도 돌이켜 생각할 줄 몰라? 가시 돋친 채찍에다 발길질을 하다간 제 몸만 상할 뿐. (1623~1624행)

바울의 말대로 예수는 이 말을 아람어*로 했다(사도행전 26장 14절:역주). 그래서 예수의 이 말은 희랍 희곡의 대사를 아람어*로 옮겨 말한 유일한 예이다. 그러나 페스도와 아그리파는 아람어*를 몰랐으므로 바울은 이를 희랍어로 들려 주었다.

이 말의 핵심인 '가시 돋친 채찍에다 발길질을 하는 것'은 아에스킬루스의 비극 〈프로메테우스〉 325행에도 나오고, 문맥이 사뭇 다르지만 에우리피데스의 〈바카이〉 795행에도 비슷한 표현이 나온다. 또 로마 시대의 희극 작가 테렌티우스의 〈포르미오〉에도 이 표현이 나온다.

그 속담이 생각났어. 어리석게도 가시 돋친 채찍에다 발길
질을 한다는 말이. (77~78행)

이 말이 그들의 마음에 선뜻 와 닿았을 것임은 짐작하기 어렵
지 않다. 이 말이 나오는 〈아가멤논〉의 문맥도 통렬한 맛이 있
다. 바울의 입에서 흘러나온 이 말을 듣고 페스도와 아그리파가
어떤 희곡을 먼저 떠올렸든 그들이 받아들인 의미는 그리 다를
바 없었을 것이다. 그들은 무엇보다도 십자가 위에서 처형당한
갈릴리의 나사렛 예수가 이런 표현까지 알고 있었고, 또 지금
법정에 선 그의 제자 바울이 식은 죽 먹듯 이것을 희랍어로 읊
조릴 줄 안다는 데 생각이 미쳤을 것이다.

예수, 그리고 바울을 비롯한 초기 기독교인들은 무식꾼이 아
니었다. 그들은 이처럼 상황에 따라 몇 가지 언어를 유창하게
구사했다. 그 때 이미 기독교는 만인을 위한 종교였던 것이다.
그들은 예루살렘 성전의 유대인들은 물론 헬레니즘*화한 유대
왕과 로마 총독에게까지 접근할 줄 알았다.

누가가 바울의 입을 빌어 다마스커스 도상의 사건을 두 번씩
이나 언급한 데서 읽어낼 수 있는 메시지가 이것이다. 사도행전
26장 28절에 나오는 아그리파의 반응은 이러한 전략의 효과를
함축성 있게 보여 준다. "네가 적은 말로 나를 권하여 그리스도
인이 되게 하려 하는도다."

 # 필사술

### • 아마누엔세스(비서)

로마에 대항해 끝까지 맞선 마사다의 유대 민족주의자들이 희랍어로 의사소통하기를 대수롭잖게 여기고, 쿰란*의 에세네파*가 희랍어 문서들을 갖고 있었고, 누가가 자신의 복음서를 필사하고 배포하는 데 로마의 고위 관리의 힘을 활용했고, 바울의 교우들이 '멤브라나*'라는 양피지로 만든 책을 사용했다는 등의 사실은 이미 살펴본 바와 같다.

그런데 기독교 문서의 저자와 필사자들이 수용한 희랍인·로마인의 관행이 하나 더 있다. 아마누엔세스, 즉 문학적 재능과 필사술을 가진 믿을 만한 협조자인 비서를 쓴 일이다. 그들 중 신약 성서에 이름이 올라 있는 이들도 있고, 아직껏 이름이 밝혀지지 않은 이들도 있다. 누가는 자신의 복음서 첫머리에서 이들을 다음과 같이 포괄적으로 지칭한다.

우리들 사이에서 일어난 그 일들을 글로 엮는 데 손을 댄 사람들이 여럿 있었습니다. 그들이 쓴 것은 처음부터 직접 눈으로 보고 말씀을 전파한 사람들이 우리에게 전해 준 사실 그대로입니다.(누가 복음 1장 1~2절)

자신의 복음서는 물론 앞서 나온 복음서들의 배후에 증인들이 있다는 것을 누가가 강조한다는 데 주목할 필요가 있다. '말씀을 전파한 사람들'이란 희랍어로 히페레타이(hyperetai) 즉 '협조자들'이다. 신약 시대에 이 말은 유대교 회당에서 의식을 돕는 사람이나 시종, 하녀를 임명할 때, 그리고 왕의 시종이나 포졸을 임명할 때 쓴 말이지만, 여기서는 문서화된 예수의 복음을 전파하는 데 조력한 사람들을 의미한다.

흥미롭게도 이 희랍어 단어는 누가가 기록한 사도행전 13장 5절에도 나온다. 전통적으로 가장 오래된 복음서로 꼽혀 온 마가복음의 저자 '요한 마가'가 바울 또는 바르바나의 협조자가 아니라, 그들이 서기 46년경 함께 만든 선교 조직의 일원이었음을 최초로 밝힌 사람은 신약학자 테일러였다. 그는 요한 마가를 히페레테스(hyperetes)라고 일컫는다. 이 말이 그가 마가 복음을 이미 완성했거나 아니면 적어도 그 일에 착수했음을 의미하는지, 그가 진정한 '말씀을 전파하는 사람'이었음을 의미하는지 명확하지 않다.[186]

이렇게 둘러 말하지 않고도 자질이 뛰어난 협조자들을 언급한 대목이 신약 성서에 두루 나온다.[187]

나는 진실한 형제로 여기는 실바노의 손을 빌어 여러분에게 간단히 이 편지를 썼습니다. 그것은 여러분을 격려하는 한편 하느님의 참된 은총이 어떤 것인가를 증언하기 위한 것입니다.(베드로 전서 5장 12절)

이 편지를 받아 쓰는 나 데르디오도 주님의 이름으로 여러분에게 문안드립니다.(로마서 16장 22절)

로마서 16장 22절은 희랍어로 "에고 테르티오 호 그랍사스 텐 에피스톨렌(Ego Tértios ho grápsas ten epistolen)"이다. 이 표현과 관련해 미국의 신약학자 게리 버어지는 최근 자신의 논문

제목을 〈'로마서의 진짜 필자' 데르디오〉라고 붙이기도 했다.[188]

실바노, 데르디오와 같은 사람들은 단순한 필사자 이상의 인물이었다. 로마서는 "그리스도 예수의 종, 나 바울로가 이 편지를 씁니다.…"로(1장 1절), 베드로 전서는 "예수 그리스도의 사도인 나 베드로는… 여러분에게 이 편지를 씁니다."(1장 1절)로 시작하므로 바울이 로마서를 썼고 베드로가 베드로 전서를 썼음을 의심한 사람은 아무도 없었을 것이다.

그러나 비서의 역할이 막중했던 것도 사실이다. 세련된 희랍어를 구사하는 베드로 전서를 거칠고 투박하고 히브리풍인 베드로의 후서와 비교해 보면 이를 쉽게 알 수 있다. 많은 학자들이 이를 전적으로 실바노 덕분이라고 보는 것도 무리가 아니다. 실바노는 이미 데살로니카 전·후서에서 자신의 역량을 보여준 노련한 비서였다. 로마서의 데르디오도 그냥 펜만 끄적거린 사람이 아니었다.

### • 바울의 비서 데르디오와 레위 마태의 속기술

로마서라는 작품에 미친 데르디오의 영향을 바울도 익히 알고 있었을 것이다. 이 때문이 아니라면 '이 편지를 받아 쓰는 나 데르디오'와 같이 좀 우쭐거리는 듯한 말을 바울이 내버려 둔 이유를 달리 어디서 찾을 수 있을까? 비서들이 메모나 초고만 보고 살을 붙여 한 통의 서신을 완성하는 것은 다반사였다. 그렇다고 해서 바울이나 베드로의 서신이 권위를 의심받지는 않았다. 이들의 역할은 어디까지나 오늘날 정치 연설 원고를 쓰거나 소설가나 전기 작가의 작업을 거드는 대필 작가와 비슷했다.

어쨌든 서신의 말미에다 자신의 서신임을 분명히 해 두어야 한다는 것쯤은 잘 알고 있었던 바울이다. 그래서 일부 서신의 경우 문체와 어휘가 너무 달라 정말 바울이 썼는가 하는 의심을 사기는 예나 지금이나 마찬가지이다. 바울은 더러 편지 말미에 다음과 같이 자신의 서명을 덧붙인다.

이 인사는 나 바울로가 직접 씁니다.(고린토 전서 16장 21절)

보십시오. 내가 직접 여러분에게 이렇게 큰 글자로 써 보냅니다.(갈라디아서 6장 11절)

나는 친필로 서명을 하며 여러분에게 문안합니다.(골로사이서 4장 18절)

바울로로부터. 이렇게 친필로 서명을 하며 여러분에게 문안합니다. 이 서명은 내 모든 편지를 가려내는 표입니다. 이것이 내 글씨입니다.(데살로니카 후서 3장 17절)

이렇게 친필로 보증하는 바입니다.(필레몬서 1장 19절)

바울의 비서 데르디오가 그리스-로마 문화권에 속한 이곳에서 활동한 기독교 필사자들에게서 흔히 볼 수 있었던 기술을 갖고 있었을 가능성이 크다. 그가 타키그라포스(tachygraphos), 즉 속기사였을 수 있다는 말이다.[189] 사실 속기술은 숙련된 필사자가 마땅히 지녀야 할 기술이었다. 바울의 교우들 중에서 사람들의 입에 특별히 이름이 오르내리지도 않은 데르디오가 바울의 비서라는 영예로운 자리를 얻게 된 이유가 어디에 있었을까?

바울은 달변가요 지칠 줄 모르는 다변가였다. 그가 비서로 뽑힌 이유의 하나로 다변가 바울의 말을 일일이 주워담아 기록하고 편집해낼 수 있었던 능력을 꼽을 수 있다. 다음의 일화는 다변가 바울의 면모를 극명하게 보여 준다.

> 바울로는 그 이튿날 떠나기로 되어 모인 사람들과 밤이 깊
> 도록 오래 이야기를 나누었다.… 그 때 유디코라는 청년이 창
> 문에 걸터앉아 있었는데 바울로의 이야기가 너무 오래 계속되
> 자 졸음을 이기지 못하여 마침내 깊이 잠이 들었다가 그만 삼
> 층에서 땅으로 떨어졌다.(사도행전 20장 7~9절)

예수의 제자들 가운데, 내륙과 바다를 잇는 갈릴리 요충지의 텔로네스(telones) 출신인 마태 복음의 저자 레위 마태도 속기술을 갖고 있었을 것으로 보인다. 데르디오가 바울의 긴 말을 받아적을 수 있었던 것처럼 레위 마태도 예수가 산 위에서 행한 긴 산상 설교를 그대로 받아적을 줄 알았다는 학자들의 견해는 지당하다.[190]

산상 설교를 이처럼 기정 사실화하는 데 대해 언짢아 하는 사람들이 있다. 마태 복음은 레위 마태에 의해 기록되지도 않았고, 산상 설교도 기독교 공동체가 여기저기 흩어져 있던 예수의 말을 나중에 짜깁기한 것일 뿐 예수가 직접 한 말이 아니라고 주장하는 신약 비평가들이 그들이다. 그러나 우리는 편견을 버리고 역사적 증거를 찾아내지 않으면 안 된다.

### • 《70인역》*에 나타난 속기술

신약 시대의 속기술은 시기적으로 기원전 3세기의 성서에 나타난 속기술에 관한 언급과 서기 2세기 초의 한 가죽 문서 사이

에 끼어 있다. 기원전 3세기의 이른바 《70인역》* 희랍어 구약 성서를 보면 이따금씩 히브리어 텍스트와 잘 맞지 않는 말이 있다. 특정 표현을 희랍어 독자들이 어떻게 받아들일는지, 또 이런저런 표현을 희랍어로 어떻게 옮기는 것이 좋을는지 고려해야 했기 때문일 것이다. 이것은 오늘날의 성서 번역본들도 마찬가지이다. 다음의 구약 성서 시편 45편 1절을 보자.

> 내 마음에서 우러나는 아리따운 노래를
> 옥시그라포스(oxygráphos)의 붓끝으로 엮어
> 우리의 왕에게 바칩니다.

여기서 영역본들이 '글 잘 쓰는 선비', '글재간꾼', '문장가' 등으로 옮기는 옥시그라포스(oxygráphos)는 '속기사'를 일컫는 타키그라포스(tachygraphos)와 같은 말이다.[191]

《70인역》*에서 이 시편 번역자가 '옥시그라포스'로 옮긴 것처럼 구약 성서 에즈라 7장 6절의 번역자도 그라마테우스 타키스(grammatèus tachys) 즉 속기라는 말로 에즈라의 자질을 묘사한다(공동 번역은 다음과 같이 옮긴다. "이 에즈라가 바빌론에서 돌아왔는데, 그는 이스라엘의 하느님 야훼께 받은 모세의 법을 통달한 선비였다." :역주).

즉 희랍어를 사용한 유대인들 사이에 '옥시그라포스'라는 말은 그만큼 널리 사용되었다. 《70인역》*의 일차적인 목적이 히브리어 원전을 희랍어로 쉽게 풀어쓰는 데 있었으므로, 이 말이 널리 쓰이지 않았다면 《70인역》*의 목적도 수포로 돌아갔을 것이다.

### • 가죽 텍스트 속의 상징 ☧

그리고 사해 인근의 무라바앗 계곡의 한 동굴에서 발견된, 목록과 164라는 번호가 달려 있는 가죽 텍스트가 있다.[192] 이 텍스트는 아직 해독되지 못하고 있다.

다만 이 텍스트의 편집자들에 의해 희랍어 속기로 기록되었음이 밝혀졌을 따름이고, 그 후로 지금까지 면밀하게 분석할 기회가 없었다.[193]

이 텍스트의 최종 연대는 2세기 초반이다. 한마디 덧붙이자면, 이 텍스트는 필경 '기독교' 텍스트이다. 훗날 해독에 성공하면 어떤 결과가 나올는지 알 수 없지만, 두 조각 중 큰 조각의 중간에 $X$와 $P$가 또렷이 보인다. 이것은 예수 $XPI\Sigma TO\Sigma$의 머릿글자 두 개로 만든 모노그램(결합 문자)이다. $P$를 $X$ 위에 올려 하나의 상징 ☧을 만들고 있다.[194] 다시 말해, 신약 성서가 등장할 무렵 희랍어 속기는 유대인과 기독교인 사회에서 일상적으로 쓰였다.

이처럼 부유층과 지식층을 넘어 평범한 사람들까지 투박하나마 희랍어로 무난히 의사소통을 하고 희랍어 속기가 일상적으로 행해진 당시의 팔레스타인 사회의 면모는, 모들린 파피루스의 역할을 이해하는 데 도움이 된다. 모들린 도서관의 마태 복음 파피루스는 희랍어 속기에 능한 필사자에 의해 기록되었다. 마태 복음의 저자 레위 마태가 바로 그런 인물이었으리란 것이다.

그런데 이 작은 세 개의 파피루스 조각에서 초기 기독교인들의 신앙에 관한 어떤 정보가 들어있을까? 여기서 한 가지 살펴봐야 할 것이 있다. '노미나 사크라*(nomina sacra)' 라는, 이 시기의 목적의식적인 전략의 변화이다. 이 변화는 일찍이 없었던

전혀 새로운 것이지만, 방금 살펴본 것처럼 언어와 편지, 기호
와 상징에서 다언어를 구사한 1세기 팔레스타인 사회의 기독교
인들이 갖고 있었던 가능성이 현실화한 것이다.

 ## 속기로 표현한 '거룩한 이름'

모들린 파피루스의 두드러진 특징인 '노미나 사크라*'는 3장
과 5장에서 이미 본 적이 있다. 문자가 손상되어 있기는 하지만
뚜렷이 식별할 수 있는 노미나 사크라*가 두 개 있다. 하나는 조
각⟨3⟩ 앞면 2행(마태 복음 26장 22절)에 있는, 주님(kyrie)을 나
타내는 *KE*이고, 또 하나는 조각⟨1⟩ 앞면 1행(마태 복음 26장
31절)에 있는, 예수(iesous)를 가리키는 *IΣ*이다. 뒤에서 생생하
게 재구성해 내겠지만, 지금은 깨져 달아난 이 축약어들 위의
수평획이 원래는 틀림없이 있었다. 행의 문자 비율을 따져 재구
성할 수 있는 것도 있다. 조각⟨2⟩ 뒷면 1행(마태 복음 26장 10
절)의 *IΣ*이다.

모들린 파피루스와 바르셀로나 파피루스, 파리 사본 등의 연
대가 재확정되기 전에도 조각⟨3⟩과 조각⟨1⟩의 *KE*과 *IΣ*는 가
장 오래된 노미나 사크라*의 예로 꼽혔다.[195] 그 이유는 간단하
다. 전통적으로 서기 약 120년의 것으로 감정되어 최근까지 가
장 오래된 신약 성서 파피루스로 일컬어졌던 저 유명한 P[52](요한
복음 18장 31∼33절, 37∼38절)에 노미나 사크라*가 보이지 않았
기 때문이다. 그러나 사실은 앞면 2행(18장 32절), 앞면 5행(18

장 33절), 앞면 7행(18장 34절)의 길이를 재구성해 보면 이 파피루스에도 원래 iesou, iesoun, iesous가 각각 *IΥ*, *IN*, *IΣ*로 축약되어 있었을 수 있음을 알 수 있다.

이런 방식으로 모들린 파피루스의 자매 파피루스인 바르셀로나 파피루스에서도 노미나 사크라를 찾아낼 수 있다. 그리고 대개 서기 약 200년의 것으로 감정해 왔지만 사실은 약 75년쯤 더 오래된 요한 복음 파피루스 P[66]에도 노미나 사크라*가 뚜렷이 보인다.[196]

런던의 대영 박물관에 소장되어 있는, 서기 110~130년의 것으로 감정된 초기 기독교 텍스트인 소위 '에거튼 파피루스 2'에도 노미나 사크라가 나온다.[197] 텍스트의 출처가 확인되지 않아 이에 대해 의견이 분분한 이 파피루스에는 복음서 자료 및 복음서에 들어가지 못한 여러 전승과 말씀(다음의 요한 복음 21장 25절을 보라:"예수께서는 이 밖에도 여러 가지 일을 하셨다. 그 하신 일들을 낱낱이 기록하자면 기록된 책은 이 세상을 가득히 채우고도 남을 것이라고 생각된다.")이 두루 기록되어 있다. 이 파피루스는 노미나 사크라*가 비단 권위 있는 정전*에 포함된 텍스트에 한정되지 않고 초기 기독교 텍스트에 널리 쓰였음을 보여 주는 매우 소중한 자료이다.


### • 신학적 지위를 반영한 '노미나 사크라'

신약 성서의 연대를 이해하는 데 노미나 사크라*가 중요한 까닭은 무엇인가? 무엇보다도 이것이 결코 우연히 등장하지 않았기 때문이다. 아무리 오래된 기독교 문서에도 이것은 수미일관된 모습으로 나타난다. 처음부터 일정한 체계가 있었다는 것이다. 이러한 축약형은 전반적으로 오늘날의 글보다 고전 문헌에 더 흔하다. 예를 들어 모들린 파피루스 조각⟨3⟩ 뒷면(마태 복음 26장 14절)에는 12를 일컫는 도데카(dodeka)가 $\iota\beta$로 축약되어 있다.

희랍인들과 로마인들은 숫자를 축약해 쓰는 확실한 체계를 갖고 있었다. 오늘날 우리가 쓰는 방식은 로마식이다. 그 적절한 예로 모들린 파피루스 1차 편집본에서 콜린 로버츠가 마태복음 26장을 'xxvi'으로 표기하고 있는 것을 들 수 있다. 물론 간단히 '26'으로 적으면 될 것을 'xxvi'으로 표기하는 것은 경제성이 떨어진다. 여기서 적절하다는 것은 경제성이 아니라 전통적인 표기 방법을 따랐다는 의미이다.

숫자는 차치하고라도 인명, 칭호, 열두 달의 명칭, 굳은 용어 따위는 명각 못지않게 문헌에서도 널리 축약되어 쓰였다.[198] 그러므로 필사술에 능했던 1세기의 필사자와 비서들이 널리 알려진 축약형을 쓰거나 축약형을 새로 만들어 쓸 궁리를 한 것을 두고 혁명적이었다고 말할 수는 없다. 그러나 그들이 구사한 축약형은 좀처럼 전례가 없는 것들이어서 오늘날까지 주석가들의 골머리를 아프게 한다. 그들은 일정한 시스템에 따라 예수, 하느님, 성령을 비롯해 이와 관련된 이름과 단어들을 축약했다.

|  | 예수 | 하느님 | 성령 |
|---|---|---|---|
| 영어 | Jesus | God | Holy Spirit |
| 영어 축약어 | JS | GD | HS |

| 라틴어 | iesous | theos | pneuma |
|---|---|---|---|
| 라틴어 축약어 | IS | THS | PNA |
| 희랍어 축약어 | $I\Sigma$ | $\theta\Sigma$ | $PNA$ |

이 밖에 이와 관련된 말들도 이처럼 축약됨으로써 명실상부하게 거룩한 지위를 얻었다. 예컨대 주님(kyrios)이라는 말은 성부·성자·성령의 삼위일체와 하등 관계 없는 사람에게도 쓰였다. 네로 황제를 이렇게 불렀다는 사실은 5장에서 본 바와 같다. 그러나 일단 $K\Sigma$로 축약되는 순간 이 말은 성서의 주님을 일컫는 노미나 사크라*가 되었다. 그 최초의 예가 모들린 파피루스의 조각〈3〉 앞면 2행(마태 복음 26장 22절)의 $KE$이다.

새로이 등장한 이 표기 방식을 일컫는 말로 '노미나 사크라*'라는 용어를 최초로 만들어낸 인물은 독일의 루드비히 트라우베였다.[199] 그는 노미나 사크라*의 지위에 오를 만한 단어로 약 15개를 꼽았다. 이 단어들을 늘 축약해 쓴 것은 아니지만 축약할 때는 다음과 같은 체계를 따랐다.

하느님(theos), 예수(iesous), 그리스도(christos), 주님(kyrios), 아들(hyios)의 5개 단어는 머릿글자와 끝자를 딴다. 물론 마지막의 아들(hyios)은 하느님의 아들을 일컬을 때에만 축약했다.

그리고 성령(pneum), 예수의 선조인 다윗(david), 십자가(stauros), 구세주(sohtehr), 예수의 아버지(pater), 예수의 어머니(meter), 예수를 '사람의 아들' 또는 이와 비슷하게 일컬을 때의 사람(anthropos), 이스라엘(israehl), 예루살렘

(ierousalem), '하늘 나라'를 일컬을 때의 하늘(ouranos) 등의 10개 단어는 머릿글자 2개와 끝자 하나 또는 머릿글자와 끝자 둘을 딴다.

이러한 노미나 사크라*는 신학적 지위를 반영한다. 기독교 필사자들이 하릴없이 또는 파피루스를 아껴쓰려고 그리스-로마와 유대의 축약 관행을 기독교 문서에 도입한 것은 아니었다. 무언가 주장하고자 하는 바가 있었기 때문이다.

기독교 문서에서 이 관행이 나타난 현존하는 가장 오래된 예가 바로 모들린 파피루스이기 때문에 서기 70년 이전에 이 관행이 시작되었다고 못박아 말할 수 있다. 그러나 의문을 피할 수 없다. 이 관행이 언제, 왜, 무슨 용도로 도입되었는가?

### • 노미나 사크라가 등장한 시기

노미나 사크라*의 도입 시기를 '서기 70년 이전'이라고 못박고 그것으로 만족하고 넘어갈 수도 있을 것이다. 그러나 3장과 5장에서 살펴본 것처럼 모들린 파피루스는 어디까지나 '사본'이므로 그에 앞서 이 사본의 '두루마리'가 있었음을 잊어서는 안된다. 그리고 모들린 파피루스와 달리 쿰란*의 마가 복음 파피루스 두루마리 7Q5(마가 복음 6장 52~53절)의 경우 노미나 사크라*로 축약해 쓸 만한 말이 없다는 사실도 기억할 필요가 있다. 그런데 쿰란* 제7동굴의 다른 파피루스들은 어떨까?

제7동굴에서 나온 문서들에 관해 현재 진행되고 있는 논쟁과 7Q5에 가려 제대로 빛을 못 보고 있는 파피루스 '두루마리' 조각 7Q4가 있다. 그것이다. 호세 오칼라한은 7Q4를 신약 성서의 디모데 전서 3장 16절~4장 3절로 감정했다. 이 감정은 비평가들 사이에 조용히 반향을 일으켰다.[200] 그가 7Q5를 마가 복음 텍스트로 감정한 데 대해 시종일관 반론을 제기한 사람들도 이 감정만큼은 수긍한다.[201]

7Q4의 두 조각 중 첫째 조각의 오른쪽에 여백이 보존되어 있다는 것은 파피루스 학자들에게 대단히 큰 도움이 된다. 쿰란* 제7동굴에서 나왔기 때문에 그 '최종 연대'도 쿰란* 동굴의 다른 문서들과 마찬가지로 서기 68년이다. 즉 이 동굴에 들어가 보관된 시기가 늦어도 서기 68년이므로, 그 기록 연대는 이보다 앞선다. 고문서학적으로 볼 때 7Q5와 시기적으로 같다(7Q5의 시기에 대해서는 3장에서 면밀하게 살펴본 바 있다). 그런데 공교롭게도 이 7Q4에는 7Q5와 달리 노미나 사크라*로 축약할 만한 말이 두 개나 있지만 축약이 되어 있지 않다.

7Q4를 검토해 보자. 3장에서 설명한 대로 파피루스를 감정하려면 먼저 행의 문자 비율을 살펴야 한다. 호세 오칼라한의 7Q4 편집본에 주목해 보자.[202] 7Q4는 두 조각으로 이루어져 있다. 그 중에서 큰 조각 2행의 문자수를 세어 보면 "… 성령께서 분명히 말씀하십니다."(디모데 전서 4장 1절)에서 성령(pneuma)이 축약되었을 가능성은 없는 것 같다. 이 행의 앞에 아홉 자가 들어갈 수 있는 간격이 있는데, 여기에 '성령'의 축약어 *PNA*를 넣으면 열두 자가 되기 때문이다. 불가능하다기보다는 가능성이 낮은 듯하다.

그 다음 예로 4행은 노미나 사크라가 적용되지 않는 예외의 경우를 보여준다. 4행의 끝자는 분명 프네우(pneu)인데 이것은 5행의 마신(masin)과 함께 프네우마신(pneumasin)이 된다. 이 행의 내용은 "거짓된 영들과 악마의 교설"(4장 1절)인데, 이런 영들은 '거룩한 이름'이 아니므로 축약될 리 없다.

그렇다면 7Q4의 작은 조각을 검토해 보자. 짜깁기한 조각이다. 1행에는 잉크 흔적만 있고, 2행에는 $O$, $\theta$, $E$만 또렷이 보인다. 오칼라한의 짜깁기가 정확하다면, 이 문자들은 "하느님께서 (만들어 주신 음식)"(디모데 전서 4장 3절)의 '하느님(theos)'이다. 그러므로 $\theta E$은 노미나 사크라*가 아니다. 왜냐하면 앞에서 본 바대로 '하느님'을 가리키는 노미나 사크라*는 머릿글자와 끝자를 따서 $\theta\Sigma$로 축약해 썼기 때문이다.

7Q4를 디모데 전서 3장 16~4장 3절로 감정한 것은 무리가 없다 하더라도, 불행하게도 우리는 이 파피루스 두루마리 조각에 노미나 사크라*가 없다고도 있다고도 꼬집어 말할 수가 없다. 오직 큰 조각을 어떻게 감정하느냐에 달려 있다. 그렇다면 이 의문을 해결해 줄 수도 있을 듯한 작은 조각이, 디모데 전서 4장 1절의 뒷부분이라고 잠정적으로 생각해 보면 어떨까? 그러나 문자 비율에 맞게 이 문자들을 포함하는 단어가 나올 수 있는 곳은 꼭 한 군데, 4장 3절밖에 없다. 따라서, 7Q5처럼 노미나 사크라로 축약되지 않았다고 잠정 결론을 내릴 수 있다.

즉 텍스트 전파의 첫단계인 '두루마리'에는 노미나 사크라*가 아직 도입되지 않았다. 이러한 축약형은 앞서 3장에서 살펴본 바와 같이 서기 62년을 분수령으로 두루마리에서 '사본'으로 전환하면서 시작된 것으로 보인다. 따라서 이 측면에서 보더라도 세 개의 노미나 사크라*가 들어 있는 모들린 파피루스는 노미나 사크라*가 등장하는 '최초의' 예이다. 그런데 노미나 사크라*가 사본으로 전환됨과 동시에 일어나게 된 '신학적' 이유,

사회학적 이유는 무엇일까?

### • 입에 담아서는 안 되었던 '하느님'의 이름

서기 1세기의 대다수의 유대인과 비유대인들은 히브리어가 아닌 희랍어로 기록된 구약 성서를 읽었다. 유대인의 성서는 거룩한 하느님의 이름을 입에 담는 것을 터부시했고, 글에서도 축약해 썼다. 이러한 표기 방식은 히브리어 성서에서는 거의 찾아볼 수 없다. 전통적인 히브리어에서는 거룩한 단어든 속된 단어든 모두 모음을 빼고 기록했기 때문이다.

이에 따라 하느님의 이름은 YHWH로 표기했다. 이른바 테트라그램(히브리어에서 하느님을 나타내는 4문자:역주)이라는 것이다. 그런데 이 자음들 사이에 어떤 모음을 넣어야 할는지 알 수 없었기 때문에, 읽을 때는 대개 아도나이(Adonai;주님)와 같은 다른 말로 바꿔 읽었다. 오늘날 학자들은 YHWH가 야훼(Yahweh)였다고 단언하지만, 독자들은 이런저런 모음을 끼워넣어 갖가지 결합어를 만들어내었다. 특히 여호와(Je-ho-va)는 오랫동안 영향을 끼쳤다. YHWH가 축약의 형태를 갖게 된 것은 히브리어 구약 성서가 최초로 희랍어로 번역될 때의 일이다. '하느님'이 나올 때마다 희랍어 텍스트에 히브리어 자음을 끼워넣었기 때문이다.

이 관례는 중세까지 이어져 변이형들까지 나타났다. 히브리어 욧(yod)의 첫 자만 따서 쓰거나, y를 두 번 반복해 z를 겹쳐 놓은 것처럼 만들거나 사이에 –을 넣는 등으로 축약의 양상도 한층 두드러졌다.

입에 담아서는 안 되었던 하느님의 이름이 히브리어가 아닌 희랍어로 축약된 예가 있다. 최초의 기독교 텍스트가 '탄생'하기 직전의 한 쿰란* 파피루스이다. 바로 쿰란* 제4동굴에서 발견된 희랍어 레위기 파피루스(Pap4QLXXLev[b])이다. '하느님'이 완전한 희랍어 테오스(theos)나 '아도나이'를 의미하는 키리오스(kyrios;주님)가 아니라 야오(Ya-oh)나 야호(Ya-ho)로 발음되는 모음 $IA\Omega$로(!) 표기되어 있다.[203] 이를 볼 때 초기 기독교인들이 구약 성서 텍스트를 필사하는 데 더이상 매달리지 않고 기독교 텍스트를 희랍어로 기록할 무렵, 하느님의 이름을 축약해 사용하는 데 어지간히 익숙해 있었음을 알 수 있다.

'키리오스'가 일찍이 두루마리 단계에서 축약되었는지는 알 수 없다. 축약되었다면 희랍어 자음 $K\Sigma$나 히브리어 4문자, 또는 희랍어 모음 $IAO$으로 축약되었을 것이다. 이것을 보여 주는 이 시기의 기독교 문서가 우리에게는 없다. 그러나 오칼라한이 디모데 전서 3장 16절~4장 3절로 감정하고 재구성한 7Q4가 표준 관례를 보여 주는 것이라면, '하느님(theos)'도 '성령(pnewma)'도 축약되어 있지 않았음이 틀림없다.

초기 기독교 필사자들은 처음에는 유혹을 물리치며 전통적인 유대인의 관례를 깨뜨리지 않으려고 무던히 애썼다. 그러나 어느날 갑자기 상황이 돌변했다.


### • 노미나 사크라가 등장한 이유들

기독교 텍스트 전파의 둘째 단계인 사본이 등장할 때 기독교 파피루스에는 거의 일거에 노미나 사크라*가 등장한다. 시기적으로 서기 62년의 야고보의 죽음을 분수령으로 유대인들과 기독교인들이 서로 멀어져간 때였다. 필사자들로서는 기독교 신앙을 천명하지 않으면 안 될 순간이었다. 더이상 대외 교섭이나 선교 전략을 이유로 유대인들의 감수성을 염두에 둘 계제가 아니었던 것이다.

기독교 파피루스에 예수의 신성이 은근한 표현으로서가 아니라 보란듯이 당당하게 표현된 시점이 바로 이 때다. 조마조마해 하면서 예수의 신성을 설파한 두루마리 단계를 지나 모들린 파피루스에 이르러서는 '예수 그리스도는 주님이요 하느님'이라고 거침없이 주장한 것이다.

미국의 신약학자이며 이집트학자인 쉴러 브라운은 "다시 말해 초기 신약 성서 파피루스에서 한결같이 특별히 다루고 있는 네 개의 명사는 노미나 사크라*일 뿐만 아니라 '노미나 디비나(nomina divina;신성한 이름)'이기도 하다."고 말한다.[204] 하느님, 주님, 예수, 그리스도 등의 네 명사는 이렇게 해서 초기 기독교의 자기 정체성을 표현하는 핵심어로 자리잡는다. 현재 남아 있는 모들린 파피루스 조각에 나오는 '주님'과 '예수', 그리고 사라지고 없는 조각에 있었을 '하느님'과 '그리스도'에서 이를 확인할 수 있다.

노미나 사크라*가 모들린 파피루스의 자매격인 바르셀로나 파피루스에는 보이지 않지만, 손아래 자매격인 파리 사본(P. Supple. Gr. 1120/5)은 이 '거룩한 이름'의 쓰임새를 거듭 확인해 준다. 누가 복음 1장 68절, 3장 38절, 4장 34절, 6장 4절, 6장 12절의 $\Theta\Sigma$ (theos)와 $\Theta\Upsilon$ (theou), 3장 15절의 $X\Sigma$ (christos), 3장 22절의 $PNA$ (pneuma), 1장 67절의 $PNO$ (pneumatos), 1장 80절의 $PNI$ (pneumti)가 그것이다.[205]

이처럼 중요한 결정이 한낱 한 필사자에 의해 이루어질 수 없었음을 최초로 간파한 파피루스 학자가 콜린 로버츠였음은 앞에서 언급한 바 있다. 그것이 불러올 파장이 엄청날 뿐만 아니라 어느 한 필사자가 슬쩍 써본 것이 그토록 빨리, 그리고 전면적으로 확산될 수도 없으려니와, 표기 방식이 "아무런 규칙도, 권위 있는 모델도 없이 평범한 한 필사자가 꾸려가기에는 너무 복잡"했기 때문이다.[206]

여기서 다시 기독교인들, 특히 예루살렘 '모교회'의 기독교인들에게 들이닥친 서기 62년의 숨막히는 상황을 상기해 보라. 그래서 로버츠도 유대 땅에서 대(對)로마 항전이 전개되기 전 예루살렘 공동체가 해산—오히려 자발적인 도피였으리라—되기에 앞서 노미나 사크라*가 최초로 나타났다는 견해를 피력했다. 옳은 말이다. 노미나 사크라*가 '초기 기독교 교리의 맹아'라는 그의 견해에는 그 어떤 신학적 편견도 들어있지 않다. 그래서 우리는 이 파피루스 학자의 견해에 지지를 보낼 수 있다.[207]

### • 노미나 사크라와 상징어

이 맹아는 곧 한층 세련되게 다듬어졌다. 옥시링커스*에서 나온 현존하는 가장 오래된 사도행전 파피루스 P$^{29}$(P. Oxy. 1597: 사도행전 26장 7~8, 20절)가 있다. 현재 옥스퍼드 대학의 보들리 도서관(14세기에 세워지고, 1598~1602년 외교관이었던 토마스 보들리에 의해 재건되었다. 수많은 동양 문헌을 포함해 250만 권의 장서가 소장되어 있으며, 영국에서 출판되는 모든 도서가 이 곳에 한 부씩 납본된다:역주)에 소장되어 있는 이 파피루스의 연대는 2세기 말~3세기 초인데, 한 가지 특징을 갖고 있다.

이 작은 파피루스 조각에 노미나 사크라*가 두 개 들어 있는 것이다. 둘 다 '하느님'의 축약어이다. 앞면 5행의 '테오스(theos)'는 $\theta\Sigma$로, 뒷면 4행의 '테온(theon)'은 $\theta N$로 축약되어 있다. 이것은 이상할 게 없다. 문제는 $\theta$의 모양이 도무지 희랍어 문자 같지 않다는 데 있다. 마땅히 둥근 원 또는 타원형의 중간에 수평획이 있어야 하는데 $\Delta$처럼 삼각형에 수평획이 그어져 있는 것이다.

필사자의 실수일까? 그러나 앞뒤 양면에 똑같이 나오기 때문에 실수로 치부하기 어렵다. 그렇다면 로마식으로 표기한 것일까? 그래서 희랍어 '테오스(theos)'를 라틴어 '데우스(Deus)'로 생각해 원 대신 삼각형처럼 생긴 희랍어 철자 $\Delta$를 쓴 것일까? 필사자의 필사 습관과 오류의 여지를 고려해 볼 때 이것도 아니다. 그렇다면 도대체 무엇일까? 어떤 교리를 상징할 가능성이 높다. 즉 삼위일체를 나타내는 것이다.[208]

## • 신약 성서에 나타난 초기 기독교인들의 문학적 자질

이와 같은 노미나 사크라와 상징을 읽고 쓰고 이해한 사람들은 비단 엘리트 계급만이 아니었다. 글을 읽고 쓸 줄 몰라서가 아니라 필사본이 워낙 귀했기 때문에, 한 사람이 텍스트를 소리 내어 읽으면 다른 사람들은 귀를 기울여 듣곤 했다. 오늘날에는 누구든 원하기만 하면 성서 한 권쯤을 가질 수 있다. 그러나 이 것도 역사가 짧을 따름이다.

베네딕토 수도회의 수사들은 지금도 이 전통을 이어가고 있다. 식사 시간에 한 사람이 성서 한 대목을 읽으면 다른 사람들은 조용히 귀를 기울여 듣는다. 낭독자는 2주 정도마다 교체되는데, 낭독자로 뽑힌 수도사는 실수를 범하지 않기 위해 저자의 문체와 문자체의 특징을 눈썰미 있게 익혀 두어야 한다.

　이처럼 옛 독자들도 남들 앞에서 큰 소리로 낭독하든 혼자 읽든 낭독법을 익히고 연습해야 했다. 물론 노미나 사크라*와 같은 표기 방식도 알아야 했다. 그들은 알아보기 쉽게 그 위에다 옆으로 줄을 그었다. 목소리를 낮춰 읽은 마지막 장(章)에는 첫 행의 머리에 밑줄을 그었다. 모들린 파피루스와 바르셀로나 파피루스의 경우 왼쪽 여백에 한 자를 돌출시켜 알아 보기 쉽게 만들었다. 이런저런 안내 표지가 많았지만 그것을 터득하는 데 몇 해가 걸릴 정도는 아니었다.

　신약 성서에 성서를 읽고 암송하는 대목이 많이 나온다. 여기서 초기 기독교인들의 문학적 자질과 예배 의식에 관한 많은 정보를 얻을 수 있다. 누가 복음 4장 16~19절에 예수가 이사야서 두루마리를 펼쳐 들고 이사야서 6장 1~2절을 낭독하는 장면이 나온다. 홍미롭게도 '하느님'의 노미나 사크라*에 해당하는 테트라그램(4문자)이 두 번 나오는 구절이다.

YHWH의 성령이 나에게 내리셨다.
주께서 나에게 기름을 부으시어 가난한 사람들에게
복음을 전하게 하셨다.
주께서 나를 보내시어
묶인 사람들에게는 해방을 알려 주고
눈먼 사람들은 보게 하고
억눌린 사람들에게는 자유를 주며
YHWH의 은총의 해를 선포하게 하셨다.

이와 같은 테트라그램은 물론 현존하는 많은 히브리어 문서에서 볼 수 있듯 고대 히브리어 문서에서 옮겨 온 것들이다. 여기서 예수는 자신의 말에 귀를 기울이고 있는 군중들이 토라경*과 예언서를 당연히 '읽어' 보았으리라고 생각한다. 그는 바리사이파 사람들에게 "너희는 다윗의 일행이 굶주렸을 때에 다윗의 한 일을 '읽어' 보지 못하였느냐?"(마태 복음 12장 3절)고 반문하고, 또 "안식일에 성전 안에서는 사제들이 안식일의 규정을 어겨도 그것이 죄가 되지 않는다는 것을 율법책에서 읽어 보지 못하였느냐?"(마태 복음 12장 5절)고 묻는다. 이와 같은 반어법이 복음서에 빈번하게 나온다.

그리고 요한 복음은 예수의 십자가 위에 붙여진 명패에 관해 이렇게 들려 준다.

"그 명패는 히브리 말과 라틴 말과 그리스 말로 적혀 있었다. 예수께서 십자가에 달리신 곳이 예루살렘에서 가깝기 때문에 많은 유다인들이 와서 그것을 '읽어' 보았다."(요한 복음 19장 20절)

예루살렘을 순례하고 돌아가던 에디오피아의 재무 장관이 마차에 앉아 "이사야의 예언서를 '읽고'"(사도행전 8장 28절) 있었다. 그는 큰 소리로 낭독하고 있었다. 예수의 제자 필립비가 그를 만난 곳은 가자였다.

그가 "예언서를 '읽는' 소리가 들렸다." 필립비는 "지금 '읽으시는' 것을 아시겠습니까?" 하고 물었다. 그는 고개를 흔들며 말했다. "누가 나에게 설명해 주어야 알지 어떻게 알겠습니까?" 로마 제국의 영토에 속하지도 않았던 에디오피아 사람인 그가 손에 들고 있었던 이사야서 두루마리는 히브리어가 아니라 희랍어로 된 것일 터이지만, 두 사람은 아무런 어려움 없이 공통어를 써서 이사야서를 읽고 의견을 주고받는다.

또 다른 예들도 있다.

> 그들 일행은 길을 떠나 안티오키아로 내려가서 회중을 다 모아 놓고 그 편지를 전해 주었다. 회중은 그 편지를 '읽고'(즉 그냥 듣고 있었던 것이 아니다:역주) 격려를 받았으며 또한 기뻐하였다.(사도행전 15장 30~31절)
>
> 우리는 이 편지를 쓸 때에도 사실을 사실대로 썼으므로 여러분은 '읽고' 그대로 알아 들으시면 됩니다.(고린토 후서 1장 13절)
>
> 이 예언의 말씀을 '읽고' 듣고 이 책에 기록되어 있는 대로 실천하는 사람들은 행복합니다.(요한 계시록 1장 3절)

초기 기독교인들은 바울의 말을 옛 글과 꼼꼼히 대조해 가며 읽기도 했다.

"그 곳(베레아:역주)의 유다인들은… 바울로의 말이 사실인지 알아 보려고 날마다 성서를 연구했다."(사도행전 17장 11절)

그래서 바울은 초기 기독교인들의 이와 같은 일상사를 다음과 같은 비유에 끌어 쓸 수 있었다.

> 여러분 자신들이 바로 우리의 마음에 새겨져 있는 소개장이 아닙니까? 그것은 누구에게나 다 통하고 누구든지 읽을 수 있는 소개장입니다. 여러분은 분명히 그리스도께서 우리를 시켜서 보내신 소개장입니다. 이 소개장은 먹으로 쓴 것이 아니라

살아 계신 하느님의 성령으로 쓴 것이며 석판에 새겨진 것이 아니라 여러분의 마음 속에 새겨진 것입니다.(고린토 후서 3장 2~3절)

신약 성서는 글을 읽고 쓸 줄 아는 능력을 대수롭지 않게 취급한다. 설교하고 가르치는 것으로 족했을 예수이지만 한번은 글을 썼다.

예수께서는 몸을 굽혀 손가락으로 땅바닥에 무엇인가 쓰고 계셨다. 그들이 하도 대답을 재촉하므로 예수께서는 고개를 드시고 "너희 중에 누구든지 죄 없는 사람이 먼저 이 여자를 돌로 쳐라" 하시고 다시 몸을 굽혀 계속해서 땅바닥에 무엇인가 쓰셨다.(요한 복음 8장 6~8절)

희랍어 성서는 이 장면을 매우 구체적으로 묘사한다. 예수가 그저 심심풀이로 낙서를 한 것이 아니었다.[209] 그리고 잠시 혀가 묶여 말을 못 하게 된 즈가리야(세례자 요한의 아버지:역주)는 서판을 가져오라 한 뒤에 "아기 이름은 요한"이라고 쓴다(누가 복음 1장 63절).

요한 복음의 추신도 있다. "그 제자는 이 일들을 증언하고 또 글로 기록한 사람이다."(요한 복음 21장 24절)[210] 요한은 "내 뒤에서 울려 오는 나팔소리 같은 큰 음성"(요한 묵시록 1장 9~13절)으로부터 펜과 잉크, 두루마리로 아시아의 일곱 교회에 일곱 통의 편지를 써 보내라는 명령을 받는다.

이미 언급한 바처럼 요한은 속기술을 갖고 있었을 가능성이 높다. 그리고 바울은 몇몇 서신에서 인삿말과 이름을 자신의 필적으로 적음으로써 자신의 편지임을 보증했다. 즉 예수의 제자와 사도들은 데르디오, 실바노와 같은 필사자나 비서, 그리고 데오필로가 제공한 로마의 필사자와 배포망에 기대지 않고도 얼마든지 읽고, 쓰고, 잘 보존해 두었다가 복음서로 만들어 필사하고 배포할 수 있는 능력을 갖고 있었다. 일취월장한 예루살렘 공동체(그리고 안티옥 공동체)가 늦어도 서기 60년대에 사본을 채택하면서 노미나 사크라*의 도입을 공인했다는 것은 결코 엉뚱한 소리가 아니다. 이처럼 중차대한 교리상의 조치를 취하는 데 필요한 모든 기술과 매체가 이미 확보되어 있었던 것이다.

 ## 〈베드로 행전(行傳)〉

### • 〈쿼 바디스〉의 모델

이 장의 끝을 재미 있는 이야기 한 토막으로 장식하자.

초기 기독교 소설에 관한 이야기이다. 베드로에 관한 역사 소설이라고 할 만한 〈베드로 행전〉이다. 저자는 서기 180년경 로마에 살았음직한 한 익명의 작가이다. 이 작품은 현재 일부만 남아 있다. 일부는 희랍어로, 일부는 라틴어로 기록되어 있다. 베드로의 로마 체류, 베드로가 행한 기적, 마술사 시몬과의 논쟁, 베드로의 설교, 아피아 가도(街道)에서 그리스도와의 상봉, 그리고 그의 죽음이 작품의 뼈대를 이룬다.

이 작품에 등장하는 여러 장면이 많은 사람들에게 알려지게 된 것은 이 소설에서 영감을 얻은 헨릭 젠키비츠의 노벨상 수상작 〈쿼 바디스〉와 피터 우스티노프가 네로 황제 역을 맡은 그 영화 덕분이다. 〈쿼 바디스〉라는 제목과 일부 줄거리도 〈베드로 행전〉에서 그대로 따온 것이다.

〈베드로 행전〉 35장 6절에서 베드로는 로마 교회의 간곡한 설득으로 코 앞에 닥친 죽음의 위기를 피하기 위해 로마를 빠져나간다. 그런데 로마 성벽 밖 아피아 가도를 걸어가던 그의 앞에 홀연히 그리스도가 나타난다. 그가 예수에게 "키리에, 포우 호데(Kyrie, pou hóde;주여, 어디로 가시나이까)?" 곧 라틴어로 "도미네, 쿼 바디스(Domine, quo vadis)?"라고 묻자, 예수는 "나는 십자가에 다시 못박혀 죽으러 로마로 가노라."고 대답한다. 베드로는 이 말의 뜻을 깨닫고 그 길로 발길을 돌려 로마로 향한다. 그리고 마침내 순교한다.[211]

이 사건의 현장으로 전해지는 곳의 작은 교회에 예수의 발자국이 보존되어 있다. 올리브산(山)(예루살렘 동쪽의 작은 언덕. 서쪽 비탈에 예수와 제자들이 최후의 만찬을 가진 뒤 올라간 겟세마네 동산이 있다. 예수가 승천한 곳이기도 하다:역주)의 '그리스도 승천 교회'에도 예수의 발자국이 있으니, 둘을 비교해보면 흥미로울 것이다. 그러나 감히 예수의 발자국에 자[尺]를 대다니!

과거 '미몽'의 시대에는 뭇 사람들의 마음이 이런 흔적에 쏠렸던가 보다. 또 로마 광장 근처 '산타 프란체스카 로마나' 교회의 벽에는 베드로의 무릎이 아로새겨진 돌이 하나 있다. 〈베드로 행전〉에서 베드로가 마술사 시몬을 꺾기 위해 옷이 다 젖도록 땀을 흘리며 기도한 곳이라고 전한다.

〈베드로 행전〉에는 사실 이런 흔적에 대한 언급이 없다. 오로

지 이야기의 실타래를 술술 풀어나갈 뿐이다. 그런데 그 긴장감과 재미, 비애감이 압권이다. 서기 2세기의 독자들은 베드로와 시몬의 대결이 절정으로 치닫는 대목에서 마른침을 삼키고 애간장을 졸이다가, "내가 먼저 저 밑까지 붕 날아갈 수 있다는 걸 보여 주지." 하고 아래로 몸을 던진 마술사 시몬이 땅바닥에 곤두박질하면서 다리를 분질러 먹는 대목에서 와하하하 웃음을 터뜨렸을 것이다. 그리고 아피아 가도에서 예수를 만난 뒤 로마로 돌아온 베드로가 십자가에 매달려 처형당할 때 함께 슬퍼했을 모습은 상상하고도 남는다.

### • 사실에 근거한 풍부한 상상력

〈베드로 행전〉의 넘쳐흐르는 상상력이 어느 정도 사실에 근거했으리란 것은 오늘날의 소설을 보아도 짐작할 수 있다. 실제로 이 작품은, 베드로가 한때 로마에 머물렀고 로마에서 십자형을 당한 사실들과 지명(地名) 등을 곳곳에서 언급한다. 사실과 허구를 구별하는 것은 역사가의 몫이지만, 최근의 연구 결과 사실이었을 가능성이 농후한 장면이 〈베드로 행전〉 20장에 나온다. 베드로가 로마 원로원 의원 마르셀루스의 집에 갔을 때 그의 집 별채에서 사람들이 모여 예배를 보고 있는 장면이다.[212]

고고학자들이 밝혀낸 바에 따르면 당시의 기독교인들은 사저(私邸)에 따로 모임방을 마련해 예배를 드렸다. 1~3세기에는 예배당을 가질 수 없었다.

베드로가 방문을 드르륵 열고 들어서자 방 안에서 사람들이 복음서를 읽고 있다. 그는 낭독자에게서 두루마리를 받아 둘둘 말아 쥐고 '주님의 복음'을 어떻게 전파할 것인가에 관해 설교한다. 여기서 그는 흥미롭게도 '우리'라는 복수 표현을 써서 "주님의 은총을 받아 우리가 기록한 것"이라고 복음의 권위를 치켜세우고, 아까 낭독자가 읽었던 복음서 구절을 다시 한번 거론한다. 산 위에서 예수가 영광스러운 모습으로 변모한 사건(마가 복음 9장 2~13절, 베드로 후서 1장 16~19절)이다.

이 장면에서 읽어낼 수 있는 역사적 사실만 해도 만만찮다. 베드로가 로마에 갔고, 기록 전승이 베드로가 살아 있을 때 이미 완전한 복음서의 형태로 그리고 두루마리 형식으로 존재했고(도미틸라 카타콤의 벽화에서 확인한 것처럼 두루마리가 사본으로 교체된 뒤 상당한 시간이 흐른 서기 180년에도 사람들은 두루마리를 기억하고 있었다), 마가 복음의 권위가 베드로에게서 비롯되었다는 사실 등이다. 그리고 '우리'라는 표현에서 이미 베드로 후서가 기록되었을 수 있음을 추측할 수 있다. 예수가 영광스러운 모습으로 변모한 사건이 베드로 후서에도 실려 있기 때문이다.[213]

〈베드로 행전〉에는 최근에 이르러 고고학자와 역사학자, 파피루스 학자들에 의해 확인된 신빙성 있는 기록이 많다. 2세기 말에 다들 알고 있었던 사실이 이제 겨우 하나씩 그 모습을 드러내고 있다. 마치 이집트 채석장의 돌무더기나 베수비우스 산의 용암, 쿰란* 동굴의 암설 밑에 많은 파피루스가 깔려 있을 수 있듯, 양파 껍질처럼 켜켜이 쌓여 있는 〈베드로 행전〉의 풍부한 표현 속에 많은 사실들이 숨어 있는 것이다.

이미 밝혀진 것도 있고, 앞으로 밝혀낼 수 있는 것들도 있다. 그러나 지금 우리의 과제는 이것이 아니다. 모들린 파피루스든 다른 어떤 파피루스든 그것을 제대로 들여다 보기 위해서는 또 하나의 안개, 20세기 성서학에 지대한 영향을 미친 문화적 학문적 흐름을 살펴보지 않으면 안 된다. 이것이 마지막 장의 주제이다.

# 제7장
# 우리 시대의 모들린 파피루스 :
## 진리의 조각인가?

그 때에 열두 제자의 하나인 가리옷 사람 유다가 대사제들에게 가서 "내가 당신들에게 예수를 넘겨 주면 그 값으로 얼마를 주겠소?" 하자 그들은 은전 서른 닢을 내주었다.

—마태 복음 26장 14~15절

끝없는 항해의 길
마침내 발길 닿는 곳은
우리가 처음 떠났던 바로 그 곳.
그리하여 우리는 비로소 그 곳을 알게 된다.

—T. S. 엘리어트, 〈사중주(四重奏)〉(1943년)

### • 새로운 밀레니엄의 길목에서

많은 연표에 따르면 이 책이 출판되는 1996년은 예수가 탄생한 지 2천 년이 되는 해이다. 2천 년 전 베들레헴의 한 마굿간에서 그가 태어난 이래 기독교는 어느 모로나 비약적으로 발전했다. 현재 전세계의 기독교인은 18억에 달한다. 19세기부터 오늘날까지 팔려나간 성서만 해도 60억 권에 이르고, 신약 성서—그 가장 오래된 사본이 모들린 파피루스이다—는 수많은 언어와 방언으로 번역되었다.

여느 때보다도 복음서의 진위(眞僞) 문제를 둘러싼 논쟁이 극에 달한 오늘날에도, 최초의 기독교 텍스트인 신약 성서는 이 세계의 한 축인 서양의 윤리에서 여전히 터줏대감 노릇을 한다. 세미나·출판물 등을 통해 전개되는 성서학자들의 불꽃 튀는 논쟁이 평범하게 살아가는 사람들에게 큰 영향을 미치는 것도 이 때문이다.

서기 2천 년이라는 새로운 밀레니엄을 앞두고 있는 오늘, 모들린 파피루스가 던져 주는 의미는 무엇인가? 그리고 모들린 파피루스에 관한 카르스텐 티데의 연구가 학계와 일반 독자들에게 큰 충격을 주는 이유는 무엇인가? 이 장에서는 복음서가 20세기의 학문·문화·역사에 어떤 영향을 미쳤는지에 관해 살펴보고, 복음서에 대한 기존의 정설이 모들린 파피루스의 연대 재확정이라는 일대 사건을 맞아 휘청거릴 수밖에 없게 된 이유와 이 '새로운 인식틀'의 의미를 살펴보기로 하자.


### • 〈이방인〉의 주인공 뫼르소

T. S. 엘리어트는 "기독교는 믿을 수 있게끔 각색된다."는 유명한 말을 남겼다. 그러나 회의와 상대주의로 무장한 포스트모던한 세계에 맞게끔 각색되기 위해 기독교가 특히 많은 상처를 입은 것이 사실이다. 역사상 가장 성공한 종교가 이제 자신의 운명을 확신할 수 없게 된 처지에 이른 것이다.

영국 국교회*의 한 주교의 말은 예수의 부활이 사실이 아니라는 선언처럼 들린다. 1992년 존 스퐁 주교는 "신화를 진실로 받아들이게 되면 파탄에 이른다."고 말하면서 "허술한 신앙상의 안전 장치"[214]에 매달리는 사람들을 비판했다. 원로 성직자들을 겨냥한 말이다. 전통적인 기독교 신앙을 비판하는 사람은 헤아 릴 수 없이 많다. 데이비드 젠킨즈 주교 같은 인물은 영국 국교 회* 안에서 가장 유명한 인물일 뿐이다.

20세기에 들어와 기독교가 이처럼 비판의 도마에 올라 가차 없는 비판의 대상이 된 이유가 어디에 있을까? 알베르 카뮈의 소설 〈이방인〉의 주인공 뫼르소가 그 이유를 대변한다.

살인죄로 사형 언도를 받고 사형이 집행되기를 기다리는 뫼 르소는 신 없는 세계에 행복이 있음을 깨닫는다. 그리고 '우주 의 자비로운 무관심'에로 마음의 문을 연다. 신에 대한 반항 행 위이다. 이것은 우리 시대가 하늘을 찌를 듯한 회의와 무신론의 시대임을 상징한다.

시대의 흐름을 따라 기독교도 많은 타협을 하지 않을 수 없었 다. 그 타협책에 대해 왈가왈부하는 것은 이 장의 관심사가 아 니다. 이 장의 목적은 이 회의의 시대가 성서학에 미친 영향을 검토하고, 이와 같은 정신적 갈등 속에서 모들린 파피루스가 갖 는 의미를 살펴보는 데 있다.

## 피고석의 복음서

**· 물구나무 서서 보기**

서양사를 바꿔 놓은 책들이 많이 있다. 근대 이후의 손꼽히는 것들로는 다윈의 〈종의 기원〉, 마르크스의 〈자본론〉, 프로이트 의 〈서한집〉 등이 있다. 그러나 서구 문명의 금자탑을 쌓아 올린 것은 단연 복음서이다. 예컨대 본도네 지오토의 아레나 성당의 벽화, 단테의 〈신곡〉, 모차르트의 〈레퀴엠〉, 크리스토퍼 렌이 건축한 바울 성당 등을 복음서와 떼놓고 생각하기란 불가능하다.

마태 · 마가 · 누가 · 요한의 네 복음서는 구약 성서라는 유대적 전승과 더불어 출생, 결혼, 장례 의식 등의 일상사에서 사회 제도, 학명, 건축, 문학, 교육 제도에 이르기까지 서구 문화의 기층을 이룬다. 기독교 신앙 자체는 개인의 선택의 문제이지만 서구 사회에서는 기독교인 · 비기독교인을 막론하고 누구나 기독교라는 울타리 안에서 살아가고 있는 것이다. 그러므로 복음서의 연대와 복음서가 기록된 이유 등을 묻는다는 것은 말하자면 서구 사회라는 깊은 우물 속으로 풍덩 뛰어드는 것과 같다.

그 독보적인 지위에 불구하고, 아니 바로 이 때문에 신약 성서는 지성인들의 의혹의 대상이 되었다. 근대 이전의 사회가 복음서를 본능적으로 진리로 받아들였다면 현대 사회는 복음서를 본능적으로 폄하한다. 과거의 지성인들은 무신론자 · 회의론자라는 혐의를 받지 않으려고 온갖 구변을 동원했다. 반면 오늘날의 지성인들은 너무 순진하게 믿는다는 비난을 면하려고 온갖 궁리를 짜낸다.

계몽주의 시대(유럽 지성사에서 18세기 중엽을 정점으로 하는 시기. 존 로크의 경험 철학, 뉴턴의 과학적 낙관주의의 영향으로 모든 지적 탐구에서 이성을 최고의 근거로 삼았으므로 '이성의 시대'라고도 부른다:역주) 이후로는 과거에 이단자들을 꽁꽁 묶어 화형에 처했던 말뚝의 자리에 학계와 언론, 문화적 엘리트의 압력이 들어섰다. 지성을 통제하는 데는 오히려 이것이 효과적이다. 줄을 똑바로 서지 않는 학자는 현대판 마녀 사냥의 제물이 된다. 신약 성서는 객관적으로 분석할 만한 가치가 있고 또 그렇게 되어야만 한다. 그러나 객관적 분석은 본능적 불신과 다르다.

### • 복음서의 희생자 예수?

극단적 불신은 어리석은 판단을 낳을 수 있다. 초기 교회에 그리스도 가현설(假現說)을 주장하는 일단의 이단자 종파(도세티즘(Docetism)을 일컫는다:역주)가 있었다. 그들은 예수는 인간의 몸으로 태어나 인간의 몸으로 살아간 실존 인물이 아니라 천상(天上)의 영적 실재자인 그리스도의 환영이라고 주장했다.

오늘날 신약 성서를 비역사적인 것으로 간주하는 일단의 학자들은 그 현대판이다. G. A. 웰즈는 〈초기 기독교의 예수〉(런던, 1971년), 〈예수는 실존 인물인가?〉(런던, 1975년) 등에서 실존 인물 예수는 서기 2세기에 만들어낸 존재라고 주장한다. 초기 기독교인들은 실존 인물 예수가 아니라 신화적인 존재로서의 메시아, 즉 구세주를 숭배했을 따름이라는 것이다.

이에 대해 역사라는 수레를 신앙이라는 말보다 앞에 놓는다고 푸념하는 사람들도 있지만, 그보다 그의 가설은 우선 역사적 증거와 부합하지 않는다. 복음서가 서기 2세기에 이르러서야 비로소 기록되었다는 주장은 더이상 설득력이 없다. 복음서가 '헬레니즘*적' 으로 가공되었다는 주장도 마찬가지이다. 사실 유대 문화와 헬레니즘* 문화는 명확히 구별되지 않았다. 그러므로 헬레니즘*적인 것이 꼭 나중에 등장할 이유도 없는 것이다. 이렇게 차분히 분석해 보면 복음서에 대한 회의론이 들어설 자리가 없게 된다. 성서학자들도 이것은 차마 부인할 수 없을 것이다.

회의론은 회의 자체에 준(準) 종교적 지위를 부여함으로써 모든 것을 닥치는 대로 부인한다. 양식 있는 연구자라면 종교사의 문제를 논하면서 무작정 '회의'의 방법을 동원하지는 않을 것이다. 그럼에도 불구하고 기독교의 핵심 인물들을 신약 성서에서 솎아내려는 노력이 여전히 후한 점수를 얻고 있는 것은 흥미로운 일이다.

최근 헤르만 데터링은 〈위조된 바울〉(뒤셀도르프, 1995년)에서 바울 서신은 모두 2세기 중엽에 이단자 마르시온이 쓴 것으로서 바울이 쓴 것은 단 한 편도 없고, 사도 바울이라는 인물도 초기 가톨릭 교회가 꾸며낸 존재라고 주장한다. 기독교 역사상 그처럼 큰 영향력을 발휘한 인물도 찾기 어려울 것이지만 이러한 인물도 학자의 손놀림 하나에 감쪽같이 사라지고 만다.

### • 마침내 정신 분석의 대상이 된 예수

일반적으로 20세기의 대중 문화는 인간으로서의 예수의 모습을 스스로 왜곡함과 동시에 예수를 왜곡된 복음서의 희생자로 본다. 예수를 소재로 하는 문학 예술 작품들은 복음서를 향해 우리를 기만하고 있다는 혐의의 눈길을 보낸다. 예수의 참모습을 비틀어 놓음으로써 우리를 오도한다는 것이다. 일부에서는 예수의 참모습을 보려면 신빙성이 없는 신약 성서에 기댈 것이 아니라 상상력에 의존할 수밖에 없다고 말한다.

최근 예수의 참모습을 바로 보기 위해 이제 시와 소설에 눈을 돌릴 때가 되었노라고 진지하게 제안한 사람이 있다. 그는 '역사 이후의 예수를 찾아 떠나는 여행'을 화두로 삼아 이 주제가 "여성·환경 문제에 관한 온건 좌파의 혁명 강령이 될 수" 있으리라고 은근히 기대한다.[215]

이와 같은 복음서에 대한 불신은 소설에서 힘입은 바 크다. 인상적인 작품이 적지 않다. 니코스 카잔차키스의 〈그리스도의 마지막 유혹〉은 예수를 우유부단한 정서 불안자로 묘사한다. 카리스마적 치유자, 정신적 지도자로서의 예수의 모습은 온데간데없다. 프로이트 이래 예수를 이토록 왜소하게 묘사한 작품도 없을 것이다.

그가 쉽고 평탄한 인간의 길을 걸었더라면 어떻게 되었을까? 결혼해서 아버지가 되었을 것이다. 사람들의 사랑과 존경을 한 몸에 받으며 살았을 것이다. 그는 이제 늙은 몸을 이끌고 문지방에 걸터앉아 젊은 시절을 더듬으며 회심의 미소를 짓는다. 내가 인간의 길을 선택하기를 얼마나 잘 했던가! 바보처럼 세상을 구할 생각을 했었지! 그 고생, 그 번민, 그 십자가형을 피했으니 이 얼마나 기쁜 일인가![216]

카잔차키스의 의도는 스스로 고백한 것처럼 '성스러운' 성서를 멋진 작품으로 재구성하는 것이었다. 그는 "이 책은 전기가 아니라 허우적거리며 살아가는 모든 사람들의 고백입니다."라고 썼다. 이 소설은 영화 감독 마틴 스콜세지가 예수의 정신 분석에 초점을 맞추어 영화화하면서 논란을 불러일으켰다.

### • 인간의 기억에서 복음서를 지워버리는 컴퓨터 해커

근년의 작품으로 고어 비덜의 소설 〈골고다〉(뉴욕, 1992년)가 있다. 이 소설에서는 컴퓨터 해커가 등장해, 인간의 기억에서 복음서를 말끔히 지워 버린다. 그는 타임 머신을 타고 초기 기독교 시대로 돌아간다. 그런데 십자가에 못박힌 사람을 보니 예수가 아니라 유다이다. 이렇듯 신약 성서의 이야기와 주요 등장 인물이 컴퓨터 프로그래머와 텔레비전에 의해 감쪽같이 왜곡된다. 이 소설의 극치는 뭐니 해도 소설의 마지막을 장식하는 십자가에 못박힌 예수의 모습이다. 골고다 언덕에서 실황 중계되는 텔레비전 화면 속. 십자가에 못박힌 예수가 일본의 태양 여신이 사정 없이 뿌려대는 뜨거운 햇살 아래에서 발버둥친다. 복음서가 텔레비전 시청자들의 입맛에 맞게 각색되는 것이다. 그러나 신약 성서라는 신화로부터 진정한 예수를 구출하고, 나아가 새로운 예수를 만들어내기 위해 첨단 기술과 타임 머신을 동원해 흥미를 북돋우는 이 소설도 이런 부류의 공상과학 소설 가운데 하나일 뿐이다.

이와 같은 소설의 공통적인 전제는 복음서가 근본적으로 신빙성을 결여하고 있다는 것이다. 이 점에서 근년의 대중 역사서들도 예외가 아니다. 그 중 성공작으로 손꼽히는 작품이 마이클 베이전트의 〈거룩한 피와 성배(聖杯)〉이다. 이 책에서 마이클 레이와 헨리 링컨은 예수는 십자가에 못박혀 죽은 게 아니라 왕국을 건설했는데, 전(全)유럽이 공모해 오랫동안 비밀로 부쳐 왔다고 주장한다. 그들은 아련한 전설로 전해 내려오는 성배(聖杯. 여러 작품에 각색되어 내려오는 전설상의 액막이 잔:역주) 이야기가 바로 성스러운 예수의 가문이 흘린 성스런 피에 관한 이야기라고 말한다.


### • 끝없는 상상력

바바라 티링은 〈인간 예수: 사해 두루마리로 본 새로운 해석〉

(런던, 1992년)에서 예수는 막달라 마리아와 결혼했고, 그들 사이에 세 아이가 태어났으며, 예수는 막달라 마리아와 이혼한 뒤 재혼했다는 기막힌 주장을 들고 나왔다. 그녀는 사해 두루마리에서 나온 것으로 보이는 어떤 암호를 묘하게 풀어 나간다. 복음서를 제대로 이해하기 위해서는 그 암호를 풀어야 하기 때문이다. 놀라운 결과가 나왔다.

예수는 두루마리에 언급된 에세네파*의 '사악한 사제'로서, 그가 십자가형에 처해진 곳도 예루살렘이 아닌 쿰란*(베두인들에 의해 사해 두루마리가 최초로 발견된 곳:역주)이다. 그리고 설득력이 전혀 없는 이야기인데, 빌라도가 예수의 처형을 지켜보기 위해 친히 사해까지 왔다고 한다. 요컨대 기독교는 에세네파*의 내분의 산물이라는 것이다.

바바라 터링의 작품은 그다지 특별한 소설이 아니다. 1916년 큰 소동을 불러 일으킨 조지 무어의 〈브룩 케리스〉가 있다. 그 줄거리는 예수는 에세네파*의 사상을 받아들였고, 놀랍게도 십자가형에서 살아나 에세네파*의 공동체에 들어가 정착했다는 것이다. 이런 깜찍한 내용은 접어두고라도, 복음서는 눈에 보이는 그대로가 아니라는 주장이 눈길을 끈다. 즉 암호를 써서 메시지를 전달하고 있으므로, 그 메시지를 이해하려면 암호 해독 문서에 의존해야 한다는 것이다.

그렇다면 꼭 사해 두루마리만이 그 암호 해독 문서라고 말할 수 있을까? 인도 경전인들 어떠랴. 최근 엘머 그루버와 홀저 커스튼은 〈진짜 예수〉(락포트, 매사추세츠, 1995년)에서 예수의 말씀과 인도의 경전들을 두루 비교한 다음 예수의 가르침이 불교에 뿌리박고 있다고 주장한다. 가족과 함께 이집트로 도망간 예수가 알렉산드리아에서 세라포티라는 명상파의 가르침을 받았다는 것이다. 이 책의 전제도 복음서를 이해하자면 별도의 항해 도구가 꼭 필요하다는 것이다. 왜냐하면 신약 성서는 도무지 믿을 수도, 제대로 이해할 수도 없기 때문이다.

문화와 학문의 관계가 복잡하기도 하지만, 복음서에 대한 깊은 불신은 대중 문화뿐만 아니라 학계에도 만연해 있다. 이제 모들린 파피루스의 연대는 신약 성서를 이해하는 큰 줄기를 제공해 준다. 파피루스학*의 엄밀한 증거에 입각할 때 그 동안 감정에 치우쳐 진행되었던 토론도 제자리를 잡게 될 것이다. 이제 이 문제를 짚어 보자.


#  복음서와 학문

### • 중세의 마녀 사냥

복음서가 진리 그 자체임을 의심하는 대가로 목숨을 내어놓아야 했던 시대가 있었다. 1697년 스코틀랜드 출신의 토마스 에이컨헤드라는 어린 학생도 이 때문에 에딘버러에서 교수형을 당했다. 스피노자의 주장을 그대로 읊조려 십계명의 저자는 모세가 아니라 약 1천 년 뒤에 나타난 에즈라(기원전 5세기의 바빌로니아 유대인 사제. 유대인과 이방인의 결혼을 금지하는 등 배타적 율법을 강조했다. 구약 성서의 《에즈라》는 그의 가르침을 묶은 글이다:역주)라고 말한 것이 화근이었다.

18세기 말 토마스 페인도 성서의 진실성을 부인했다는 이유로

필화 사건을 겪었다. 그의 책을 펴낸 영국의 출판업자는 감옥행을 면할 수 없었다. 중세 서구 사회에서 성서의 진리성, 그 '무오류성'은 의심의 여지가 없었다.[217]

### • 계몽주의의 물꼬

그러나 세월이 흘러 계몽주의 세계관이 승리를 거두면서 성서의 '무오류성'도 서서히 허물어져 갔다. '캘빈주의자를 사로잡는 덫'인 〈87가지의 질문〉을 작성한 케임브리지 대학 신학 교수 허버트 마아쉬(1757~1839년)와 복음주의자들이 많은 사람들에게 심한 반감을 안겨 준 것도 그 흐름에 일조했다. 성서를 새롭게 그리고 비판적으로 읽고자 한 것은 넓은 의미에서 근대의 비판적 이성의 반영이었다.[218]

성서에도 모순이 있을 수 있다는 데 눈을 돌린 요한 다비드 미카엘리스(1717~1791년)를 추종한 학자들은 실존 인물 예수와 정통 신학의 그리스도가 같은 존재라는 데 대해 의문을 제기했다.

실존 인물 예수와 신앙의 대상으로서의 그리스도가 같은 존재라는 데 대해 최초로 문제를 제기한 인물 가운데 한 사람은 함부르크 대학 교수 헤르만 자무엘 라이마루스(1694~1768년)였다. 그는 예수와 그의 제자들의 목적에 관해 쓴 책에서 예수의 신성에 의문을 제기했다. 기절초풍할 내용이었다. 그래서 그의 책은 그가 죽을 때까지 쉬쉬하며 비밀에 부쳐졌다. 그리고 그가 세상을 떠난 뒤, 장구한 역사적 탐색의 출발 신호를 울렸다.

그의 뒤를 이은 사람들 가운데 가장 큰 영향력을 미친 인물은 다비드 프리드리히 슈트라우스(1808~1874년)일 것이다. 그의 〈예수의 생애〉는 복음서에 기록되어 있는 모든 기적은 한낱 신화일 뿐이라고 집요하게 주장했다. 당대의 복음주의자들은 경악하지 않을 수 없었다.

### • 계몽주의의 승리

1860년 주로 옥스퍼드 대학 출신의 일곱 학자의 글을 묶은 논문집 〈논문과 서평〉은 성서의 진리성에 대한 유구한 믿음을 발칵 뒤집어 놓았다. 공권력이 잽싸게 개입했고, 1만 명에 이르는 영국 국교회* 사제들은 이들에 대한 유죄 선고를 요구하는 청원서에 줄줄이 서명했다. 그러나 이것은 미봉책에 지나지 않았다. 신의 영감에 의해 기록된 성서의 무오류성은 더이상 자명한 사실로 받아들여질 수 없었다. 바야흐로 새로운 시대가 도래한 것이다.

이것은 유럽 사상사에 큰 족적을 남긴 위대한 승리였다. 르네상스기의 인문주의자들과 하느님의 말씀을 교회의 굴레에서 해방시킨 초기 프로테스탄트 개혁가들, 그리고 1세대 출판인들이 그 빗장을 열어 젖힌 원대한 프로그램이 이로써 완성되었다. 계몽주의 사상가들과 그 후예들은 다음 단계로 나아갔다. 그들은 반문하기 시작했다. 하느님의 말씀은 실제로 '무엇이었는가'? 과연 신의 계시를 받았는가? 그들은 분명 성서의 텍스트의 역사가 있으리라고 판단했다. 이로써 서구 문명의 기둥인 복음서는 마침내 면밀한 분석의 대상이 되었다. 그들은 복음서의 구조를 파헤쳤고, 서구 문명의 건설자들의 신원과 의도를 심문하기 시작했다.

### • 물꼬를 돌려버린 불트만

그러나 맹위를 떨친 이들의 앞길도 결코 순탄하지만은 않았다. 20세기 최대의 영향력을 발휘한 성서학자 루돌프 불트만(1884~1976년)이 그들의 앞을 가로막았기 때문이다. 그는 복음서에 대한 종래의 접근 방법을 근본적으로 바꾸어 놓았다. 그는 이렇게 말한다. "예수의 생애와 인격에 대해 우리가 알 수 있는 것은 아무 것도 없다. 왜냐하면 복음서는 이와 같은 문제에 하등의 관심을 기울이지 않기 때문이다."

불트만을 위시한 '형식 비평*' 학파는, 복음서를 예수의 생애에 관한 역사적인 기록이 아니라 전통적인 '형식들'을 일정한 틀에 맞춰 엮은 기록으로 보았다. 그들에 따르면 복음서는 초기 기독교 공동체의 생활과 예배, 구두 전승에서 진화했으며, 복음서의 관심도 부활 이전의 인간으로서의 예수의 면모가 아니라 설교, 교육, 기도 등의 초기 교회의 필요였다. 다시 말해 역사의 회상이 아닌 이른바 '케리그마' 즉 교리 선언이라는 것이다.[219]

불트만은 '복음서는 예수의 제자들의 기억'이라고 한 2세기의 유스틴 마르티르의 견해를 반박해, 복음서 저자들의 관심은 인간 예수가 아니었다고 말한다. 그들이 인간 예수에게서 그만큼 비껴 서 있었기 때문에 그들의 귀에 들어온 인간 예수의 음성도 기껏해야 가녀린 속삭임일 뿐이라고 그는 주장한다.

이로써 복음서는 나중에 기록되었고, 초기 기독교인들에게 복음서는 전기나 증언으로서가 아니라 의식서로 받아들여졌다는 견해가 득세하게 되었다. 복음서의 초점은 실존 인물 예수가 아니라 신앙의 대상으로서의 그리스도일 뿐이었다. 불트만의 이러한 관점은 엄청난 영향을 미쳤다. 바야흐로 예수가 무엇을 행했고 어떻게 살았는가의 문제보다 예수가 이 땅에 왔다는 사실이 중요시되기에 이르렀다. 그렇다면 과연 실존 인물 예수의 모습은 영영 찾을 수 없을까?

### • 실존 인물 예수를 찾아서

초기 교회에서의 복음서의 신학적 역할을 규명하는 데 몰두한 형식 비평* 학파는 그러나 제2차 세계대전 이후 심각한 도전에 직면했다. 무엇보다도 실존 인물 예수의 모습을 찾는다는 것은 무의미하다는 관점이 비판의 도마 위에 올랐다.

에른스트 카제만, 귄터 보른캄, 제임스 로빈슨 등이 1950년대에 '2차 탐색'을 이끌었다. 그러나 내놓을 만한 큰 성과를 거두지는 못했다.

이어 1970년대 말에 이르러 샌더즈, 버튼 맥, 마르쿠스 보르크, 존 도미니크 크로상, 예수 제미나르 등이 마침내 '3차 탐색'의 닻을 올렸다. 이들은 실존 인물 예수를 다시 세간의 관심사로 부상시켰다. 크로상의 〈예수:그 혁명적 전기〉(샌프란시스코, 1994년)는 베스트셀러가 되었다.[220]

이제 예수는 기존 체제를 뒤흔든 예지의 스승으로, 그리고 그의 메시지는 그의 설교에 귀를 기울인 뭇 사람들뿐만 아니라 당대 사회에 큰 의미를 갖는 것으로 부각되었다. 예수를 이 세상의 임박한 종말을 선언한 묵시론적 예언자로 규정한 알버트 슈바이처(1875~1965년)를 비롯한 많은 역사학자들의 빛 바랜 견해도 더이상 찾아보기 어렵게 되었다. 견실하게 그리고 광범위하게 전개된 이 논의는, 기독교의 기원에 대해 조금이나마 관심을 갖고 있는 사람들에게 의미가 있다. 형식 비평*의 융단폭격에도 불구하고 끈질긴 생명력을 과시한 인간 예수에 관한 탐색은 예수가 살았던 사회와 그 시대 사람들에게 미쳤을 의미에 관해 우리에게 많은 정보를 들려 준다.

### • 불트만의 후예들

그러나 불트만의 관점이 종말을 고한 것은 아니다. 여전히 은밀히 영향력을 행사하고 있다. 학계를 계속 장악하려는 최근 한 학자의 예수학 개괄서는 '불트만 이후의 와신상담(臥薪嘗膽)'을 노골적으로 드러낸다.[221]

아직도 많은 신학자들은 복음서가 매우 일찍 기록되었고, 합리적인 잣대로 보더라도 신빙성이 있다고 직설적으로 말하면 펄쩍 뛴다. 그들은 복음서를 후기 공동체의 전승 텍스트라고 본다. 그래서 자유로운 해석이 가능하다고 생각한다. 많은 신학자들은 역사학자로 자처하면서도 진지한 역사학자들의 방법을 따르지 않는다. 불트만의 관점으로 회귀하지 않을 수 없게 되는 것이다.

예컨대 갈릴리 구석구석을 돌아다닌 예수와 후기 공동체 사이에 '의식'이라는 두터운 장벽이 가로놓여 있었다는 것이다. 그들은 후기 공동체들은 인간 예수에 대해 분명히 알 수도 없었고 꼭 알려고도 하지 않았다고 주장한다. 즉 복음서는 1세기 초 팔레스타인에서 일어난 일련의 놀라운 사건에 대한 기록이 아니라, 서서히 형성된 종교 의식을 위한 기록일 뿐이라는 것이다. 이 견해는 최근 들어 "나사렛 예수는 복음서와 사도 신경(使徒信經)을 비롯한 교회의 여러 신경에 묘사된 그리스도와 판이하다."는 데까지 나아간다.[222]

### • 예수의 음성을 판가름한 청문회

'예수 세미나'라는 한 연구 단체에서 펴낸 흥미로운 책이 있다. 이 책을 보면 이와 같은 견해가 성서학자들 사이에 널리 공감대를 얻고 있음을 알 수 있다. 주로 북미 출신의 약 100명의 학자들로 구성된 이 단체의 회원들이 1985년 버클리 대학 태평양 종교 대학원에서 첫세미나를 열었다. 예수학 학자 로버트 펑크가 조직한 이 세미나에서 그들은 복음서에 나오는 예수의 말씀 가운데 어느 것이 예수의 진짜 음성인지 가려내기로 했다. 예수의 말씀이 하나씩 전문가들의 도마 위에 올랐다. 복음서의 예수의 말씀이 과연 정말로 예수의 말씀인가를 판가름하는 '청문회'였다.

그 투표 결과가 1993년 〈제5복음서 : 예수의 진짜 말씀을 찾아서〉(뉴욕)라는 이름으로 출판되었다. 언론의 대대적인 조명을 받은 것은 물론이다. 마치 스냅 사진처럼 학계의 전반적인 의견을 담고 있는 이 책은 많은 학자들이 신약 성서를 얼마나 깊이 불신하고 있는지를 적나라하게 보여 주었다.

투표 결과 복음서의 예수의 말씀 가운데 진짜 말씀 또는 진짜에 가까운 것은 20%에 불과하고, 요한 복음의 경우는 거의 모두가 가짜였다. 또한 예수는 자신을 가리켜 '사람의 아들'이라고도 일컫지 않았고, 죽음을 생의 목표로 여기지도 않았다고 보았다. 그들이 볼 때 복음서는 결코 역사서가 아니었다.

### • 이론과 해석의 남발

이로 인해 빚어지는 결과는 이론과 해석의 폭압이다. 복음서가 도무지 신뢰할 만한 것이 못 된다면 인간으로서의 예수의 면

모를 이해하기 위해 우리가 기댈 수 있는 마지막 언덕은 이론가들밖에 없다. 그들이 칼자루를 쥐게 되는 것이다. 그들이 예수에 대해 뭐라고 말하든 그것은 오직 그들의 마음에 달려 있다. 아닌 게 아니라 실제로도 그러했다. 예수는 에세네파*였다는 둥, 불교도였다는 둥, 최초의 페미니스트였다는 둥, 여신 '소피아'를 숭배했다는 둥, 혁명적 마르크스주의자라는 둥, 정치적으로 올바른 좌익이었다는 둥, 온갖 주장이 쏟아져 나왔다. 이처럼 이론을 남용하게 될 때, 결국 예수의 '그 때 그 모습'이 아닌 우리 자신의 반영, 즉 우리가 보고 싶어하는 모습을 보게 된다는 것은 당연지사이다.

미국의 가톨릭 성서학자 존 마이어를 비롯한 일부 학자들이 이와 같은 흐름에 용감히 제동을 걸고 나섰다. 그는 예수의 생애에 관한 연구에서 거대 담론과 환원주의를 경계하고, 복음서 자체를 사료로 활용해 예수의 '기적 전승'이 초기 교회가 나중에 꾸며낸 이야기가 아니라 예수 당시의 일임을 보여 주었다.[223]

이처럼 앞서 언급한 공감대를 거스르면 근본주의자라는 혐의를 뒤집어쓰기 일쑤이다. 다행스러운 것은 우리가 살고 있는 세상이 복음서를 문자 그대로 기정 사실로 받아들이기를 강요하는 세상이 아니라는 것이다. 우리는 계몽주의를 거쳐 오늘의 문명 사회에 살고 있다. 그러므로 복음서를 받아들이되 무조건 수용할 것이 아니라 조목조목 따져가며 받아들여야 한다는 판단은 양식에 입각한 것이다. 폴 틸리히(기독교와 실존주의의 종합을 꾀한 독일의 신학자·사상가:역주)의 표현을 빌자면, 낡은 시대의 '직역'과 구별되는 현대의 '의역'인 것이다.[224]

오히려 문제는 이와 같은 '의역'이 더이상 지적으로 존경받지 못하는 현실에 있다. 누가 바울의 어떤 말은 문자 그대로의 의미인 것 같다고 말한다고 하자. 입이 떨어지기가 무섭게 근본주의니 단세포 같은 발상이니 하는 면박을 당하기 십상이다.

앞에서 인용한 바 있는 존 셸비 스퐁 주교의 베스트셀러 〈근본주의로부터 성서를 구출한다〉는 이러한 경향을 대변한다. 때로 성서를 사회적 압력을 위한 수단으로 동원하는 맹신자들로부터 성서를 구출하고자 한다는 점에서 이 책은 여러모로 경의를 표할 만한 책이다. 그러나 그가 구사하는 언어는 지나치게 폭력적이다. 그는 복음서를 문자 그대로 받아들이는 것은 '정신머리가 없는' 짓으로, '정서 불안자들' 에게나 어울린다고 말한다.

그러므로 이처럼 복음서를 문자 그대로 읽는 데 관심을 두는 '반지성적' 인 사람들은 성서를 '복음주의자들의 포로' 로 만들어 바빌론 유수(幽囚. 기원전 597, 586년 네브카드네잘 2세에 의해 예루살렘이 유린되고 유대인들이 포로가 되어 바빌론으로 끌려간 사태. 기원전 538년에 이르러서야 페르시아 제국을 건설한 사이러스 대왕의 귀국 허용에 따라 유대로 돌아왔다:역주)의 나락에 떨어뜨리는 것과 같다는 것이다. 성서의 본질과 기원에 관한 그의 견해는 갈채를 받을 만하되 자신과 견해가 다른 사람들에게 퍼붓는 모멸스런 표현만큼은 결코 바람직한 것이라고 할 수 없다.

### ● 모들린 파피루스를 매개로 한 자유주의-보수주의 신학의 격돌

카르스텐 티데가 재확정한 모들린 파피루스의 연대를 둘러싸고 많은 학자들이 보여 준 분노와 저항감도 같은 맥락에 있다. 이러한 격렬한 반응은 한참 동안 이 신문을 도배질하다시피했다. 그들의 심기가 상한 것이다. 그러나 한 달 가량 지나자 처음에는 이처럼 거부 반응을 보였던 많은 학자들도 마침내 티데의 견해에 흥미와 공감을 표하기에 이르렀다. 티데가 편견에 사로잡히지 않고 엄밀한 근거와 사실, 예를 제시하고 있음을 이해하게 되었기 때문이다.

그러나 마태 복음이 서기 70년 이전에 기록되었다는 사실만으로 그들의 신학적 기반은 우르르 무너지지 않을 수 없었다. 성서 학계가 '보수주의'와 '자유주의'로 뚜렷이 갈려 있는 것은 지금도 변함이 없다. 사실 많은 연구자들은 보수적인 관점을 갖고 있다는 이유만으로 학문의 사다리에서 눈물을 머금고 내려와야 했다. 심한 경우 교수직에서 도중 하차한 사람도 있었다. 이제 모들린 파피루스의 연대를 둘러싸고 보수주의와 자유주의 사이에 전선이 형성되었다. 파피루스의 연대에 앞서 그들의 사활이 걸리게 된 것이다.

이제 절실히 요구되는 것은 파피루스학*의 방법에 입각해 신약 성서의 연대를 재확정하려는 노력이다. 파피루스학*의 방법에 의거할 때 유익하지 못한 요소들을 걸러낼 수 있다.

1976년 존 로빈슨은 "신약 성서 가운데 그 어느 기록에 대해서도 우리는 연대를 확정할 만한 증거를 제대로 갖고 있지 못하다. … 탄소14를 이용한 연대 측정 방식의 도입과 같은, 전체상을 일변시키는 새로운 시도가 없다."고 말했다.[225] 그처럼 뛰어난 감각을 갖고 있었던 학자가 자신의 연구를 파피루스학*과 접목시키지 못한 것은 무척 아쉬운 일이다.

그의 말마따나 복음서의 연대를 재확정하는 데는 온갖 어려움이 따른다. 전반적인 외양상의 근거나 내적 근거도 한정되어 있고, 추측은 한 쪽으로 치우치는 결과를 낳기 쉽다. 또한 자유주의 진영의 신학자들은 연대를 늦추기 위해, 보수주의 신학자들은 연대를 앞당기기 위해 근거를 찾기 위해 서로 혈안이다. 엄밀한 증거가 중요한 까닭도 바로 여기에 있다. 파피루스학*에 입각한 신약 성서의 연대 재확정을 위한 학문적 토론은 편견에 뿌리 박은 억측이 아니라 편향되지 않은 자세를 요구한다.

 # 모들린 파피루스의 연대가 갖는 의미

### • 복음서 자료의 진위를 가늠하는 잣대

그와 같은 토론이 이루어진다면 어떤 결론에 도달할까? 앞에서 충분히 살펴본 바와 같이 마태 복음이 서기 70년 이전에 기록되었음은 설령 모들린 파피루스라는 물증에 기대지 않더라도 설득력이 있을 수 있다. 그리고 모들린 파피루스는 이를 사실로 못박는다.

이를테면 크로상은 마태 복음의 자료가 된 예수의 말씀과 다른 내용이 포함된 '큐(Q)*' 자료가 처음으로 나돈 때가 서기 30~60년경이라고 말한다. 물론 그럴 수도 있다. 그러나 모들린 파피루스라는 물증이 등장함으로써 이제는 마태가 쓴 복음서가 이미 그 시기에 사본의 형태로 유통되었음이 밝혀졌다. 즉 예수가 십자가에 못박힌 현장을 지켜본 목격자들이 돌려가며 읽었던 것이다.

이 사실로 미루어 우리는 예루살렘 성전이 파괴되기 전에 초기 교회가 이미 급성장했음을 알 수 있다. 이것은 초기 공동체를 건설한 이들이 소명감과 불타는 용기, 뛰어난 조직 역량을 갖고 있었음을 말해 준다. 이 사실은 복음서의 본질과 특징, 목적에 대해 종래와 달리 생각할 수 있게 해 준다.

그동안 복음서 자료의 진위를 가늠하는 기준이 여러 가지 제시되었다. 다른 복음서에 다시 언급될수록 신빙성이 높다는 이른바 '중복 증거', 유대주의 문화와 뚜렷이 구별될수록 신빙성이 높다는 이른바 '차별화'가 그것인데, 이러한 기준은 난점이 있다.

우선 네 복음서가 상호 독립적이므로 다른 복음서에 언급되어 있다는 이유만으로 진짜가 될 수는 없다. 그래서 중복 근거라는 기준은 설득력이 없다. 차별화도 마찬가지이다. 비유대적 발언만을 예수의 진짜 말로 간주한다면 예수가 유대인이었음을 자의적으로 무시하게 된다. 유대인으로 태어나 유대 땅에 살았던 그가 어찌 유대인의 지혜에 의지하지 않았을 것이며 또 그것이 어떻게 가능했겠는가?

### • 간과한 잣대—시간차

복음서 기록의 진위를 가늠하는 잣대로 거론된 것 가운데 오늘날까지 만족할 만한 것은 없다. 그런데 그 동안 간과해 온 참으로 단순한 잣대가 있다. 바로 '오래됨(antiquity)'이라는 기준이다. 즉 과거에 일어난 사건에 관한 자료는 그 사건과 가까운 때의 것일수록, 지금으로부터 오래된 것일수록 신빙성이 더 높다는 것이다. 이것은 언뜻 생각해도 이해할 수 있다. 일반적으로 어떤 사건이 일어난 날의 일기는 40년 뒤의 회고담보다 좋은 증거물이다. 물론 설령 그 날 적은 일기라고 해서 곧이곧대로 받아들일 수는 없다. 그러나 훗날 냉정한 심정으로 과거사를 돌이켜보며 기록한 회고담과 같은 것일 수는 없다. 그 날의 열기가 배어 있기 때문이다.

종교 텍스트도 이와 마찬가지이다. 특정한 사건이 일어난 때로부터 20년 뒤에 기록된 것과 40년 뒤에 기록된 것은 전연 다른 것이다. 로빈슨의 말대로 "시간차가 작을수록 왜곡 가능성도 작을 것이기" 때문이다.[226]

그러므로 예수의 삶과 제자들이 그에 관해 기록하기 시작한 시점 사이의 시간적 간극이 수십 년이 아니라 수년에 지나지 않는다면, 제자들의 회고담에 대해 엉터리라느니 조작이라느니 하고 왈가왈부할 필요도 없다. 그렇다고 복음서가 오늘날의 전기나 역사서와 똑같다는 것은 아니다. 그렇게 주장한다면 그야말로 시대착오이다.

### • 역추적—복음서 저자들에게 절실했던 것?

마찬가지로 모들린 파피루스 조각의 연대는, 마태 복음이 '마태의' 초기 공동체가 필요로 한 예배 의식을 반영한 것일 가능성을 전면적으로 부정하지는 않는다. 그러나 한 성서학자의 말대로 모들린 파피루스의 연대는 "복음서는 교리의 모색이 아니라 사실의 증거"[227]임을 강력히 뒷받침해 준다.

사실 초기 공동체가 필요로 한 정보 가운데 그들이 주님이요 구세주로 떠받든 예수에 관한 진실된 정보보다 더 절실한 것이 어디에 있었겠는가? 복음서의 저자들에게는 무엇보다도 정확한 증언이 중요했다. 그러나 오늘날 학자들은 마치 약솝이나 한 듯이 이 점을 가볍게 여긴다. 납득하기 어려운 일이다.

누가는 자신의 기록이 "처음부터 직접 눈으로 보고 말씀을 전파한 사람들"(누가 복음 1장 2절)에게서 받았다고 말한다. 요한 복음의 저자는, 군인 하나가 예수가 이미 숨을 거둔 것을 보고 다리를 꺾는 대신 창으로 옆구리를 찔렀다는 기록이 현장 목격자의 말에 근거한 것임을 강조한다. "이 증언을 하는 사람은 자기 말이 틀림없는 사실이라는 것을 잘 알고 있다. 그는 여러분도 믿게 하려고 이렇게 증언하는 것이다."(요한 복음 19장 35~36절) 이어서 그는 자신의 신원을 밝힌다. "이 일들을 증언하고 또 글로 기록한 사람이다. 우리는 그의 증언이 참되다는 것을 알고 있다."(요한 복음 21장 24절).

이 구절은 요한 복음 1장 14절("말씀이 사람이 되셔서 우리와 함께 계셨는데 우리는 그분의 영광을 보았다.":역주)과 마찬가지로 요한 복음의 다수 독자가 예수의 삶과 부활을 목격한 사람들이었음을 말해 준다. 물론 이것을, 자신이 쓴 복음서를 믿게 하려는 의도로 요한이 깔아 둔 장치로 치부할 수도 있다.

그러나 설령 그렇다 할지라도, 우리는 이러한 장치를 통해 적어도 요한이 복음서를 기록하면서 염두에 둔 공동체가 정확한 증언에 후한 점수를 주었음을 알 수 있다. 아무리 미미한 인물일지언정 예수를 두 눈으로 목격한 사실만으로 신앙적 의미의 엘리트로 편입되었다는 말이다. 예수가 "모든 사람에게 나타나신 것이 아니라 하느님께서 증인으로 미리 택하신 우리에게"(사도행전 10장 41절) 나타났다는 말은 불쑥 던진 말이 아니다.


### • 모들린 파피루스—그 텍스트와 기억의 관계

이처럼 증거의 신빙성은 대단히 중요했다. 텍스트 비평가인

버거 제러드슨은 스승 해럴드 리젠펠드에 이어 일련의 노작을
통해 서기 1세기의 유대적 환경에서 거룩한 전승의 정확한 전달
과 암송이 얼마나 중요한 문제였던가를 보여 주었다. 그의 견해
에 따르면 주요 텍스트와 말씀을 부지런히 암송하는 것은 성스
런 일이다. 바울은 기독교인들의 입에서 입으로 전해진 전승을
곧잘 거론한다.[228] 이것은 마태 복음 15장에도 잘 나타나 있다.

복음은 한 증인에게서 다른 증인에게로, 증인에게서 개종자
에게로, 개종자에게서 필사자에게로 '의도적으로, 조심스럽게,
그리고 체계적으로' 전해졌다.[229]

제러드슨의 지적대로 복음이 속기로 기록되었던 것은 아니지
만, 그렇다고 초기 교회의 신자들 가운데 아무나 예수에 관한
전승을 만들 수 있었던 것도 아니다.[230] 안타깝게도 제러드슨의
견해는 제대로 수용되지 못하고 있다. 그러나 그의 저서는 초기
기독교의 수십 년 역사에서 기억과 텍스트 사이의 관계에 관해
많은 것을 시사해 준다.[231]

모들린 파피루스의 연대도 이 맥락에서 이해할 필요가 있다.
마태 복음이 예루살렘 성전이 파괴된 서기 70년 이전에 기록되
었다면, 마태 복음에 기록된 사건들은 그 독자들에게 몇 세대
전의 이야기가 아닌 최근의 사실이었다. 그들 가운데 일부는 예
수의 설교를 직접 들었을 것이고, 다수는 예수의 기적과 부활,
그리고 승천을 목격했노라고 주장하는 이들을 알게 된 사람들이
었을 것이다.[232] 그들이 믿은 것은 수십 년 전의 일이 아니라 그
들이 함께 겪은 최근의 경험이었다.

백 보 양보해 설령 마태 복음이 목격자에 의해 기록되지 않았
다 한들, 두 눈으로 예수를 목격한 사람들의 생생한 증거를 채

록해 그들을 위해 기록한 것임은 말할 나위도 없다. 모들린 파피루스를 읽어내려가는 낭독자의 큰 목소리가 예수가 베싸니아를 방문한 대목에 이르렀을 때 회상에 잠겼을 독자들의 모습은 상상하고도 남는다. 이 일이 실제 사실이 아니라고 예단할 수 있을까? 물론 이것은 추론이지만, 얼마든지 가능한 이야기이다.

### • 복음서의 전기적 성격

복음서의 전기적 성격도 놓칠 수 없는 부분이다. 물론 오늘날의 전기들과는 성격이 다르다. 19세기에 무더기로 쏟아져나온 저 감상적인 '예수의 생애'류의 작품들은 복음서를 몰아세웠었다.

그러나 복음서의 저자들에게나 독자들에게 복음서는 한 인간이 태어나 죽기까지의 심리와 동기, 개성에 관한 그 모든 신비로운 사실들을 있는 그대로(wie es eigentlich) 들려 주는 책이었다.

엄밀하게 말하자면, 신비로운 사실들이 많이 들어 있다고 해서 전기적 성격이 없다고 말할 수는 없다. 형식 비평*가들의 입을 빌면 복음서는 '비(非)문학적 기록'이며 구두 전승에서 비롯된 '설화집'에 지나지 않는다. 그러나 이것은 이미 낡은 생각이다.

최근 일부 학자들 사이에 복음서를 그리스-로마적 의미의 전기로서 재조명하려는 움직임이 일고 있다. 그들은 그리스-로마의 전기, 특히 수에토니우스의 〈황제들의 생애〉와 타키투스의 〈아그리콜라〉 등의 전기와 복음서의 유사성에 주목한다.[233] 복음서의 저자들이 정연하고 극적인 묘사를 위해 사실적인 표현과 의례적인 표현, 자연스러운 표현과 상투적인 표현을 혼용했고, 복음서에 유대 문화와 헬레니즘* 문화가 한 데 뒤섞여 있음이 밝혀졌다.

이러한 접근 방식은 복음서를 오늘날의 일기나 회상록과 동일시하지 않으면서 동시에 한 실존 인물의 삶에 관한 사실적 기록임도 부정하지 않는다.[234] 그 독특한 문체 때문에 사료로서의 신빙성이 크게 떨어지는 것은 아니기 때문이다.

### · 그들은 늘 초자연의 세계에 발을 담그고 살았다

오늘날을 살아가는 현대인에게 들려 줄 양으로 옛 사람들이 기록한 글을 '문자 그대로' 이해하려고 하면 어느 정도의 혼란은 피할 수 없다. 서기 1세기의 팔레스타인 사람들은 귀신이나 기적, 카리스마적 치유 따위를 신봉했다. 영적인 힘, 초자연적인 힘은 그들의 일상 생활에 영향을 미쳤다. 말하자면 '천국의 문'(요한 계시록 4장 1절)이 늘 반쯤 열려 있었던 것이다. 그래서 자연과 초자연의 경계가 희미해질 때면 그들의 현실은 사소한 변화에도 좌지우지되었다.[235]

그들의 기록, 그들의 말에는 이와 같은 초자연에 대한 믿음이 깔려 있다. 그들은 말할 때나 글을 쓸 때나 은유와 암시, 초자연의 세계에 발을 깊이 담그고 있었다. 마법사나 신의 개입 가능성을 늘 열어 놓았던 것이다. 사실 성서의 목적도 이 두 세계의 관계를 설명하는 데 있었다.

이것을 잘 이해한 인물은 존 던(영국의 형이상학파 시인 · 목사: 역주)이었다. "'그리스도는 포도나무요', '그의 몸은 빵이니' 라고 할 때 문자 그대로의 의미란, 바로 그 비유가 말하고자 하는 의미이다. 문자 그대로의 의미가 꼭 문법과 철자에 있는 것은 아니다."[236] 성서의 모든 기록은 실제 경험을 말한다는 점에서 문자 그대로의 사실이다.

당시의 독자들은 복음서에 신화와 경험적 사실이 두루 섞여 있는 것을 당연하게 여겼을 것이다. 오늘날처럼 자연적인 것과 초자연적인 것을 딱부러지게 구별하는 것에 익숙하지도 않았으려니와 그것이 중요하지도 않았기 때문이다. 복음서의 저자들이 비유적인 표현과 사실적인 표현, 영적인 표현과 세속적인 표현을 아주 자연스럽게 나란히 배치한 것도 그 때문이다.[237]

모름지기 역사서라면 객관적이어야 하며, 문학적이고 신화적인 표현을 써서는 안 된다는 생각은 근래의 사고 방식에 지나지 않는다. 복음서를 읽되, '그의 눈에 비친 세계'를 기록한 것으로 받아들일 필요가 있고, 혼란스런 표현들도 사실을 기록하는 하나의 방법으로서 이해할 필요가 있다.[238]

복음서에 기록된 너무나도 이상한 사건을 믿느냐 마느냐는 전적으로 개인의 문제이다. 그러나 이 모든 일들이 복음서의 저자들에게는 전율하리만치 두렵고 무섭고 불가항력적인 사건이었던 것만큼은 틀림없는 사실이다. 숨을 죽인 채 이 엄청난 이야기들을 듣고 나서 놀란 가슴을 누를 수 없어 이를 기록해 두어야겠다는 충동에 사로잡혔을 그들의 모습은 충분히 상상할 수 있다.

그들은 하느님이 육신이 되어 세상에 왔고, 십자가 위에서 죽음을 당했고, 죽음에서 부활했음을 세상 사람들과 자식들에게 알려야 한다는 소명감을 느꼈다. 이 모든 놀라운 이야기가 그들에게는 의심의 여지 없는 사실이었다. 문제는 오직 하나, 이 '복음' 을 사람들이 과연 믿으려 할까 하는 것이었다. 모두 로마 점령하의 갈릴리, 그것도 평범한 사람들에게 일어난 일이다.

만약 복음서의 기원을 추적하면서 이 사실을 놓치게 되면, 그들의 절박성을 망각한 채 이론이니 장르니 하는 문제로 앞질러 가기에 바쁘면, 우리는 정녕 복음서라는 이 유별난 책의 본질을 들여다볼 수 없게 된다.

그것은 또한 우리 눈 앞, 우리 발 밑의 문명의 디딤돌을 놓치게 된다는 의미이기도 하다.

 ## '추한 도랑'을 넘어서

### • 새로운 밑그림

이로써 신약 성서를 새로이 이해하기 위한 밑그림이 완성되었다. 이 밑그림의 핵심은, 모들린 파피루스라는 엄밀한 물증에 입각해 복음서의 연대에 새로운 관심의 눈길을 돌리되, 모들린 파피루스의 연대가 시사해 주는 복음서의 기원에 관한 정보를 열린 마음으로 수용하는 데 있다.

이 밑그림이 '복음서란 무엇인가?' 하는 문제에 대한 직접적인 답변은 아니다. 그러나 어떤 답변이든 설득력을 가지려면 적어도 이 밑그림을 통과하지 않으면 안 된다. 우리는 이 연구가 장기적 안목의 생산적인 토론의 계기가 되고, 평범한 사람들이 이 주제에 보다 많은 관심을 갖는 계기가 되기를 바란다. 무궁무진한 가능성이 우리 앞에 있다. 우리는 이제 막 그 출발선을 떠났다.

우리는 학자와 언론인, 사실을 해석하는 사람과 관찰자로서 모든 편견과 속내를 버림으로써 대장정의 끝까지 나아갈 수 있다. 만약 우리가 파피루스가 아닌 사람을 관찰하는 입장에 서면, 모들린 파피루스의 연대 재확정이 파피루스에 대해 눈곱만큼의 관심도 가져본 적이 없는 많은 사람들 사이에 불러일으킨 흥분과 논쟁에서 초연한 자세를 견지할 수 없게 된다.

**• 우리 시대의 두 얼굴—회의 그리고 확실성에의 갈망**

인간 예수에게서 비켜서 있었기 때문에 복음서의 저자들이 인간 예수의 가녀린 속삭임밖에 들을 수 없었다는 불트만의 견해는 오류이다. 그들은 예수의 우렁찬 음성을 들었다. 또한 모들린 파피루스의 첫독자들도, 나사렛 예수가 그 누구보다도 시골 사람들에게 먼저 들려 준 설교와 비유를 직접 들었을 뿐만 아니라 머리를 조아리고 나아가 이 현인(賢人)에게 질문하고 답을 기다린 바로 그 사람들이었다. 그러하거늘 그들이 예수의 가녀린 속삭임밖에 듣지 못했을까? 아니다. 그들이 들은 것은 미천한 태생으로 세상을 바꿔놓을 운명을 타고난 한 실존 인물의 열정적인 웅변이었다.

이것은 성서학이라는 좁은 테두리에서 운위할 문제가 아니다. 모들린 파피루스의 연대가, 인간 예수와 복음서 텍스트의 발전 과정에 관한 누대(累代)의 논쟁에 대해 관심도, 들어본 적도 없는 뭇 사람들의 관심사로 대두한 까닭도 여기에 있다. 사실 평범한 사람들이 고대 파피루스의 연대에 특별히 관심을 가질 만한 이유가 있었던가?

그럼에도 불구하고 일상 대화와 전화·서신을 통해 우리가 확인한 것은 기독교인과 비기독교인, 무신론자와 불가지론자를 막론하고 모든 사람들이 모들린 파피루스의 연대 문제를 신앙상의 근본 문제로 받아들이고 있다는 사실이다. 어느덧 학문의 울타리를 훌쩍 뛰어넘어 일상을 살아가기에 바쁜 뭇 사람들의 화두가 된 것이다.

왜일까? 자나깨나 회의하는 '회의의 시대'를 살아가는 우리 마음의 한 구석에 확실성에 대한 갈망이 자리잡고 있기 때문이 아닐까? 오늘날 서구 사회에서는 전통적인 기독교적 도덕의 회복이든 '새로운 가치'의 모색이든 모두 정치적 풍향에 따라 좌지우지된다. 대개의 사람들은 세속주의와 속물 근성에 넌더리가 나 깨끗한 양심과 도덕을 갈망한다.

《월스트리트 저널》은 얼마 전 사설에서 열차의 탈선을 막아 주는 보조 레일처럼 도덕적 무정부 상태로부터 우리를 지켜 줄 확실한 장치를 일반 대중이 갈망하고 있음을 전하고 있다. 가정의 가치와 성 문란, 범죄와 형벌, 자유와 의무 등의 문제는 약 2천 년 전 예수의 말에 귀를 기울였던 뭇 사람들이 예수에게 던진 질문과 별반 다를 게 없다. 모들린 파피루스에 대한 대중적 관심은 삶의 근본 문제에 눈길을 돌리는 많은 사람들에게 복음서가 중요한 텍스트임을 반증한다.

### • 2천 년 만에 파피루스학에 의해 분석되는 복음서

이 맥락에서 볼 때 이제 겨우 출발선을 떠났지만 '복음서'의 연대 재확정이라는 과제는 서기 2천 년을 눈앞에 두고 있는 이 시대에 걸맞는 일인 듯하다. 지금까지 확실한 근거에 입각해 확인된 사실은 다음과 같다.

예수의 산상 설교와 가리옷 유다의 배신이 기록되어 있는 마태 복음(모들린 파피루스)은 예수가 십자가 위에서 못박혀 죽은 지 얼마 되지 않은 때에, 그리고 늦어도 예루살렘 성전이 로마군에 의해 파괴된 서기 70년 이전에 기록되었다. 그리고 마가 복음(쿰란 파피루스 두루마리 7Q5)은 늦어도 쿰란* 마을과 동굴 인근 지역이 로마 제10군단에 의해 유린된 서기 68년 이전에 기록되었다. 모두 기독교 1세대 사본에 속한다. 이와 더불어 1994년 클라우스 베르거가 주장한 대로 요한이 쓴 비(非)정전* 복음서 파피루스의 연대도 서기 70년 이전임이 고문서학적 근거에 의해 입증되었다.[239]

복음서의 연대 재확정으로 향한 파피루스학*의 출발점이 이것이다. 이 작업의 관심사는 네 복음서 전체이며, 복음서를 읽어 보았거나 장차 읽게 될 모든 사람들에게 이 작업은 영향을 미치게 될 것이다. 바야흐로 예수의 삶을 기록한 복음서가 예수 탄생 2천 년 만에 사제나 신학자, 문학 비평가가 아닌 과학자들에 의해 다시 분석되고 있다.

지난 수세기 동안 과학은 흔히 신앙의 적으로 간주되었다. 예컨대 갈릴레오는 이단자로 단죄되었고, 다윈의 진화론은 창조 신화를 한갓 실없는 소리로 격하시켰다. 그리고 프로이트의 정신 분석학은 개인의 도덕적 의무에 관한 기독교의 전통적 입장에 일격을 가했다. 다윈주의, 그리고 르낭과 슈트라우스가 집대성한 텍스트 비평은 찰스 부스필드 흌렛의 시대에는 명백히 적군이었다.

그러나 이 책의 주제에 관한 한 파피루스학*이라는 경험 과학은 신앙의 적이 아닌 동반자가 될 수 있다. 복음서의 연대를 재확정하기 위한 파피루스학자들의 연구는 평범한 사람들에게 신약 성서, 그리고 신약 성서와 자신의 삶의 관계를 새롭게 반추할 수 있는 기회를 제공할 것이다.

### • '참'과 '근거 있는 것'

복음서를 '참(true)'이라고 말할 수 있는 과학자는 아무도 없다. 그러나 복음서가 과연 '근거 있는(authentic)' 것인가에 대해서는 누구든 제각기 판단을 내릴 수 있다. 이 질문에 답해 나가는 과정에서, 어떤 이들은 신앙이나 도덕과 파피루스학*과 같은 경험 과학의 증거는 전혀 별개의 문제라고 생각할 것이다. 그들의 신앙을 지탱시켜 주는 것은 예수의 수의(壽衣)도 기적도 사료도 아니기 때문이다. 마치 찰스 부스필드 휼렛과 같은 사람들이다.

그러나 이와 정반대로 어떤 이들은 모들린 파피루스의 연대를 통해 신앙상으로 큰 변화를 겪고, 이를 통해 신앙과 역사를 한 곳에 수렴시키는 놀라운 성과를 거둘 수도 있다. 고트홀트 레싱이 말한 신앙과 역사 사이의 저 '추한 도랑'을 훌쩍 뛰어넘게 되는 것이다. 복음서가 생각보다 더 '근거 있는' 것이라면 실존 인물로서의 인간 예수와 신앙의 대상으로서의 그리스도 사이의 간극도 학자들의 주장과 기독교인들의 우려만큼 크지는 않을 것이다.

이 각별한 책, 복음서가 파피루스학*의 조명을 받으며 우리 앞에 새로이 다가온다. 이제 우리의 귓전을 울리는 예수의 음성은 더이상 실오라기처럼 가느다란 속삭임이 아니다. 실존주의 철학자 키엘케골은 "하느님의 말씀을 읽을 때는 '이것은 나에 관해, 나에게 들려 주는 말씀이다' 라고 늘 혼잣말을 하라."고 말했다. 모들린 파피루스의 세계에 몰입하면 어느 누구를 막론하고 이와 같은 벅찬 감동과 흥분을 느끼게 될 것이다.

### • 모들린 칼리지

우리는 이 연구를 위해 전세계를 쏘다녔다. 독일에서 미국으로, 이집트로, 이스라엘로, 그리고 온 유럽으로. 우리의 연구 답사는 아직 끝나지 않았다. 그러나 약 100년 동안 이 소중한 파피루스의 보금자리가 되어 준 모들린 칼리지에 관한 이야기로 이 책을 매듭짓지 않을 수 없다. 이 이야기의 무대이자, 찰스 휼렛을 배출하고 그에게 모교의 애틋한 사랑을 채워 준 모들린 칼리지. 그가 죽기 전 모들린 파피루스를 기증한 모들린 칼리지는, 이 파피루스가 기록된 때로부터 1400년 뒤에 세워져 오늘날까지 500여 성상을 헤아린다.

오늘날 모들린 칼리지는 발전을 거듭하고 있다. 중세의 위엄을 고이 간직하고 있는 모들린 칼리지는 미래 세대들을 위해 그 아름다운 캠퍼스를 최근 몇 년에 걸쳐 복원했다. 휼렛의 옛 스승 허버트 워렌이 오늘의 모들린을 보면 얼마나 흐뭇해 할까. 그가 살아 있을 때처럼 오늘날에도 하이 스트리트에서 출발해 수위실, 총장 관사, 레오나르도 다 빈치의 〈최후의 만찬〉이 걸려 있는 성당, 그리고 옛 수도원 건물들을 지나 사슴 엽원으로 걸어가는 오후의 산책만큼 즐거운 일도 없다. 지성의 열매와 석공의 솜씨를 음미하고 모들린이라는 울타리의 역사를 회상하기에 안성맞춤이다.

고(古) 도서관의 책과 문헌들, 그리고 나무로 만든 홈통 사이에 서서 생각에 잠긴다. 이 파피루스는 어떤 운명을 타고났기에 이 정도로나마 제 몸을 추스려 이곳까지 오게 되었을까. 200여 년 전의 기번처럼 고개를 들어 창 밖으로 웅장한 모들린 신관을 내다본다.

이 작은 파피루스 조각들이 이 먼 곳까지 왔다는 사실은 생각하면 할수록 신기하다. 혹 그 필사자들은 자신의 작품이 먼 훗날 이곳까지 오게 될 줄 알고 있었을까? 이집트의 작렬하는 태양 아래에서 이마에 흐르는 땀을 훔치며 이 연약한 파피루스를 기록했을 그들. 이 파피루스가 이토록 먼 곳까지 와서 이토록 큰 의미를 갖게 될 줄을 그들이 알게 되면 깜짝 놀라지 않을까?

# 註

**2장: 연대 논쟁: 마태 복음, 그리고 신약 성서의 기원**

1) M. 헨겔, 〈마가 복음 연구〉(런던, 1985), pp. 85~113.

2) 모든 고대의 역사서는 나름대로의 '관심'을 갖고 있다. 복음서 역시, 로마의 역사학자 타키투스가 자신의 장인인 이울리우스 아그리콜라에 관해 쓴 전기 〈아그리콜라〉(서기 98)에 못지 않은 특별한 의도를 갖고 있다. 〈아그리콜라〉의 처음 네 문장은 노골적으로 당파심을 드러낸다.
그리고 로마의 역사가 리비는 자신의 로마사 〈압 우르베 콘디타〉(서기 9?)의 서두에서 '땅 위에 우뚝 솟은' 한 민족 즉 로마인의 위대함을 찬양하기 위해 이 글을 쓰노라고 밝히고 있다. 이처럼 자신의 관심을 미리 밝히는 것이 관례였다. 누가도 자신이 복음서를 엮은 까닭은 테오빌로로 하여금 "이미 듣고 배우신 것들이 틀림없는 사실이라는 것을 알 수 있도록"(누가 복음 1장 4절) 하기 위함이라고 명시하고 있다.

3) M. 헨겔, 앞의 책, p. 110.

4) 이 구절에 대해 많은 사람들이 오해하는 이유는 "여기 서 있는 사람들 중에는 죽기 전에… 볼 사람들도 있다"는 표현 때문이다. 그러나 이 구절은 어디까지나 '하느님의 나라를 보게 될 사람'을 강조할 뿐 그 밖의 다른 사람들은 죽게 되리란 의미가 아니다. 즉 그 곳에 있는 사람들 가운데 일부만이 자신의 영광스러운 모습을 보게 되리라는 의미이다. 실제로 그들 가운데 예수의 영광스러운 변모를 본 사람은 몇 사람뿐이었다.

5) 이 구절은 희랍어 원문을 그대로 옮긴 것이다.

6) 로마서 11장 26절을 보라!

7) 흥미롭게도 마태 복음 10장 23절에서 '완전하게 끝내는' 행위를 가
　　리키는 희랍어 텔레오(teléo)가 누가 복음의 서두에서도 똑같은
　　의미로 쓰이고 있다. "아기의 부모는 주님의 율법을 따라 모든
　　일을 마치고 자기 고향 갈릴래아 지방 나자렛으로 돌아갔다."
　(누가 복음 2장 39절)

8) 본서 3장을 볼 것.

9) Th. 짠, 〈마태 복음〉(라이프치히/에어랑겐, 1903; 4판, 1922; 중판,
　　부퍼탈/취리히, 1984), p. 407.

10) 본문 중 영역본에서 흔히 '깨든지 자든지(awake and asleep)'로
　　옮기는 구절은 '살아 있든지 죽어 있든지'의 의미이다. 로마서 14장
　　8절은 "그러므로 우리는 살아도 주님의 것이고 죽어도 주님의
　　것입니다."라고 말한다.
　　바꿔 말하자면 일찍이 서기 33년에 순교한 예루살렘 공동체의
　　지도자 스데파노처럼 바울은 자신도 예수의 재림을 보지 못하고
　　죽게 되리라고 마음의 준비를 하고 있었다. 개종하기 전 바울은
　　스데파노의 순교를 지켜보았고 그를 죽이는 데 찬동했었다.
　　예수가 예언한 재림(요한 복음 14장 16~26절, 15장 26절, 16장
　　9~11절)이 부활절 후 50일째 되는 오순절에 진리의 성령 곧
　　'협조자'가 임함으로써 이미 이루어졌다는 견해도 있다.

11) 네슬레-알란트 판《희랍어 구약 성서》27차 개정판, p. 453.

12) 마가 복음은 때로 이와 같은 '잣대'를 피해 간다. 다른 복음서보다
　　이 예언이 상대적으로 짧고 모호하게 기록되어 있기 때문이다.
　　그래서 일부 학자들은 마가 복음의 연대를 서기 약 70년으로
　　'후하게' 보기도 한다. 특기할 만한 사실이 있다. 영국 맨체스터
　　대학에서 헬라어를 가르쳤던 헬라어의 대가 고(故) 귄터 쭌츠는
　　이러한 주장들을 물리치고 마가 복음의 연대를 서기 40년으로
　　보았다.
　　예수의 예언이 사후에 조작되었다는 견해에 동조하지 않는
　　연구자들이 제시한 마가 복음의 최고 연대는 서기 약 40~60년

(J. A. T. 로빈슨, 〈신약 성서의 새로운 연대〉(런던, 1976)),
서기 약 43년(B. 오차드 & H. 라일리, 〈공관 복음의 순서〉
(메이컨, 1987)), 서기 약 50~64년(B. 리크, 〈예루살렘 멸망에
관한 공관 복음서의 예언들〉, 《신약 성서와 초기 기독교 문학: 알렌
P. 빅그렌 기념 논문집》(리든, 1972, 아우네 편) 등이 있다.

13) W. F. 올브라이트 & C. S. 만, 〈마태: 입문, 번역, 각주〉(뉴욕,
1971)는 "유대인에게 메시아적 공동체를 갖고 있지 않은 메시아란
생각하기 어려운 것이었다."라고 말한다. p. 195.

14) M. 헹겔, 〈복음서의 표제와 마가 복음〉, 앞의 책, pp. 64~84.

15) Th. 비르트, 〈예술에 있어서의 책의 역할〉(라이프치히, 1907; 중판,
1976); E. 슈말츠리이트, 〈책 표제의 초기 역사〉(뮌헨, 1970)를 보라.

16) M. 헹겔, 앞의 책, pp. 81~82.

17) 길이 700m, 폭 2m의 거대한 돌 제방이 세워져 있었던 가버나움에
관한 고고학적 자료는 다음을 보라. M. 눈, 〈갈릴리 바다 인근의
정박장과 항구들〉, 앙 제브, 1988, pp. 24~26; B. 픽스너, 〈예언자의
길과 초기 교회의 터: 새로운 고고학적 안목에서 본 예수와 유대의
기독교〉, 리즈너 편(기센, 1994), pp. 65~66.

18) 다음을 볼 것. F. 헤른브뢰, 〈예수와 세리〉(튀빙겐, 1990)

19) C. F. D. 모울, 〈마가 복음:간과된 몇 가지 특징〉, 《신약
성서 해석 논문집》(케임브리지, 1982), pp. 67~74. 모울은 마태는
마태 복음의 자료 수집에 기여했을 뿐 마태 복음을 손수 기록하지는
않았다고 주장한다.

20) 유세비우스의 〈교회사〉(서기 약 325년)에서 인용한 것임. 본서 3장,
6장을 보라.

21) 알렉산드리아 클레멘트가 한 말. 헤라클리온, 〈스토로마테이스〉
4.9.

22) 마태 복음을 비롯한 신약 성서에 관한 제반 견해와 출판물을
일목요연하게 개관하고 있는 책으로 D. 거스리의 1,160쪽에 이르는
방대한 〈신약 성서 입문〉(레스터, 4차 개정판, 1990)이 있다.

23) J. A. T. 로빈슨, 〈요한 복음의 연대〉(런던, 1985), pp. 1~122.

24) K. 베르거, 〈초기 기독교 신학사: 신약 성서의 신학〉(튀빙겐/
바젤, 1994). 특히 pp. 653~657(요한 복음)과 pp. 568~571(요한
계시록)을 보라. 베르거는 신약 성서의 다른 기록의 연대에
대해서는 보수적인 입장을 견지해 전통적인 견해에 접근한다.

25) D. L. 세이어즈, 〈사이러스에게 보내는 감사의 글〉,《하찮은
생각들》(런던, 1946; 2판, 1951), pp. 23~28. 본문은 p. 25에서
인용한 것.

## 3장: 모들린 파피루스 뜯어보기

26) 독일의 파피루스학자 빌켄이 채집해 수록한 이야기이다. U. 빌켄,
〈희랍어 파피루스 문서〉(베를린, 1897), p. 10.

27) 시나이 사본의 대부분은 현재 런던 소재 영국 도서관에, 그리고 그
일부는 티셴도르프의 모교인 독일 라이프치히 대학 도서관에
소장되어 있다. 최근 이 수도원에서 새로 발견된 12개는 아직 이
곳에 보관 중이다. 시나이 사본만큼 중요한 사본으로서 같은 시기
(4세기 중엽)의 바티칸 사본이 있다. 바티칸 사본은 현재 바티칸
도서관에 소장되어 있다.

28) 파피루스 가공법에 관한 상세한 설명은 다음을 보라. P. W.
페스트먼, 〈신파피루스학 입문〉(리든/뉴욕, 1990).

29) 가이우스 플리니우스 세쿤두스, 〈자연의 역사〉 13.74~82.

30) I. 갈로, 〈희랍·라틴 파피루스학〉(런던, 1986), p. 14 및 본서 5장을
보라.

31) 이에 관해서나 더 많은 자료를 접하려면 Th. 비르트, 〈예술에
있어서의 책의 역할〉(라이프치히, 1907;중판, 1976), pp. 254, 326
참조.

32) 따라서 적어도 이론적으로는, 목회 서신의 연대를 늦춰
잡을수록 비블리아(biblia)가 사본을 가리킬 가능성도 더
높아진다. 디모데 전서의 연대를 2세기 말, 3세기 초로 늦춰 잡는
데 반대하는 견해로는 G. D. 〈디모데 전·후서〉(샌프란시스코,
1984); M. 프라이어, 〈디모데 후서와 집필자 바울〉(셰필드, 1989) 등
다수가 있다.

33) C. H. 로버츠 & T. C. 스키트, 〈기독교 사본의 탄생〉(런던, 1983),
pp. 21~23. 본문은 p. 22에서 인용한 것임.

34) J. 제노-비스뮈, 〈구세주로 불린 인간: 예루살렘의 이단자의 탄생〉
2판(파리, 1995), pp. 205~207을 보라. 이 책은 유대교의 사밧 16:1,
116a를 분석한다.

35) J. 오칼라한, 〈쿰란 제7동굴의 신약 성서 파피루스?〉,《비블리카
(Biblica) 53》(1972), pp. 91~100.《성서 문학 저널 91》(1972) 부록
pp. 1~14에 W. L. 할러데이가 옮긴 이 글의 공인 영역(英譯)이
실려 있다.

36) 이 연대에 관한 최근의 논의 및 이에 대해 의문을 제기하는 주장들
의 오류에 대해서는 본서 5장의 주161을 보라.

37) K. 슈베르트, 〈쿰란 사람들의 종교〉,《쿰란 심포지엄 1》J. B.
바우어 외 편(그라츠, 1993), pp. 73~85.

38) 더 상세한 문헌과 자료는 J. A. 피츠마이어, 〈사해 두루마리: 주요
간행본과 연구 방법〉개정판(애틀랜타, 1990)과 본서 5장 주161을
보라.

39) C. P. 티데, 〈7Q—쿰란 제7동굴의 신약 성서 파피루스 발견의
충격〉,《비블리카 65》(1984), pp. 538~559.

40) 이에 대한 찬반의 견해를 두루 천착하는 티데의 영어 논문이 1992년
에 발표되었다. C. P. 티데,《현존하는 가장 오래된 복음서
문서: 쿰란 7Q5와 신약 성서 연구에서의 중요성》(엑스터/칼리슬,
1992). 또 C. P. 티데, 〈7Q5—사실인가, 허구인가?〉,《웨스트민스터
신학 저널 57》(1995), pp. 471~474의 최근 요약을 보라.

41) S. 탈몬, 〈쿰란 두루마리를 둘러싼 논쟁〉, 《정론(Zür Debatte)》
    22/5, 1992, pp. 1~2.
    42) 다음은 그 원문이다. "No credo possano esserci dubbi
circa l' identificazione del 7Q5." ; 그녀는 S. 파치와의
인터뷰에서 "편견을 버리고 연구하자."고 말했다. 〈빛(Giorni)〉
/7~8(1994), pp. 75~76.

43) G. 스탠튼, 〈복음서의 진실?: 예수와 복음서에 대한 새로운 조명〉
    (런던, 1995), pp. 20~32, 11~20.

44) M. 베일, J. 밀리, R. 드 보 편, 〈요르단 유대 사막의 발견물들 Ⅲ :
    쿰란의 작은 동굴들〉 2권(옥스퍼드, 1962).

45) H. 홍거, 〈7Q5, 과연 마가 복음 6.52~53인가?—한 파피루스학자의
    견해〉, 《쿰란의 기독교와 기독교인들》(B. 마이어, 레건스부르크,
    1992), pp. 33~56. 본문은 p. 39의 인용임.

46) 이러한 생략—생략이라기보다는 오히려 집어 넣지 않았다고 보는
    것이 옳다—현상은 $P^{46}$, 특히 맨체스터 대학의 존 라일랜즈 도서관에
    소장되어 있는 가장 오래된 요한 복음 파피루스 $P^{52}$와 같은 다른 고
    대 파피루스들에서도 찾아볼 수 있다.

47) P. 세갈, 〈예루살렘 성전 경계석에 나타난 형벌〉, 《이스라엘 탐사
    저널 39》(1989), pp. 79~84.

48) H.-U. 로젠바움, 〈7Q! 7Q5가 고대 복음서 필사본 조각이라는
    그릇된 주장에 관하여〉, 《성서(Biblische Zeitschrift) 51》(1987),
    pp. 189~205.

49) F. T. 지냑, 〈로마-비잔틴 시대 희랍어 파피루스의 문법〉 1권,
    《음성학》(밀라노, 1976), pp. 80~83

50) H. 홍거, 〈7Q5, 과연 마가 복음 6장 52~53절인가?—파피루스학자
    의 견해〉, 《쿰란의 기독교와 기독교인들》(B. 마이어, 레건스부르크,
    1992).

51) 이 조사의 공식 보고서가 발표되었다. C. P. 티데, 〈7Q5 감식 결과
    보고서〉, 《쿰란의 기독교와 기독교인들》(레건스부르크, 1992, B.

마이어), pp. 239~245. 누($N$)의 상세한 모습을 담은 네 장의
사진이 첨부되어 있다.

52) G. 스탠튼, 〈복음서의 진실?: 예수와 복음서에 대한 새로운
조명〉(런던, 1995), 8번 사진. 그는 pp. 28~29에서 "마가 복음이
쿰란 제7동굴까지 갔을 가능성은 거의 없지만 전혀 불가능한 것은
아니다.
그러나 7Q5가 마가 복음 텍스트일 수 없는 이유는 그 때문이 아니라
아주 단순한 사실에 있다. 즉 7Q5의 2행의 손상된 문자가 결코 누
($N$)일 수 없기 때문이다."라고 주장했다.

53) F. 로리쉬, 〈쿰란 파피루스 조각 7Q5〉,《신약 성서(Novum Testa-
mentum) 30/2》(1988), pp. 97~99.

54) 최근 V. 스포토르노와 S. D. 월러스는 풍부한 상상력에도 불구하고
7Q5에서 찾아낼 수 있는 객관적 정보와 모순되는 감정 결과를
제기한 바 있다. C. P. 티데, 〈쿰란 희랍어 파피루스 7Q5〉,
《비블리카 75》(1994), pp. 394~398을 보라.

55) C. P. 티데, 〈7Q5에 대한 파피루스학적 문제 제기〉,《쿰란의
기독교와 기독교인들》(레건스부르크, 1992, B. 마이어), pp. 57~72.

56) E. G. 터너, 〈메난더의 〈사미아〉 385~390행 연구〉,《이집트학
(Eegyptus) 47》(1967), pp. 187~190.

57) F. H. 샌드벅, 〈메난더 유물 선집〉 개정판(옥스퍼드, 1990).

58) H. M. 커튼 & J. 가이거, 〈마사다 Ⅱ : 라틴어-히브리어 문서들〉
(예루살렘, 1989), pp. 31~34.

59) K. 알란트, 〈컴퓨터를 활용한 신약 성서 사본 조각의 감정 가능성〉,
《신약 성서 언어 및 텍스트 연구》(J. K. 엘리어트 편, 리든, 1976),
pp. 14~38.

60) 최근 마드리드 대학 수학 교수이며 스페인 왕립 과학 아카데미
회원인 알베르 두는 7Q5가 마가 복음 6장 52~53절임을 확증하는
근거를 한 가지 더 확보했다. 그는 7Q5의 모든 문자에 대해 그 판독
가능성 여부를 분석했다.

그리고 파피루스학적 근거에 입각한 가능성은 물론 기존의 모든 감정을 분석한 그는 문자 비율에 근거해 놀라운 결론에 도달했다. 즉 7Q5가 마가 복음 6장 52~53절이 '아닐' 확률이 9천억 분의 1이라는 것이다. 알베르 두, 〈7Q5 감정과 확률〉, 《고대의 신약 성서 증거물》(코르도바, 1995), pp. 116~139.

61) 쿰란 제7동굴의 다른 파피루스들에 대해 말할 대목은 아니나, 그 중 하나는 디모데 전서 3장 16절~4장 3절로 감정되었다. J. 오칼라한 〈쿰란 제7동굴의 파피루스 조각?〉(마드리드, 1974)를 보라.

62) 헤게시푸스가 전하는 말로 유세비우스의 〈교회사〉에 실려 있다. 유세비우스, 〈교회사〉 2.23.3~18.

63) 타키투스, 〈역사〉 15.38~44.

64) 다음을 참조할 것. 사도행전 18장 2절; 수에토니우스, 〈클로디우스〉 25.4; 디오 카시우스, 〈역사〉 60.6.6.

65) 고고학적 사료와 연대를 정리한 것으로 E. 퓌에, 〈시온 산의 유대 기독교 회당〉, 《성서의 세계(Le Monde de la Bible) 57》(1989), pp. 18~20; B. 픽스너, 〈메시아의 험로와 초기 교회의 터: 새로운 고고학적 안목에서 본 예수와 유대의 기독교〉, 리즈너 편(기센, 1994), pp. 287~326가 있다.

66) 이 연대와 역사적 배경에 관한 진지한 연구로 F. 만스, 〈요한과 잠니아: 유대인과 기독교인은 어떻게 단절되었는가?〉(예루살렘, 1988)가 있다. 특히 pp. 15~30을 보라.

67) 로마의 웅변가이며 정치가 · 철학자인 키케로(기원전 106~43)는 이와 같은 양피지로 만든 책에 기록된 편지들을 언급한다. 키케로, 〈가족에게 보내는 편지(Epistulae ad Familiares)〉 9.26.1. 그리고 E. R. 리차즈, 〈바울 서신의 비서들〉(튀빙겐, 1991), pp. 3~4, 65, 164를 참조할 것. 고전 문학에서의 사본의 도입과 로마 시인 마르티알의 역할에 대해서는 본서 5장을 보라.

68) 초기 기독교인들에게 사본이 이점이 많았다는 사실은 많은 학자들에 의해 여러 관점에서 분석되었다. 예컨대 C. H. 로버츠 &

T. C. 스키트, 〈사본의 탄생〉(런던, 1983); S. R. 로웰린 &
R. A. 커슬리, 〈초기 기독교의 양상을 보여 주는 새로운
문서들〉 7권(시드니, 1994), pp. 250~256을 보라. 기타 많은
글들이 있다.

69) 유세비우스, 〈교회사〉 2.15.2.

70) C. H. 로버츠, 〈첫 복음서의 고대 파피루스〉,《하버드 신학 리뷰
46》(1953), pp. 233~237.

71) C. P. 티데, 〈모들린 파피루스 희랍어 17: 그레고리-알란트 P[64]의
재감정〉,《파피루스-금석학 105》(1995), pp. 13~20.

72) 신약 성서 텍스트 전승에서의 D사본의 중요성이 최근 D. C.
파커에 의해 강조된 바 있다. D. C. 파커, 〈베자이 사본: 고대
기독교 문서 및 그 텍스트〉(케임브리지, 1992).

73) J. M. 보버 & J. 오칼라한 편,《3개어 신약 성서》3판(마드리드,
1994), p. 152.

74) A. 메르도《희랍어-라틴어 신약 성서》11판(로마, 1992)에서 꺾쇠
괄호로 표시하고는 있으나 아우톤(autōn)을 메티(meti) 앞에 놓는
데 동의한다. 그의 책 p. 94.

75) 그의 글은 구체적 사실이 결여되어 있으므로 모들린 파피루스와
쿰란 제4동굴의 일부 두루마리에 대한 그의 문자체 분석과 연대
감정은 오류를 면할 수 없다.
그가 마태 복음 6장 22절을 잘못 이해하게 된 것은 이 행에 대한
현미경 분석 결과를 몰랐기 때문일 것이다. K. 바흐텔, 〈P[64], P[67]:
과연 1세기의 마태 복음 조각인가?〉,《파피루스-금석학 107》(1995),
pp. 73~80

76) C. H. 로버츠, 〈주해〉,《마태 복음 파피루스 조각》(R. 로카 퓌,
바르셀로나, 1962), pp. 58~60.

77) 로카 퓌는 단지 문자 비율만을 생각해 조각〈1〉 뒷면 2행에서
patéra(아버지)가 PRA로 축약되었으리라고 판단했다. 그러나 보통
명사 '아버지'는 '거룩한 이름'으로 축약되지 않으므로 그의 판단은

잘못이다.

78) 로카 퓌, 〈마태 복음 파피루스 조각〉, p. 55

79) C. P. 티데, 〈보드머 L 파피루스: 신약 성서 파피루스 조각 $P^{73}$과 마태 복음 25장 43절/26장 2~3절〉,《헬베티쿰 박물관 47/1》, pp. 35~40.

80) P. A. 쿨만, 〈기센 파피루스와 카라카라 법전: 그 텍스트의 편집, 번역 및 주석〉(기센, 1994), pp. 116~130.

81) K. 알란트, 〈새로운 신약 성서 파피루스 Ⅱ〉,《신약 성서 연구 12》(1965/66), pp. 193~195.

82) J. 반 하엘스트, 〈유대 기독교 파피루스 문헌 목록〉(파리, 1976), p. 146; C. H. 로버츠 & T. C. 스키트, 〈사본의 탄생〉(런던, 1983), pp. 40~41, 65~66.

83) K. 알란트, 〈신약 성서 및 그 텍스트 전파에 관한 연구〉(베를린, 1967), p. 109.

84) K. 알란트 & B. 알란트, 〈신약 성서의 텍스트〉(슈투트가르트, 1981; 2판, 1989), pp. 105, 106, 110.

85) Ph. W. 컴퍼트, 〈신약 성서 원본 고찰〉(그랜드 래피즈, 1992), pp. 81~83.

86) Ph. W. 컴퍼트, 〈$P^4$, $P^{64}$, $P^{67}$의 세 문서에 관한 감정 연구〉,《틴델 학회보 46.1》(1995), pp. 43~54; C. P. 티데, 〈파리 사본 $P^4$〉,《틴델 학회보 46.1》(1995), pp. 55~57.

87) J. 모렐, 〈$P^4$의 새 조각들〉,《성서 리뷰(Revue biblique) 47》(1938), pp. 5~22.

88) 타우($T$)의 중요성에 관해서는 위의 주61의 Ph. W. 컴퍼트의 논문, p. 50 참조할 것.

89) 이것을 최초로 편집하고 주석을 단 사람은 C. P. 티데였다. C. P. 티데, 〈파피루스학에 있어서의 학문간 공동 작업의 한 예: 고대 문서의 연대 감정〉,《학문의 이론과 실천: 학문간 연구의 현 위치와 전망》(파더보른, 1995), pp. 205~221. 본서 5장은 그의 이 논문에

제시된 자료를 완벽하게 그리고 보완해 소개한다.

90) Ph. W. 컴퍼트, 〈신약 성서 원본 고찰〉(그랜드 래피즈, 1992),
pp. 31~33. 가장 오래된 바울 서신 파피루스 P[46]에 대한 김영규의
연대 감정에 관해서는 김영규, 〈고문서학적 감정에 의한 P[46]의
연대: 1세기 후반〉,《비블리카 69》(1988), pp. 248~257을 보라.
거의 완벽한 상태로 보존된 가장 오래된 요한 복음 사본 P[66](보드머
파피루스)에 대한 H. 홍거의 연대 감정에 관해서는 H. 홍거,
〈보드머 파피루스 Ⅱ의 연대 감정〉,《오스트리아 학술 아카데미
팔레스타인 분과 4》(1960), pp. 12~33.

91) G. 보나니, N. 브로시, I. 카르미, S. 아이비, J. 스트럭넬 & W.
오울플리, 〈방사능 탄소에 의한 사해 사본의 연대 측정〉,《고대 문명
(Antiqot)》(1991), pp. 27~32; G. A. 로들리, 〈방사능 탄소에 의한
사해 사본의 연대 측정에 대한 평가〉,《방사능 동위 원소 35》(1993),
pp. 335~338.
최근 너풀너풀해진 가장자리 조각 또는 아랫자락, 그리고 두루마리
를 감싼 것으로 추정되는 리넨 조각 두 개의 탄소 함유량을 측정해
8개를 더 감정했다. 그 결과 기존의 감정의 타당성이 입증되었지만,
한바탕 소동이 벌어졌다. 파피루스학자들이 기원전 약 1백 년의
것으로 감정한 제4동굴의 한 두루마리 조각(4Q258)의 연대가 '서기
119~245년'으로 나왔기 때문이다.
고고학적으로나 고문서학적으로 볼 때 이 연대는 당치 않은
것이었다. 그래서 《성서 고고학 리뷰 21/4(1995. 6~7월)》에 실린
중간 보고서 〈방사능 탄소14에 의한 연대 감정 결과는 논의의 여지가
있다〉도 이를 '설명하기 힘든' 일로 지적했다.
그러나 그 이유는 너무도 간단하다. 외적 변수를 배제하고 오로지
파피루스의 내적 정보에 근거해 데이터를 경험적으로 적용하는
'측정'은 일반적으로 타당하지만, 방사능 탄소14에 의한 연대 감정은
파피루스나 가죽의 상태에 영향을 미치는 외적 때문에 엉뚱한
결과가 나올 수 있기 때문이다.

이와 같은 변수가 아니더라도 이 방법은 허용치가 너무 크다. 최근의
한 사례를 예로 들면 허용치가 무려 170년이었다. 그러므로
파피루스의 경우 이 방법을 쓴다 해도 결정적인 결과가 나오지는
않는다.

**4장: 한 생애의 발견**

92) G. W. 스티븐즈, 〈1898년의 이집트〉, p. 225.

93) 우리는 이 장을 쓰는 데 찰스 부스필드 휼렛의 혈족인 쥴리언
윌리엄즈와 토마스 휼렛-제임스로부터 큰 도움을 받았다.

94) W. G. 러더퍼드, 〈데살로니카서와 고린토서〉(런던, 1908)를 보라.
그의 사후에 출판된 이 책의 서두에 실려 있는 스펜서 윌킨슨의
회고담은 도움을 준다.

95)《옥스퍼드 매거진》1909. 1. 21, p. 132.

96) W. G. 러더퍼드, 〈로마서: 그 새로운 번역과 간단한 분석〉(런던,
1900), p. xi.

97) 옥스퍼드 대학사(史)의 이러한 면모는 R. 시먼즈, 〈옥스퍼드와
대영 제국: 잃어버린 최후의 명분〉(런던, 1986)에 잘 나타나 있다.

98) T. 휴즈, 〈옥스퍼드의 톰 브라운〉(1861). M. 그래엄, 〈빅토리아
시대의 옥스퍼드 상(像)〉(옥스퍼드, 1992)에서 재인용.

99) J. R. 그린, 〈옥스퍼드 연구〉(옥스퍼드, 1901), p. xi. M. 그래엄의
앞의 책에 인용된 것.

100) L. 맥너스, 〈모들린의 허버트 워렌: 총장 그리고 친구 1853~1930〉
(런던, 1932); T. H. 워렌, 〈옥스퍼드 대학 모들린 칼리지〉(런던,
1907); H. A. 윌슨, 〈옥스퍼드 대학 모들린 칼리지〉(런던, 1899).
그리고 워렌 시대의 모들린을 그린 픽션으로 매킨지의 소설
〈을씨년스런 거리〉(1913)가 있다.

101) L. 맥녀스, 위의 책, pp. 86, 55.

102) 〈모들린 학부생에게 행한 허버트 워렌의 강의―여름 학기
    마지막 일요일〉(옥스퍼드, 1885).

103) 위의 책, p. 21.

104) 위의 책, p. 22.

105) 길드홀 도서관 소장 원고.

106) 〈대영 제국 메신저〉, 1909, p. 21.

107) 슈트라우스의 저서와 영향에 관한 유용한 설명은 S. 니일, 〈신약
    성서 해석: 1861~1961년〉(옥스퍼드, 1964), pp. 12ff를 보라.

108) 위의 책, pp. 194에서 인용.

109) B. M. G. 리어든, 〈빅토리아 시대의 종교 사상: 코울리지에서
    고어까지〉(런던, 1980), p. 259에서 인용.

110) 니일, 〈신약 성서 해석: 1861~1961년〉, p. 193에서 인용.

111) 《영국 국교회보(報)》, 1904, pp. 15~17.

112) 《영국 국교회보(報)》, 1906, pp. 44~45, 70~72.

113) 《더 타임즈》(런던), 1909. 1월. 사망 기사.

114) 《C&CCS 연례 보고서》, 1898~1899.

115) 《C&CCS 연례 보고서》, 1906~1907.

116) J. S. 레이놀즈, 〈1735~1871년의 옥스퍼드의 복음주의자들: 그
    단절적 운동사〉(옥스퍼드, 1973)를 볼 것. 우리는 위클리프 홀에서의
    휼렛의 학창 시절에 관해 J. S. 레이놀즈에게 많은 도움을 받았다.

117) 위의 책, p. 159.

118) 위클리프 홀과 리들리 홀의 기원에 관해서는 F. W. B. 벌락,
    〈케임브리지 대학 리들리 홀의 역사〉(케임브리지, 1941)를 보라.

119) 〈옥스퍼드 대학 위클리프 홀〉(옥스퍼드, 1878).

120) R. 시먼즈, 〈옥스퍼드와 대영 제국: 잃어버린 최후의 명분〉(런던,
    1986), 11장을 보라.

121) 휼렛과 가까운 시기에 이집트에 선교사로 간 인물에 관한 설명은
    C. E. 패드윅, 〈카이로의 가이르 신전〉(런던, 1929)을 볼 것.

122) R. 시먼즈, 〈옥스퍼드와 대영 제국: 잃어버린 최후의 명분〉(런던, 1986), p. 227.

123) C&CCS의 역사는 B. 언더우드, 〈변경 개척지의 신앙: 해외에 나간 복음주의자들과 주민들〉에 잘 나와 있다.

124) 《대영 제국 메신저》, 1891. 8월, pp. 10~11

125) 《C&CCS 비망록》, 1891. 7. 29.

126) 《1898~1899년 쿡의 이집트행 국제 승차권 계획》

127) 《대영 제국 메신저》, 1891. 8월, pp. 10~11에 실렸다.

128) P. 브렌든, 〈토마스 쿡—관광 150년〉(런던, 1991)을 보라.

129) C. A. 쿠퍼, 〈태양을 찾아서: 이집트에서 즐기는 휴가〉(에딘버러, 1892)에 실려 있다.

130) 역시 〈대영 제국 메신저〉, 1891. 8월, pp. 10~11에 보도된 그대로 이다.

131) 《더 타임즈》, 1909. 5. 21, p. 12

132) 〈대영 제국 메신저〉, 1891. 8월, pp. 10~11.

133) I. 윌슨, 〈예수, 그 증거〉(런던, 1984), p. 16

134) 이것은 현대 파피루스학이 여전히 겪고 있는 일이기도 하다. 쿰란에서 나온 이사야서 두루마리의 길이는 무려 7m가 넘는다. 반면 마사다에서 발견된 현존하는 가장 오래된 버질 작품의 파피루스는 크기가 16cm×8cm에 지나지 않는다.

135) 〈아서 서리지 헌트 1871~1934년〉, 《영국 학사원보(報)》 20권을 보라.

136) A. H. 세이스, 〈회고록〉(런던, 1923)을 보라.

137) A. H. 세이스, 〈히브리인과 헤로도투스의 이집트〉(런던, 1986).

138) A. 새틴, 〈베일을 벗긴다: 이집트의 영국인 사회 1768~1956년〉 (런던, 1988).

139) 예컨대 A. H. 세이스, 〈회고록〉을 보라.

140) 〈모들린 칼리지 도서관보(報)〉, 1901.

141) C. H. 로버츠, 〈첫 복음서의 고대 파피루스〉, 《하버드 신학 리뷰》,

pp. 233~237.

142) 〈C&CCS 연례 보고서〉, 1901~1902.

143) 《영국 국교회보(報)》, 1909. 3~4월, p. 44.

144) 〈C&CCS 연례 보고서〉, 1903~1904.

145) 《가디언》, 1903. 1. 13, 사망 기사.

146) 이 지진에 관한 설명으로는 J. W. 윌슨 & R. 퍼킨즈, 〈푸른
재킷의 천사들: 메시나 주둔 해군〉(치펀햄, 1985); 콜린즈의 역할에
대해서는 《영국 국교회보(報)》, 1909. 3~4월에 실린 그의 설명과 A.
J. 메이슨, 〈지브롤터 주교 W. E. 콜린즈의 생애〉(런던, 1912)를
보라.

147) 《영국 국교회보(報)》, 1909. 3~4월.

148) 《영국 국교회보(報)》, 1909. 3~4월.

149) 《옥스퍼드 매거진》, 1909. 1. 21, p. 132.


**5장: 모들린 파피루스의 연대 재확정**

150) H. C. 유티, 〈파피루스 문서의 텍스트 비평 입문〉(런던, 2판,
1974), p. 66.

151) 〈옥시링커스 파피루스 I〉(런던, 1989), pp. 59~60. 이것은 현재
목록 번호 P. 745로 영국 도서관에 소장되어 있다.

152) 옥스퍼드 대학 모들린 칼리지 사료 보관소, 〈사서 보고서〉, 1901.
헌트의 오류는 확정적인 1세기 사본이 없었던 까닭에 불가피했을
것이다. 그가 그렌펠과 함께 〈마케도니아 전쟁사〉 사본의 연대를
감정할 때 오류를 범한 까닭도 여기에 있다.
그런데 호머, 버질, 키케로, 리비, 오비드의 작품이 사본으로 나왔다
는 마르티알(서기 40?~104?)의 말대로 1세기 말, 2세기 초에 인기를
얻은 라틴어 사본이 왜 2, 3세기에 인기를 얻지 못하고 4세기 중 ·

후반에 이르러서야 비로소 비기독교 문학에 널리 쓰이게 되었는가
하는 의문이 제기된다.

그 이유는 사본이 기독교인과 동일시된 데 있다. 즉 사본은
'그들의' 것이어서 로마의 고매한 교양인들로서는 기독교라는
사교(邪敎)의 관행을 따르고 싶어하지 않았던 것이다. 사본은
콘스탄틴 대제 치하에서 로마가 기독교화한 뒤에 비로소 널리
수용되었다.

1세기 말~2세기 초에 이와 비슷한 현상이 또 있었다. 유대인들이
《70인역》을 더이상 사용하지 않기로 한 것이다. 기독교인들이
《70인역》을 자주 인용하고 포교에 활용해, 유대인들의 눈에 이미
기독교인들의 것으로 비쳤기 때문이다.

153) 1행 15자의 마사다 파피루스 721A. 서기 73~74년의 것으로 버질의
〈아에네이드〉 4.9가 실려 있다. H. M. 커튼 & J. 가이거, 〈마사다
Ⅱ: 라틴어~히브리어 문서들〉(예루살렘), pp. 31~35. 1세기의
팔레스타인에서 사회, 특히 신약 성서 저자들 사이에서의 라틴어
사용에 관해서는 A. 밀러드, 〈1세기 팔레스타인에서의 라틴어: 그
수수께끼와 매듭 풀기〉, 《성서의 명각과 셈어 연구—J. C. 그린필드
기념 논문집》(Z. 제비트 외 편, 위노버 레이크, 1995), pp. 451~458.

154) 2세기의 신학자 이레나이우스는 〈이단에 대한 경고〉에서 마가가
마가 복음을 기록한 때는 베드로(그리고 바울)가 '탈출(exodos)' 한
뒤라고 전한다. 지금까지 많은 주석가들은 이 '탈출' 이 베드로의
로마 탈출이 아니라 서기 65~67년 이후 어느 때쯤의 베드로의
죽음을 의미한다고 생각했다.

최근 G. 스탠튼도 〈복음서는 진리인가: 예수와 복음서에 대한
새로운 조명〉(런던, 1995), pp. 49~50에서 이 오래된 오류를
반복하고 있다. 성서에서 엑소더스(exodos)는 《출애굽기》라는
제목처럼 대개 '떠남' 을 의미하지만 죽음을 가리킬 수도 있다. 그러
나 미국 학자 E. E. 엘리스는 1991년 아이히슈태트 대학에서
열린 국제 쿰란 회의에서 제출한 논문에서 이레나이우스의 저작에

대한 컴퓨터 분석 결과를 제출했다.

이레나이우스가 '죽음'을 가리킬 때에는 언제나 타나토스
(thanatos;라틴어로는 mors)라는 표현을 썼다는 것이다.
이로써 그도 유세비우스처럼 마가 복음이 베드로 생존시에
기록되었다고 알고 있었음이 밝혀졌다. E. E. 엘리스, 〈마가 복음의
생성과 유래〉,《쿰란의 기독교와 기독교인들》(B. 마이어,
레건스부르크, 1992), pp. 195~212.

155) 유세비우스, 〈교회사〉 2.15.2.

156)《더 타임즈》, 1994. 12. 24.

157) O. 머레이, P. 파슨즈, T. W. 포터 & P. 로버츠, 〈몰라 디 몽뜨
젤라 유적의 꽃병〉,《영국 가톨릭 대학원 논문집》(런던, 1991), pp.
177~195. 본문은 p. 195에서 인용한 것임.

158) 위의 책, p. 193.

159) G. 까발로, 〈성서의 대문자 연구〉(플로렌스, 1967). 다음과 같은
안내서에 유용한 자료들이 많이 있다. C. H. 로버츠, 〈기원전 350~
서기 400년의 희랍어 문자체〉(옥스퍼드, 1955); E. G. 터너, 〈고대
세계의 희랍어 문서들〉(옥스퍼드/프린스턴, 1971; 2차 개정 확대판,
P. 파슨즈 편 〈런던, 1987〉).
그리고 필독서로는 R. 자이더, 〈희랍어 파피루스의 고문서학Ⅰ, Ⅱ〉
(슈투트가르트, 1967/1970); G. 까발로 & H. 밀러, 〈서기 300~800
년의 고대 비잔틴기(期) 희랍어 편람〉(런던, 1987) 등.

160) 스탠튼은 "로버츠가 2세기 말의 것으로 잘 감정한 것에 왜 더이상
만족하려 하지 않는지" 티데를 이해할 수 없다고 말한다. 사실
티데는 그 근거를 명확히 제시했었다. 스탠튼은 티데의 주장이 낡은
주장에 대한 비판을 넘어 전혀 새로운 주장임을 간과했다. G.
스탠튼, 〈복음서의 진실?: 예수와 복음서에 대한 새로운 조명〉(런던,
1995), p. 14.

161) C. H. 로버츠, 〈첫 복음서의 고대 파피루스〉,《하버드 신학 리뷰
46》(1953), pp. 233~237. 본문은 p. 237에서 인용한 것임.

162) R. 로카 퓌의 〈마태 복음 파피루스 조각〉(바르셀로나, 1962)에 C.
H. 로버츠의 이 〈주해〉가 실려 있다.

163) 이 곳을 발굴한 발굴팀 단장 롤랑 드 보의 발굴 보고서
〈고고학 그리고 사해〉(런던, 1973)가 출판된 이래 학자들은 이
연대(서기 68)를 받아들인다. 때로 이에 대해 반론도 제기되지만,
있지만 고고학적으로나 역사학적으로나 근거가 결여된 문제 제기일
뿐이다.

164) C. H. 로버츠, 〈이집트의 초기 기독교 사회와 신앙〉(런던, 1979),
pp. 26~48을 보라.

165) 서기 약 325년의 유세비우스의 〈교회사〉 3.5.3에 언급된 소위
'펠라' 로의 도주의 사실성에 대한 반론도 있다. 이에 관한 논의와
결정적인 주장은 B. 반더, 〈서기 1세기 기독교인들과 유대인들의
펠라로의 탈주〉(튀빙겐/바젤, 1994), pp. 272~275에 요약되어 있다.

166) I. 갈로, 〈희랍 · 라틴어 파피루스학〉(런던, 1986), p. 14.

167) P. W. 스키핸, E. 울리히 & J. E. 샌더슨 편, 〈쿰란 동굴 4, Ⅳ,
DJD Ⅳ〉(옥스퍼드, 1992).

168) 위의 책, p. 8.

169) 예수가 십자가형을 당한 날은 언제일까? 여러 조건을 충족시키는
유일한 날짜는 서기 30년 4월 7일이다. 서기 28년, 서기 33년 등의
소수 견해도 있다. 설령 이들 소수 의견을 따른다고 해도 최초의
복음서 파피루스가 등장한 짧은 시기는 변함이 없다.

170) 쿰란 제7동굴의 파피루스들은 1962년에 처음 편집되었다. M.
베일릿, J. T. 마일릭 & R. 드 보, 〈쿰란의 '작은 조각들' : DJD Ⅲ〉
(옥스퍼드, 1962).

171) D. 바르텔레미, W. 슈바르트, E. 뷔르트바인, C. H. 로버츠, E.
안하르트의 견해이다. 현재 이 견해가 다수 견해를 이룬다. E.
뷔르트바인, 〈구약 성서 텍스트〉(슈투트가르트, 5판, 1988), p. 184;
W. H. 슈미트, W. 틸 & R. 안하르트, 〈구약 성서〉(슈투트가르트
외, 1989), pp. 194~195를 볼 것.

피터 파슨즈는 사해 두루마리 편집진을 대표해 공식적으로는
이 연대를 제시하지만, '기원전 1세기 말'을 조심스럽게
거론한다. E. 토프 편, 〈소예언서 두루마리 8HevⅧgr〉
(옥스퍼드, 1990), 19~26을 보라.

172) H. M. 커튼 & J. 가이거 편, 〈마사다 Ⅱ: 라틴어~히브리어
문서들〉(예루살렘, 1989), pp. 123~124.

173) 터무니없는 문자체 분석을 제시하며 티데의 연대를 반박하는 한
예로 바흐텔을 보라. K. 바흐텔, 〈$P^{64/67}$: 1세기의 마태 복음
조각인가?〉, 《파피루스~금석학 107》(1995), pp. 73~80을 볼 것.

174) A. M. 파러, 〈요한 계시록〉(옥스퍼드, 1964), p. 37.

175) A. E. 하우스먼, 〈텍스트 비평에서의 사상의 응용〉, 《고전문학회
비망록》, 1921. 8월, pp. 68~69.

176) 이 P. Oxy. Ⅱ 246, 도판 Ⅶ은 현재 케임브리지 대학 도서관에
있다.

177) 〈옥시링커스 파피루스 XXXⅣ〉(런던, 1968), pp. 1~3의 L.
잉그램, P. 킹스턴, P. J. 파슨즈, J. R. 리; Ph. W. 컴퍼트, 〈신약
성서 원본 고찰〉(그랜드 래피즈, 1992), p. 188.

178) B. P. 그렌펠 & A. S. 헌트, 〈옥시링커스 파피루스 Ⅰ〉(런던,
1892), pp. 4~7; E. M. 쇼필드, 〈희랍어 신약 성서 파피루스
조각들〉(루이스빌, 1936), pp. 86~91.

179) B. P. 그렌펠 & A. S. 헌트, 〈옥시링커스 파피루스 Ⅱ〉(런던,
1899), pp. 1~8. 그리고 그들의 〈옥시링커스 파피루스 ⅩⅤ〉(런던,
1922), pp. 8~12.

180) 〈옥시링커스 파피루스 ⅩⅩⅣ〉(런던, 1957), pp. 1~4의 E.
로우벌, E. G. 터너, J. W. R. 반즈.

181) T. C. 스키트, 〈옥시링커스 파피루스 L〉(런던, 1983), pp. 3~8.

**6장: 필사자와 기독교**

182) K. 라웁, 〈예수의 유적지 발굴〉,《필라델피아 인콰이어러》, 1995. 7. 2.

183) 이 용어와 마가의 요지는 언어학적으로 달리 이해할 수 없다. 오늘날의 일반적인 번역은 이 대목을 "이 여자는 이방인이었다." 또는 "이 여자는 이교도였다."와 같이 옮기지만 이처럼 옮기게 되면 이 여자가 시로페니키아 사람이라고 못박고 있는 말과 의미가 중복된다.

J. N. 세븐스터, 〈희랍어를 아십니까?〉(리든, 1967), p. 190; M. 헹겔, 〈마가 복음 연구〉(런던, 1985), p. 29; R. 리즈너, 〈교사로서의 예수: 복음 전승의 기원에 관한 연구〉(튀빙겐, 3쇄 확대판, 1992), p. 391을 참고할 것. 리즈너는 또한 예수와 빌라도가 통역 없이 대화를 나누었다고 말한다.

184) B. 슈방크, 〈희랍어를 구사한 예수〉,《신학의 기원—J. B. 바우어 기념 논문집》, N. 브록스 외 편(그라츠, 1987), pp. 61~63.

185) 신약 성서 비평의 경향을 반영하듯 '히포크리타이(위선자들)' 와 같은 말은 저자가 꾸며내었다고 생각하는 학자들이 있다. 그러나 누가 또는 다른 사람이 설령 꾸며냈다고 하더라도 예수가 고전 희곡 대사를 읊는 장면이 서기 1세기의 한 기독교 문서에 들어 있는 것만은 움직일 수 없는 사실이다.

186) R. O. P. 테일러, 〈복음서의 기초〉(옥스퍼드, 1946), pp. 21~30.

187) 이 밖의 예로 다음을 보라. "바울로가 우리 교우 소스테네와 함께…"(고린토 전서 1장 1절); "바울로와 교우 디모테오는…"(고린토 전·후서 1장 1절); "나 바울로와 디모테오는…"(필립비 1장 1절); "나 바울로와 우리 형제 디모테오가…"(골로사이 1장 1절); "나 바울로와 실바노와 디모테오는…"(데살로니카 전서 1장 1절); "나 바울로와 실바노와 디모테오는…"(데살로니카 후서 1장 1절); "나 바울로와 교우 디모테오가…"(필레몬서 1장 1절).

188) G. 버어지, 〈로마서의 실제 필자〉, 《기독교사 47/XI, no. 3》
   (1995), p. 29.

189) 이 까다로운 주제에 관한 최근까지의 연구를 개관하는 글로는
   E. R. 리차즈, 〈바울 서신의 비서들〉(튀빙겐, 1991), pp. 26~47을 볼
   것. 리차즈는 p. 171에서 데르디오가 속기술을 갖고 있었기 때문에
   로마서와 같은 긴 편지를 받아 적고 편집하는 임무를 맡게
   되었으리라고 말한다.
   그러나 그는 속기에 관한 구약 성서의 언급(시편 45편 1절)이나 다른
   학자들이 분석한 바 있는 마태의 속기 능력을 이 관점에서
   언급하지는 않고 있다. 아래의 주9를 보라.

190) '속기사' 마태에 관해서는 다음을 보라. E. J. 굿스피드, 〈마태,
   제자, 그리고 전도자〉(필라델피아, 1959), pp. 16~17; R. H.
   건드리, 〈마태 복음의 구약 성서 이용〉(리든, 1967), pp. 182~184.
   그리고 마가 복음 기술의 기초로서의 속기술에 관해서는 B. 오차드
   & H. 라일리, 〈공관 복음의 순서〉(메이컨, 조지아, 1987), pp.
   269~273을 보라.

191) 속기술의 맥락에서 이 구절을 언급하는 유용한 글로 A.
   비켄하우저, 〈시편 45(44)편 2절에 나타난 속기술 연구〉, 《속기
   기록집 59/Ⅲ》(1908), pp. 187~189.

192) P. 베느와, J. T. 밀리 & R. 드 보 편, 〈무라바앗 동굴〉, 《요르단
   유대 사막의 발견물》 2권(옥스퍼드, 1961), pp. 275~279.

193) 이 가죽 텍스트의 편집본 집필자 중 원본을 본 적이 있는 한
   사람이, 자신이 관여하는 한 고고학 전시회에 이 원본을 전시할
   의향이 있는지 여부를 예루살렘의 존 록펠러 박물관측에 물었을 때,
   이 가죽 텍스트는 이미 원형 보수 작업에 들어가 있었다. 그가 이
   가죽 텍스트 편집본을 한창 집필하고 있을 때의 일이었다.

194) 대부분의 사람들은 거의 자동적으로 그리스도를 나타내는 결합
   문자 ℟가 서기 32년 콘스탄틴 대제가 막센티우스와의 결전을 벌이기
   직전에 본 환영에서 유래했다고 생각한다(락탄티우스, 〈선구자의

죽음〉44.5; 유세비우스, 〈콘스탄틴의 생애〉1.28).

그러나 ℟는 그 전에 이미 널리 쓰였다. 콘스탄틴이 보았다는 환영은 이를 공인한 것일 따름이다. 콘스탄틴은 이 환영을 본 뒤 병사들의 방패에 ℟를 달게 했다고 한다.

195) 예컨대 J. 피너건, 〈신약 성서 문서와의 만남: 텍스트 비평의 실제〉(그랜드 래피즈, 미시건, 1974), p. 32.

196) 3장의 주65를 보라.

197) B. M. 메츠거, 〈신약 성서 정전: 그 기원과 발전 및 중요성〉 (옥스퍼드, 1987), pp. 167~169. 이 파피루스의 최초 편집자인 H. I. 벨과 T. C. 스키트에 의해 1935년 당시 존재 여부를 알지 못했던 새로운 조각이 몇 해 전에 발견되어 P. Köln No. 255로 편집되었다. 이 새로운 조각을 통해 이 파피루스가, 홍거가 서기 125년경의 것이라고 주장한 P[66](요한 복음)과 고문서학적으로 많은 유사점을 갖고 있음이 확인되었다.

198) 성서에서의 용례와 비교를 소개하는 글로는 E. 나흐만존, 〈희랍어 명각에 나타난 문자 구조〉, 《에라노스(Eranos) 10》(1909), pp. 100~41; G. 루드베르크, 〈신약 성서 텍스트와 '거룩한 이름'〉 (업살라, 1915)을 비롯해 많이 있다. 특히 루드베르크가 이에 관해 많은 글을 썼다.

199) L. 트라우베, 〈'거룩한 이름': 역사적 시도로서의 기독교의 축약어〉(뮌헨, 1907). '축약', '생략형', '생략'의 차이와 이에 관한 상세한 자료, 예외적인 감정의 예에 관해서는 A. H. R. E. 파압, 〈서기 1~4세기 희랍어 파피루스에 나타난 '거룩한 이름'〉(리든, 1959)을 보라.

200) 이 논의에 관한 개요는 C. P. 티데, 〈7Q5에 대한 파피루스학적 문제 제기〉, 《쿰란의 기독교와 기독교인들》(레건스부르크, 1992, B. 마이어), pp. 57~72; 그리고 그의 〈현존하는 가장 오래된 복음서 문서: 쿰란 7Q5와 신약 성서 연구에서의 그 중요성〉(엑스터, 1992), pp. 48~52를 볼 것.

201) 적절한 객관적 예로 사해 두루마리 공식 편집진에 참여한
파피루스학의 권위자 에밀 뻬에의 견해를 들 수 있다.
그는 B. 픽스터, 〈메시아의 험로와 초기 교회의 터: 새로운
고고학적 안목에서 본 예수와 유대의 기독교〉, 리즈너 편(기센,
1994), p. 386에서 7Q4가 디모데 전서인 '결정적인 이유들'이 있음을
확신한다.

202) J. 오칼라한, 〈디모데 전서 3장 16절, 4장 1, 3절과 7Q4〉,
《비블리카 53》(1972), pp. 362~367

203) 조각〈20〉 4행의 텍스트는 "만약 일반 백성 가운데 누군가가 야훼
($IAO$)께서 하지 말라고 명령하신 것을 하나라도 실수로 어겨 벌을
받게 된 경우에는… "(레위기 4장 27절)이다. P. W. 스키핸, E.
울리히 & J. E. 샌더슨 편, 〈쿰란 동굴 4, Ⅳ, DJD Ⅳ〉(옥스퍼드,
1992), p. 174를 보라. pap4QLXXLev$^b$의 문자체 분석과 연대는 본서
5장을 보라.

204) S. 브라운, 〈'거룩한 이름'의 기원에 관하여〉, 《파피루스학 연구 9》
(1970), pp. 7~19.

205) 다음을 참고할 것. J. 오칼라한, 〈희랍어 신약 성서 파피루스 조각
Ⅲ에 나타난 '거룩한 이름'〉(로마, 1970). 이 책은 고대 파피루스에서
'거룩한 이름'의 흔적을 추적하는 데 꼭 필요하다.

206) C. H. 로버츠, 〈기독교 초기 이집트의 사회와 신앙〉(런던, 1979),
p. 46.

207) 위의 책.

208) 삼위일체를 상징하는 이 삼각형은 특히 북아프리카의 초기 기독교
공동체에서 널리 쓰인 반면 초기 기독교의 명각 등에서는 드물게
나타난다. 이것은 마멸이나 손상 때문이 아니라 '아우구스티누스의
신조' 때문인 것 같다.
로마 제국 내 몇몇 지역에서 기독교에 위협을 줄 정도로 번창한
영지론적(靈智論的) 마니교가 이 삼각형을 마치 자신의 전유물인 양
사용하자 아우구스티누스는 기독교인들에게 그 사용을 금했다.

그 뒤로는 소수의 기독교 저술가들만이 이를 사용하거나 이에 관해 썼을 뿐인데, 그 대표적인 인물이 성(聖) 사바(서기 437 ~532년) 이다. 베들레헴 근처의 사막에 그가 세운 수도원에는 현재까지 귀중한 문헌들이 보관되어 있다.

209) 예수가 땅바닥에 쓴 글이 출애굽기 23장 7절의 "억지로 혐의를 덮어씌우지 말라"는 구절과 관계 있지 않을까? 우리가 모르고 있을 뿐 이에 관해 해박하게 알고 있는 사람이 혹 어딘가에 있을는지도 모른다.

그런데 밀라노 대학의 마르타 조르디를 중심으로 한 소수의 학파가 있다. 조르디는 예수가 실제로 쓴 편지가 있는데 신약 성서가 아닌 다른 곳에 기록되어 있다고 주장한다. 전승에 따르면 에데사(오늘날 터키의 우르파 지역)의 왕 압하르 5세와 예수가 편지를 주고받았 고 한다.

4세기의 기독교 사가 유세비우스도 이 전승을 인용하면서 자신이 그 편지들을 본 적이 있노라고 확언하고 있다. 그러나 설령 그런 편지가 있었다 하더라도 예수가 직접 쓴 것인지는 알 수 없다.

유세비우스는 에데사의 그 편지들이 시리아어(고대 아람어)로 적혀 있었다고 전한다(지금까지 예수를 시리아어와 접맥해서 연구한 사람은 아무도 없다). 그러나 '예수의 편지'는 매우 흔해서 파피루스, 조개 조각, 명각, 부적 등에 수두룩히 옮겨 적혔다. 그 가운데 희랍어로 기록된 것들도 있었으니, 유세비우스가 읽어 보았다는 시리아어본과도 다르다.

210) 또한 요한 2서 1장 12절은 양피지와 잉크를, 요한 3서 1장 13절은 펜과 잉크에 대해 언급한다.

211) 이 조각들의 영역은 E. 헤네케 편, 〈신약 성서 외전(外傳)〉 2권 (런던, 1965), pp. 276~322; M. R. 제임스, 〈신약 성서의 외전〉 (런던, 1924; 재판, 1955), pp. 300~336 참조. 그리고 L. 보, 〈베드로 행전: 그 텍스트, 전승 및 주해〉(파리, 1922)를 보라.

212) 주석가 G. 피커는 이 마르셀루스가 타키투스의 〈연대기〉 1.74에

언급된 그라니우스 마르셀루스라고 말한다. G. 피커, 〈베드로
행전의 이해〉(라이프치히, 1903), pp. 38~ 39.

213) 베드로 후서를 베드로가 썼다고 말하면 신약학자들은 펄쩍 뛸
터이지만, 이 문제는 어디까지나 딱 잘라 말할 수 없다. E. E.
엘리스는 유다서의 연대가 서기 62년 이전임을 설득력 있게
주장한다.
E. E. 엘리스, 〈유다서의 예언과 해석〉,《초기 기독교의 예언과
해석》(튀빙겐, 1978), pp. 221~ 236. 그리고 J. 크레헌은 텍스트
비평을 통해 유다서가 베드로 후서를 바탕으로 하고 있다고
주장한다. J. 크레헌, 〈보드머 파피루스와 베드로 후서에 대한
새로운 조명〉,《복음서 연구》7권, E. A. 리빙스톤(베를린, 1982),
pp. 145~149.

**7장: 진리의 조각? 우리 시대의 모들린 파피루스**

214) J. S. 스퐁, 〈근본주의로부터 성서를 구출한다: 성서의 의미에
대한 한 주교의 성찰〉(샌프란시스코, 1992).
215) W. 해밀턴, 〈역사 이후의 예수를 찾아서〉(런던, 1993).
216) N. 카잔차키스, 〈그리스도의 마지막 유혹〉(영역; 옥스퍼드, 1961),
p. 9.
217) M. 보르그, 〈현대 학문에 나타난 예수〉(밸리 포즈, 펜실베니아,
1994), p. 185. 이에 관한 일반적 논의로는 S. 니일, 〈신약 성서의
해석—1861년부터 1961년까지〉(옥스퍼드, 1964).
218) S. 니일, 위의 책, pp. 4~5.
219) 특히 R. 불트만, 〈공관 복음의 전승의 역사〉 개정판(옥스퍼드,
1972)를 보라.
220) 위 주4의 M. 보르그의 책은 '3차 탐색'과 관련된 문헌을 잘

개관하고 있다.

221) N. T. 라이트, 〈예수는 누구였나?〉(런던, 1992).

222) M. 보르그, 〈현대 학문에 나타난 예수〉(밸리 포즈,
펜실베니아, 1994), p. 183.

223) J. P. 마이어, 〈변방의 유대인—인간 예수의 재조명〉2권
(뉴욕, 1991, 1994).

224) P. 틸리히, 〈신앙의 동력〉(런던, 1976), pp. 51~53.

225) J. 로빈슨, 〈신약 성서의 새로운 연대〉(런던, 1976), p. 336.

226) J. 로빈슨, 위의 책, p. 355.

227) X. 레옹-뒤푸르, 〈인간 예수를 찾아서〉 하비 K. 맥아더 편(런던,
1970), p. 61.

228) 예컨대 고린토 전서 11장 2절, 데살로니카 후서 2장 15절을 보라.

229) B. 제러드슨, 〈복음서 전승의 기원〉(필라델피아, 1979), p. 28.

230) B. 제러드슨, 위의 책, p. 64.

231) 이 분야에 대한 연구를 발전시킨 최근의 저서로는 R. 리즈너,
〈교사로서의 예수〉 3판(튀빙겐, 1989)을 보라.

232) 복음서 저자들이 많은 사실을 주지의 것으로 여기고 있음은
흥미롭다. 마가 복음 1장은 세례자 요한에 대해, 마가 복음 5장은 빌
라도에 대해 독자들이 익히 알고 있으리라고 본다.

233) 특히 R. A. 버리지, 〈복음서란 무엇인가? 그리스-로마 전기와의
비교〉(케임브리지, 1992).

234) R. A. 버리지는 위의 책 p. 258에서 "이것은 동시대 사람들이
기록한 한 실존 인물의 삶의 이야기이므로 창작에는 한계가 따른다."
고 말한다.

235) 물론 이것은 미개한 시대의 아이러니이지만 미신, 마술 숭배,
그리고 기적을 행했다고 주장하는 것 등은 비단 미개 사회의
전유물이 아니라 오늘날에도 흔히 찾아볼 수 있다.
말하자면 합리주의의 승리가 미완에 그쳤다고나 할까. 서기 1세기의
팔레스타인에 널리 존재했던 신비적 신앙은 우리 시대에도 낯설지

않다.

236) D. 니네햄, 〈성서의 활용과 남용〉(런던, 1976), p. 62.

237) 이에 관한 훌륭한 설명으로 E. 아우에르바하, 〈서구 문학에서의 현실의 표상으로서의 모방〉(프린스턴, 1969).

238) 사실 신약 성서의 저자들은 경험적 사실과 신화의 차이를 잘 인식하고 있었다. 이것은 그들이 '신화' 라는 말을 조심스럽게 사용하고 있는 데서 확연히 읽을 수 있다. 디모데 전서 1장 4절, 4장 7절; 디모데 후서 4장 4절; 디도서 1장 14절; 베드로 후서 1장 16절을 보라.

239) 일찍이 1976년에 로빈슨이 주장한 것이다.

# 용어 해설
## (가나다 순)

### 갈고리체(體)

핵헨슈틸(Häkchenstil) 즉 갈고리 모양의 문자체. 고대 파피루스
문서의 문자체는 필사자의 습관에 따라 잦은 변화를 보일 뿐만
아니라 심지어 다른 문자체가 섞여 있기도 하다. 그러나 이와 같은
문자체를 하나의 범주로 못박지 않는다면 문자체와 그 시기를
구별하는 유용한 도구가 될 수 있다. 예컨대 어떤 파피루스가
갈고리체로 기록되어 있다면 성서 언셜체* 가운데서도 후기가 아닌
전기(前期)의 것임을 말해 준다.

### 고전 문헌학(classical philology)

고대 그리스-로마의 언어와 문학 작품을 연구하는 학문으로 신약
성서가 기록된 시기를 포괄한다. 신약학자들과 고전 문헌학자들은
서로 비(非)기독교 언어와 문학, 신약 성서 텍스트를 간과했었다.

### 공관 복음(Synoptic Gospels)

여러 차이점에도 불구하고 '공통된 관점'으로 예수의 상을
그려나가는 마가 · 마태 · 누가의 세 복음서를 가리킨다. 이에 반해
요한 복음은 예수의 말과 대화, 시간적 배열에서 접근 방법이 아주
다르다. 전통적으로 마가 · 마태 · 누가 복음의 사료적 가치를 일컬은
이 용어는 요한 복음의 정확성 · 신빙성을 뒷받침하는 증거가 많이
나타남에 따라 폐기되기에 이르렀다.

### 그노시스 설(Gnosticism)

1세기 중반~4세기의 영지론(靈智論) 또는 영지주의. 기독교
초기의 이 흐름은 정통 교회의 안팎에 형성된 거대한 무형적

운동으로서; 명확한 조직체를 갖고 정통 교회에 맞선 것은 아니었다.
이 사상은 물질은 악하고 정신은 선하다는 이원론(二元論) 사상에
입각해 구원의 문제에 주된 관심을 기울였다. 이 사상에 따르면
구원에 이르는 길은 영지(靈智) 곧 신비스러운 지식(gnosis)이다.
영지주의 사상가들은 이 신비스러운 지식을 스스로 갖고 있다고
주장했으며, 성서 지향적인 평범한 기독교인들에 대해 우월감을
갖고 있었다. 초기 교회에 큰 위협을 가한 이 흐름은 2세기에 이르러
쇠퇴 일로를 걷기 시작했다. 바울은 고린토 전서를 비롯한 서신에서
이와 같은 그노시스적 경향을 경계한다. 영지주의의 주요
텍스트들은 1945년 나일 강 상류의 나그 하마디에서 대량으로
발견되었다.


## 노미나 사크라(nomina sacra)

'거룩한 이름'. 하느님, 주님, 예수, 사람의 아들〔人子〕, 성령과 같은
말을 표현하기 위해 도입한 것으로, 기독교 사본의 등장과 더불어
대개 축약형으로 나타났다. 가장 흔한 형태는 첫자와 끝자를 따서
쓰는 것이었는데, 중간 문자를 덧보탠 경우도 있다.
유대인은 입에 올려서는 안 되는 '하느님'의 이름을 히브리어 자음
JHWH로 표기했다. 노미나 사크라는 이들의 관례를 답습한
것으로서, 초기 공동체의 실세들의 결정에 의해 기독교 필사자들이
도입한 것으로 보인다.


## 네스토리우스 교(Nestorianism: 경교(景敎))

428~431년 콘스탄티노플(현재 터키의 이스탄불)의 대주교였던
네스토리우스가 창시한 기독교 이단 종파로서, 경교(景敎)라는
이름은 당나라 때의 역어이다. 네스토리우스는 성모 마리아를
'하느님의 어머니'로 일컫는 데 반대하고, 예수 그리스도는 신성과
인성을 따로 갖고 있다고 가르치다 마침내 431년 이단으로
낙인찍혔다. 그 후 800년 동안 크게 번창한 네스토리우스 교는

몽고 · 투르크(오늘날의 터키)의 박해를 받았다. 오늘날
네스토리우스 교의 신자는 약 10만 명으로, 주로 이라크, 이란,
시리아 등지에 분포되어 있다.


## 두루마리(scroll)

파피루스*, 양피지, 송아지 피지, 가죽 등을 떨어지지 않도록
붙이거나 꿰매어 둘둘 만 것. 대개 필요에 따라 길이가 달랐지만
무한정 길 수도 없어, 12m 정도면 평균치를 넘었다. 신약 성서
가운데 누가가 쓴 누가 복음과 사도행전이, 사본*이 등장하기에 앞서
두 개의 두루마리에 기록되었다.


## 뒷면(verso)

왼쪽 페이지. 파피루스 섬유질이 수직으로 뻗어 있다. 한편 양피지나
송아지 피지, 가죽 문서에서는 각각 연한 빛깔의 안쪽 면을 앞면*,
그리고 짙은 빛깔을 한 바깥쪽의 털이 난 면을 뒷면이라고 일컫는다.


## 레위족(Levites)

족장 야곱과 레아 사이에서 낳은 레위의 후손들. 이스라엘 사회의
대표적인 지식 계급으로 특히 종교 의식을 보좌했다.


## 마니교(Manichaeism)

서기 3세기에 페르시아의 예언자 마니(216?~276?)가 주창한 종교
사상으로, 광명 · 선 · 신과 암흑 · 악 · 악마의 대립을 설파한 이원교
(二元敎)이다. 조로아스터교, 그노시스설* 등 여러 종교의 요소들을
종합했으며 3~7세기에 번창했다.


## 마르키온주의(Marcionism)

마르키온(서기 160년경 사망)이 정통 교리에 맞서 주창한
일련의 사상. 서기 140년경 로마의 기독 교회에 들어갔다 144년

파문당한 그는 그노시즘의 영향을 받아 대립적인 두 하느님, 곧
창조주로서 우리에게 율법을 준 구약 성서의 압제적인 하느님과 이
압제적인 하느님으로부터 우리를 구원해 주기 위해 예수를 보내
주신 사랑과 자비의 미지(未知)의 하느님이 있다고 가르쳤다.
구약 성서를 전면 부인하고, 신약 성서의 경우 누가 복음과 바울
서신 10편만을 인정한 그는 기독교의 정전*을 뜯어고치라고
정통파에게 압박을 가했다. 널리 확산되어 맹위를 떨친
마르키온주의는 3세기 말에 이르러 대부분 마니교*에 흡수되었다.

## 마사다 항전

서기 66년부터 5년 동안 지속된 유대인의 대(對)로마 항쟁의
마지막을 장식한 비극의 항전. 해발 450m의 천연 요새인 마사다는
'건축왕' 헤롯 대왕이 사해 동남쪽 연안에 세운 궁전이었다. 서기
70년 8월 티투스 장군이 이끈 로마군에 의해 예루살렘이 유린되고
성전이 불타 파괴되자, 유대 민족주의자들은 이에 굴하지 않고 벤
야일의 지휘 하에 마사다 요새로 이동해 저항을 계속했다.
서기 73년 5월까지 3년간 마사다를 포위하고 치열한 접전을 벌인
실바 장군이 이끈 로마군은, 마사다의 지형 때문에 번번이 좌절을
겪었다. 당시의 유대인 역사학자 요세푸스가 남긴 〈유대 전쟁사〉는
마사다 최후의 날 밤을 다음과 같이 기록하고 있다.
"마침내 로마군이 성벽을 부수기 시작한 날 밤 지도자 벤 야일은 960
명의 동지들을 모아놓고 마지막 일장 연설을 했다. '굴욕적으로
항복할 것인가, 로마인의 칼에 죽을 것인가, 아니면 자유인으로서
죽음을 택할 것인가?' 그들은 자유인으로서 죽음을 택하기로
결정하고 집단적으로 자결했다."
마사다의 '결사 항전의 정신'은 초기 시온주의자들에 의해
이스라엘의 건국 이념으로 수용되어 이스라엘 건국 이래
오늘날까지 시오니즘의 근간이 되었다. 그러나 이 마사다
신화는 1997년 텔아비브에서 개최된 '마사다 개발을 위한 특별

회의'에서 일부 학자·관리들이 조작 문제를 제기하면서
재조명되기에 이른다. 즉 영웅적 자결이 아니라 광신도들의 잘못된
자살이며, 이같은 사실이 그 동안 극우 시온주의자들에 의해 은폐·
조작되어 왔다는 것이다.

### 멤브라나(membrana)

사본*의 선구자로, 양피지로 만든 책을 일컫는 라틴어 단어.
멤브라나는 '가죽' 또는 '양피지'를 가리키는 말이다.

### 바벨탑(Tower of Babel)

구약 성서 창세기 11장 1~9절에 전해 오는 바벨탑 신화. '온 세상이
한 가지 말을 쓰고 있었던 시절' 노아의 후손들이 "어서 도시를
세우고 그 가운데 꼭대기가 하늘에 닿게 탑을 쌓아 우리 이름을 날려
사방으로 흩어지지 않도록 하자."(창세기 11장 4절)면서 탑을 높이
쌓아가자, 이에 분노한 야훼가 그들의 언어를 뒤섞어놓아 그들이
서로의 말을 알아듣지 못하게 해 좌절시켰다고 전한다.
고고학자들은 다양한 언어의 기원을 설명해 주는 이 신화의
바벨탑이, 기원전 6,000~3,000년경 고대 메소포타미아의 여러 도시
에 세워진 계단 피라미드형의 신전을 가리키는 것으로 보고 있다. 이
신전들은 현재 알려진 것만 30개가 넘는다.

### 바빌로니아 탈무드

탈무드는 유대 율법의 몸통인 미쉬나와 게마라(민담 형식의
랍비들의 주석)로 이루어져 있다. 미쉬나는 2세기 초, 게마라는 3~4
세기에 편찬되었다.
예루살렘 탈무드와 바빌로니아 탈무드의 두 탈무드 가운데
바빌로니아 탈무드가 권위를 갖게 되었다. 여기에는 약 250만
단어의 36편의 글이 실려 있다. 1520년대에 이탈리아 베니스
의 기독교인 출판업자 다니엘 봄베르그가 최초로 바빌론 탈무드

완성본을 펴냈다.

### 불가타(Vulgata)

서기 405년 제롬에 의해 완성된 라틴어역 신·구약 성서. 1546년 트렌트 회의에서 가톨릭 교회의 표준 성서로 확정하고 권위를 부여한 이래 오늘날까지 가톨릭 교회의 공인 성서로 쓰이고 있다.

### 비잔틴 문명

로마 황제로서 기독교를 공인한 콘스탄틴 1세(서기 280?~ 337년)가 고대 그리스의 고도(古都) 비잔티움(오늘날 터키의 이스탄불)을 재건해 콘스탄티노플로 개칭하고 서기 330년 수도를 로마에서 이 곳으로 옮겨 비잔틴 제국을 열면서 꽃피운 문명으로서, 서양 인문주의의 발전에 크게 기여했다.

비잔틴 문학의 바탕은 그리스 고전이었으며, 비잔틴 미술과 건축은 서유럽과 터키에 큰 영향을 미쳤다. 그리고 비잔틴 제국의 종교는 동방 정교회였는데, 러시아의 기독교화는 비잔틴 선교사들의 노력 덕분이었다. 비잔틴 제국은 전성기에는 남스페인, 이탈리아, 북아프리카, 이집트, 시리아, 팔레스타인, 크림반도, 키프러스, 에게해에 이르는 방대한 영토를 지배했다.

### 사본(codex)

라틴어 카우덱스(caudex; 나무 토막 또는 줄기)에서 온 말로, 앞뒤 양면에 텍스트를 기록해 오늘날의 책처럼 한데 묶은 한 권의 파피루스, 송아지 피지, 양피지 문서를 일컫는다.

### 사해 두루마리(Dead Sea Scrolls)

1947, 1956년 사해의 쿰란 마을 인근의 11개 동굴에서 발견된 히브리어·아람어 두루마리와 그 조각들을 흔히 이렇게 일컫는다. 그러나 그 중 일부 문서는 사해가 아닌 나할 헤버,

무라바앗 계곡, 마사다 등지에서 발견되었으므로, 사실 이렇게
뭉뚱그려 말하기는 곤란하다.

두루마리가 보관된 동굴에 관해 처음으로 언급한 사람은 초기
기독교 교회의 급진적 신학자 오리겐(서기 185~254년)이다. 그는
'예리코 근처의 한 동굴에서 발견된' 두루마리를 자신의 6개어 대역
성서《헥사플라》의 히브리어 텍스트로 삼았노라고 전한다.

불가사의하게도 이 정보에 진지하게 귀를 기울인 고고학자들은
아무도 없었다. 결국 사해 두루마리는 베두인족에 의해 우연히
발견되었다. 많은 학자들은 쿰란 인근에서 발견된 이 두루마리들을
정통 에세네파가 기록했으리라고 보고 있다.

한편 쿰란 제4동굴과 제7동굴에서 발견된 6개와 25개의 희랍어
파피루스의 경우, 외부에서 쿰란으로 들어 간 것이라는 데 의견이
일치된다. 제4동굴 밑의 제7동굴의 텍스트들은 예외적으로 한결같이
희랍어로 기록되어 있고 또 한결같이 파피루스에 기록되어 있다.

### 산헤드린

기원전 3세기~서기 70년까지 존속된 유대의 최고 법원 격의 의회.
의장인 대사제 외에 사제 24명, 장로 24인, 학자 22명으로
구성되었다. 종교 생활 감독은 물론 민 · 형사 사건을 처리하고
경찰권도 행사했다. 사형은 로마의 권한에 속했다. 예수는 물론
베드로, 요한, 바울도 그 재판정에 섰다.

### 심령술(spiritualism)

죽은 자가 영혼으로 살아 특히 영매(靈媒)를 통해 산 자와 교류할 수
있다고 믿는 신앙 또는 그 행위. 오늘날의 심령 현상 연구의 발전에
긍정적으로나 부정적으로나 큰 영향을 미쳤다.

### 아람어(Aramaic)

고대 시리아(아람) 지방과 메소포타미아에 살았던 아람족이

사용한 셈어(語). 기원전 8세기부터 시리아와 메소포타미아 지역에
널리 쓰였으며 훗날 페르시아 제국의 공식어로 쓰였다. 아람어는
예수 당시만 하더라도 팔레스타인 지역의 일상어였다. 그 까닭에
예수와 제자도 아람어를 일상적으로 썼으리라고 짐작할 수 있다.
구약 성서 가운데 일부도 아람어로 기록되어 있다. 현재 아람어는
레바논 벽지 마을과 이라크 북부 및 터키 남부의 네스토리우스 교*
신도들 사이에 사용되고 있다.

### 알렉산드리아 학파

기원전 300년경에 창립된 헬레니즘* 시대 최고의 학문의 요람으로,
알렉산드리아 도서관을 갖고 있었다. 수학자 아폴로니우스,
유클리드, 헤로, 의사 에라시스트라투스, 유데무스, 헤로필루스,
지리학자 에라토스테네스, 천문학자 히파르쿠스 등의 교수진으로
설립 당시부터 명성을 떨쳤다.
알렉산드리아 학파의 위대한 과학자들 중 최후의 인물은 서기
127~151년에 알렉산드리아에서 활동한 클라우디우스 프톨레미였다.
헬레니즘 문화의.쇠퇴와 더불어 연구 영역도 편집과 비평, 그리고
점차 영향력을 떨친 신비 철학 및 신학에 대한 연구로 전환되었다.

### 앞면(recto)

오른쪽 페이지. 파피루스* 섬유질이 수평으로 뻗어 있다.
사본*에서는 파피루스를 접기 때문에 때로 뒷면*의 텍스트가 앞면의
텍스트보다 앞쪽에 있을 때도 있다. 모들린 파피루스가 이 경우이다.

### 언셜체(體)

대문자(언셜)로 이루어진 문자체를 가리키는 전문 용어.
전통적으로 서기 300~900년경 필사본에 쓰인 큼직하고 모가
없는 문자체를 일컫는데, 성서 필사본에 흔히 나타난다. G.
까발로는 '성서의 대문자' 라는 용어를 즐겨 쓴다. 언셜체는

4세기의 유명한 시나이 사본과 바티칸 사본 이후의 시기에 유행했다. 그러나 이 두 사본 이전에 기록된 문서들을 설명할 때에는 유용성이 거의 없다. 모들린 파피루스는 언셜체의 선구이다.

## 에세네파(派)

팔레스타인에서 기원전 약 200년~서기 약 100년에 번창한 유대교의 금욕주의 종파. 마카비 전쟁이 벌어지기 약 50년 전, 대사제 제도가 속화하기 시작할 무렵 형성되었다. 이들은 공동 생산과 공동 소유, 독신, 채식, 안식일을 엄수했고 율법을 깊이 연구했다. 동물을 희생 제물로 바치는 데 반대했으므로 예루살렘 성전의 출입을 금지당한 이들은 대부분 사해 부근에 살았다. 성서는 이들에 관해 일언반구도 하지 않는다. 그러나 복음서에 '낙타 털옷을 입고 허리에 가죽띠를 두르고 메뚜기와 들꿀을 먹고 산' 인물로 묘사되고 있는 세례자 요한은 에세네파와 관계가 있거나 그 영향을 받았으리라고 추측되고 있다. 예수도 이들과 관계가 있다고 보는 견해도 있다.

## 열혈당(熱血黨)

열심당, 젤롯당이라고도 부르는, 예수 당시 팔레스타인 지역의 종교적 정치적 유대교 광신자들. 서기 6년 로마 총독 구레뇨가 국세 조사를 실시하자 이에 반대해 갈릴리의 유다가 조직했다(사도행전 5장 37절). 하느님의 기업인 이스라엘을 통치하는 이방인의 권력을 부정하고, 폭력적 수단에 호소해 자신의 의사를 관철시키려 했다. 주로 갈릴리 지방을 주활동 무대로 삼은 이들은 로마의 꼭두각시 정권이었던 헤롯 대왕에게 맞섰지만 서기 70년 예루살렘의 멸망과 더불어 패망했다. 갈릴리의 어부로 나중에 예수의 제자가 된 베드로도 열혈당원이었으리라고 추정된다. '마사다 항전' 참조.

**영국 국교회**(Church of England; Anglican Church)

16세기에 풍미한 종교 개혁 운동의 와중에서 영국의 헨리 8세
(1491~1547년)가 1534년 교황의 권위를 부인하고 수도원의 재산을
몰수하면서 왕권을 강화하기 위해 세운 교회로, 영국판 종교 개혁의
산물이다.

헨리 8세 치하에서는 가톨릭 교리를 따랐으나 에드워드 4세
치하에서는 리들리(1500?~1555년. 영국의 주교이며 프로테스탄트
종교 개혁가. 이단자로 몰려 화형에 처해졌다), 래티머(1485?~1555
년. 영국 프로테스탄트의 종교 개혁가. 리들리와 함께 이단자로 몰려
화형에 처해짐) 등의 종교 개혁가들의 영향을 받아 프로테스탄트적
교리가 확립되었고, 캔터베리 주교 토마스 크랜머는 1549년 새로운
기도문을 발표했다.

마리 1세 치하에서 가톨릭이 반격에 나서기도 했지만, 1558년
엘리자베스 1세는 영국 국교회의 근간으로 온건한 프로테스탄티즘을
채택했다. 교리상으로는 근본적으로 프로테스탄트적이지만 성직의
위계 조직과 의식(儀式)은 가톨릭 전통에 닿아 있다. 우리
나라에서는 성공회로 불린다.


**오스트라콘**(ostracon; 도편(陶片))

기록에 사용된 도편(陶片)을 일컫는 희랍어. 흔히 간단한 알림 글을
적는 데 썼지만, 한 편의 문학 작품을 기록한 것도 있다.

고대 그리스 사회에서는 사회에 해악을 끼친 사람의 추방 여부를 가
리기 위해 투표할 때 사용되었다. 이른바 도편 추방이 그것이다.


**옥시링커스**(Oxyrhynchus)

나일 강 상류의 고대 이집트 유적지. 2세기 초~6세기경의
파피루스들이 대량 발견되어 파피루스학(學)*의 기원을 열었다.

### 외경(Apocrypha)

유대인과 기독교인들에 의해 정전*으로 받아들여지지 않은 기록들.
주로 그리스도가 오기 전 200년 동안 기록된 것들이다. 프로테스탄트
들은 《70인역》* 희랍어 구약 성서와 《불가타》* 라틴어 성서에 들어
있는 책들을 일컫는 데 이 용어를 사용한다. 에스겔, 솔로몬의
지혜서, 전도서, 바룩, 다니엘, 마카베오 상·하, 에스라 I·Ⅱ,
토비트, 유딧 등이 여기에 포함된다.

### 장식체(Zierstil)

독일어로 '장식 문체'를 뜻하는 이 용어를 맨 먼저 쓴 사람은 독일의
파피루스학자 빌헬름 슈바르트이다. 그는 문자의 중심획의
가장자리에 장식적인 원반꼴과 가느다란 선을 붙인 이른바 세리프가
있는, 갈고리체*와 비슷한 문자체를 가리켜 이 용어를 썼다.
슈바르트는 이 문자체가 기원전 1세기~서기 1세기에 일반적으로
쓰였다고 주장한다. 한편 영국의 파피루스 학자 E. G. 터너는 이
용어가 너무 모호해 연대 감정에 유용하지 않다고 보았다.

### 정전(Canon)

하느님의 권위가 깃들인 것으로 간주되어 성서로 편집된 책들.
유대인의 구약 성서 정전은 서기 1세기에 완성되었고, 가장 오래된
신약 성서 정전은 서기 4세기에 성 아타나시우스(293?~373년)에
의해 편집되었다.

### 70인역(譯) 희랍어 구약 성서(Septuagint)

70명(또는 72명)의 학자들이 70일 만에 번역했다고 전해져 '70'을
가리키는 라틴어 셉투아진타(septuaginta)에서 따온 용어로,
기원전 250년경에 기록된 현존하는 가장 오래된 라틴어역
성서를 가리킨다. 희랍어·아람어 구약 성서의
라틴어역으로, 외경*도 여기에 포함되어 있다. 《70인역》의

실제적인 목적은 히브리어를 읽고 이해할 줄 모르는 유대인들이 늘어남에 따라 이들이 구약 성서를 읽을 수 있도록 도모하는 데 있었다. 신약 시대에는 로마 제국 전역에서 쓰였고, 신약 성서에도 인용되었다. 보통 약어로 LXX로 표시한다.

## 캅사(capsa)

두루마리를 넣어 들고 다닌 통으로, 대개 원통형이다. 영어 단어 캡슐(capsule)도 여기에서 나온 말이다. 폼페이, 그리고 초기 기독교인들이 박해를 피해 숨어 살았던 로마의 지하 동굴(카타콤)에 캅사를 그린 벽화들이 있다.

## 콥트 교회(Coptic Church)

이집트의 토착 기독교회. 의식에서 희랍어, 아람어, 그리고 고대 이집트어인 콥트어를 쓴다. 서기 451년 칼세돈 회의에서 그리스도의 본성은 완전한 신성(神性)과 완전한 인성(人性)으로 나눌 수 없으며, 오직 신성 혹은 신인성(神人性)이라는 하나의 본성만 갖는다는 자신들의 교리가 수용되지 않자 로마 가톨릭 교회를 탈퇴했다. 7세기에 아랍에 의해 정복당한 뒤 많은 콥트교도들은 이슬람교로 개종했다. 오늘의 이디오피아 교회의 유래가 콥트 교회이다.

## 쿰란(Qumran)

위의 '사해 두루마리'를 보라.

## 큐(Q)

'출처'를 의미하는 독일어 크벨르(Quelle)에서 온 말로, 네 복음서의 자료를 두루 일컫는다. 예컨대 마가 복음을 원용한 마태 복음과 누가 복음 가운데 마가 복음에 없는 내용을 'Q자료'라고 말한다.

실제로 'Q자료'가 있었는가 하는 이 진부한 문제에 대한

해답은 'Q자료'를 어떻게 명확히 정의하는가에 달려 있다. 물론
'Q자료'는 존재하지 않았을 가능성이 높다. 그러므로 재구성할 수도
없다. 복음서의 저자들이 활용한 말씀집과 다른 자료만 해도 한두
개가 아니기 때문이다. 누가 복음 1장 2~3절과 요한 복음 21장 25절
은 자료를 다 활용하지 못했음을 말하고 있다.
서기 2세기의 히에라폴리스 주교 파피아스는 서기 110년경에 쓴
글에서 마태가 수집한 아람어로 기록된 예수의 '로기아(logia)'에
대해 언급한다. 로기아가 문자 그대로 '말씀'을 의미한다면 마태
복음과 누가 복음의 'Q자료'는 그들이 만들어낸 것일 수도 있다.
현재 'Q자료'라고 일컬을 만한 파피루스는 발견되지 않았다.

### 타키그라피(tachygraphy)

'뾰족한'을 의미하는 희랍어 타키스(tachys)와 '기록'을 의미하는
그라페(graphe)에서 온 말로, 신약 시대 및 그 이전의 시기에 로마
제국 전역에서 널리 사용된 고대의 속기술을 일컫는다.

### 토라경

'가르침', '율법'을 의미하는 히브리어에서 온 말로 구약 성서의
모세 5경(창세기, 출애굽기, 레위기, 민수기, 신명기)을 일컫는다.
좁은 의미로 율법서이다.

### 파피루스(papyrus)

고대 이집트 나일 강의 습지에서 재배된 키 큰 수생 식물. 중세
초기에는 팔레스타인, 시실리 등지에서도 재배되었다.
파피루스학에서는 파피루스 줄기 속으로 만들어진 종이를
일컫는다. 일찍이 서기 79년 이전 플리니는 〈자연의 역사〉에서 그
제작 방법을 기술했다.

용어해설

### 파피루스학(papyrology)

파피루스*는 물론 돌, 암벽 등을 포함한 모든 종류의 재료에 기록된 고대 문서를 연구하는 학문. 현대 파피루스학은 고문서학을 비롯한 많은 관련 학문을 포괄한다. 완전한 설명은 본서 3장을 보라.

### 헤르쿨라네움 체(體)

서기 79년 베수비우스 화산의 폭발로 인해 파괴된 이탈리아 남부의 고대 도시 헤르쿨라네움에서 발견된 문서에 공통적으로 나타나는 특징을 일컫는다. 최종 연대가 서기 79년인 이 문서들이 모두 헤르쿨라네움에서 기록되었다고는 말할 수 없다. 로마 제국의 다른 곳에서 온 것일 수도 있기 때문이다. 그러나 이러한 용어는 특정한 때와 장소에서 수집된 문서를 설명하는 데 유용하다.

### 헬레니즘

그리스 북부로부터 소아시아 이집트를 아우르는 방대한 영토를 건설한 마케도니아의 대정복자 알렉산더 대왕(기원전 356~323?년)의 영토에 전파된 그리스-마케도니아의 언어, 예술, 사상, 윤리, 관습을 포괄적으로 일컫는다.

헬레니즘 시대라고 말할 때는 일반적으로 알렉산더가 죽은 기원전 323년부터, 최후의 헬레니즘 국가였던 이집트가 로마에 합병되고 (기원전 31년) 프톨레미우스 왕조 최후의 왕 클레오파트라 7세가 죽은 기원전 30년까지를 일컫는다. 이 시기에 유대인과 로마인은 고대 희랍어와 그 문화를 수용해 급속히 그리스화함으로써 순수성을 잃었다.

### 형식 비평

텍스트와 그 발전을 문체 및 앞선 시기의 구비 문학적 요소, '공동체적 삶의 자리'에 근거해 연구하는 비평 방법. K. L. 슈미트, M. 디벨리우스, R. 불트만에 의해 발전되었다.

# 옮긴이의 말

과문한 탓인지 모르지만 파피루스나 파피루스학에 관한 책이 우리말로 옮겨지기는 이 책이 처음일 듯하다. 작은 파피루스 조각을 통해 인간의 삶의 내력을 짚어 본다는 건 생각만 해도 가슴이 설레는 일이다. 더구나 이 시대는 종교와 과학의 상호 배타성이 정설로 굳은 지 오래인, 인류가 일찍이 경험하지 못한 과학의 시대이다. 이런 시대에 가장 오래된 기독교 성서 파피루스를 '과학의 눈으로 뜯어본다'는 것은 예사로운 일이 아닐 터이다. 이 책이 지니는 의미와 흥미의 모태도 여기에 있다고 여겨진다.

이 책의 미덕은 고대 로마 제국과 팔레스타인의 사회상을 재구성하고 여기에 동원된 파피루스학의 방법론을 친절하게 공개한 데 있다. 이를 위해 저자들은 파피루스학, 고고학, 역사학, 이집트학의 정보를 총동원한다. 이 덕분에 여러분은 '인간 예수'가 살았고 모들린 파피루스가 제작된 서기 1세기의 로마 제국과 팔레스타인 사회의 면모—저 고대 사회의 인터넷과 고전 희극의 대사를 인용한 예수의 말, 쿰란 동굴, 영화 '쿼바디스'의 모델 《베드로 행전》에 이르는 다채로운 정보를 생생하게 접할 수 있게 되었다. 그리고 감탄할 것이다. "이 작은 파피루스 조각에 이렇게 많은 정보가 들어 있다니!" 하고. 그리고 이해하게 될 것이다. 모들린 파피루스가 무궁무진한 문화의 보고인 고대 사회에 접속하는 키워드라는 것을.

이른바 신앙과 역사 사이의 '추한 도랑'을 넘지 못한 기독교인들은 물론, 종교와 과학의 관계에 관심을 가진 일반 독자들, 그리고 고대 사회에 대해 궁금증을 가진 이들에게 이 책이 던져주는 의미는 결코 작지 않을 것이다.

이 기회를 빌어 내게 모들린 파피루스의 세계를 이해할 수 있게 해 주신 분들께 감사하지 않을 수 없다. 나의 부모님, 돌아가신 장기려 박사님, 그리고 유순한·이순자 선생님, Dick Owen 선생님. 또한 이 책을 옮기는 동안 아낌없는 배려를 베풀어 주신 청림출판사의 여러분께도 마음으로부터 감사를 드린다.

1997년 6월 北村에서

옮긴이